은혜로 사는
인생

은혜로 사는 인생

김홍주 지음

신교횃불

머리말

　　하나님의 말씀을 선포하는데 있어서 가장 중요한 영역은 무엇을 어떻게 전할 것인가로 구분되어 진다고 한다. 전자는 말씀의 원천인 성경을 깊이 연구하고 묵상하여 본문을 통해서 말씀하시고자 하시는 성령의 의도를 정확히 감지하는 것이고 후자는 들은 말씀을 청중들에게 하나님의 말씀으로 바로 쉽게 이해할 수 있도록 현대 언어로써 전달해야 한다.
그래서 설교는 참으로 어려운 일이다.

　　본인은 2001년에 성역 40주년을 맞이하여 "후일에 자손이 묻거든" 이라는 설교집을 출판한 바가 있다. 금년은 본 신답교회가 희년을 맞이하였고, 저자는 성역을 은퇴하게 되어 당회가 설교집을 출판하게 되어서 하나님께 감사드리는 바이다.

　　한 교회에서 목회를 시작하여 한 교회에서 목회를 마감하게 된 것이 하나님의 은혜였음을 절감하면서 지나온 46년을 회고해 보면 감개무량함을 금할 수 없다.

모든 것이 그렇겠지만, 특히 설교에 있어서 더욱 더 장기 목회를 하기 위하여 언제나 겸허하게 자신을 돌아보면서 몇 가지 조심하면서 지내왔다.

첫째, 본문을 통해서 하나님의 음성을 들으려고 무던히 애쓰며 다양한 주석을 참고 하였다.

둘째, 설교 전달은 쉬운 언어로 사용하여 모두가 듣고 이해하고 공감할 수 있도록 최선을 다하였다.

셋째, 설교를 선포한 뒤에는 나 자신이 먼저 말씀대로 살려고 노력하면서 성도들에게 언제나 모본을 보이려고 노력하였으나 결과는 신행일치의 삶이 미완성으로 끝날 때가 많았음을 고백한다.

넷째, 설교 후에 동영상을 반드시 보고 들으면서 잘못을 과감하게 교정 하였고 성도들의 작은 설교 비판에도 귀를 기울이면서 보다 좋은 말씀을 선포하려고 노력하였다. 그럼에도 불구하고 설교에는 왕도가 없다고 한 것 같이 역시 천학비재인 저에게는 설교는 참으로 힘이 드는 일이었다. 그러나 하나님은 계속 은혜를 베풀어 주시어 결코 짧지 아니한 세월 속에 신답의 성도들로 하여금 설교에 아멘하게 하셨고, 사랑으로 하나 되어 신답을 장족 발전케 하셨으니 그저 하나님께 감사와 영광을 돌릴 것 밖에 없다.

　아무쪼록 한 제단에서 계속 시무하면서 설교한 원고를 정리하여 두 번째 설교 집을 출판하게 되었으니 이 설교집이 독자들에게 작은 도움이 되었으면 하는 마음을 가져본다.

　이 책이 출판되기까지 애써주신 당회원들과 편집교정을 위해 수고한 교역자들 그리고 목회의 뒤안길에서 사랑으로 협력해준 가족들과 선교횃불 출판사 직원들에게 진심으로 감사드립니다.

고전 9:27 "내가 내 몸을 쳐 복종하게 함은 내가 남에게 전파한 후에 자기가 도리어 버림이 될까 두려워 함이로다" 아멘

2007.10 저자 김홍주 목사　金弘周

Contents

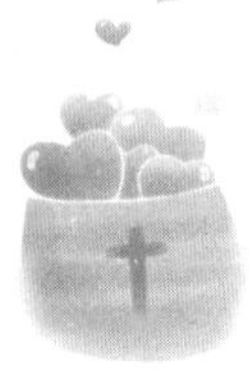

1장

인생수업 1교시

갈대와 같은 인생

"상한 갈대를 꺾지 아니하며 꺼져가는 심지를 끄지 아니하기를 심판하여 이길 때까지 하리니 또한 이방들이 그 이름을 바라리라 함을 이루려 하심이니라"(마 12:20-21).

전북 서창 금강 하구에 갈대밭이 10만평 정도 펼쳐진 곳이 있다. 철새의 보금자리로도 유명하다. 더욱이 이곳은 영화 '공동경비구역'(JSA)의 촬영장소로 유명해 관광명소로 부각되고 있다. 여러분은 아주 청명하고 맑은 가을에 넓은 갈대숲을 걸어가 본 적이 있는가? 흰색 꽃은 시들어 고개 숙이고 잎은 말라서 가을바람에 서걱서걱 스치는 소리를 들으며 가을 길을 거닐다 보면 인생의 무상을 느끼는 시인이 된다. 그런데 겨울이 와서 찬 서리가 내리고 바람에 꺾여 짐승들에게 짓밟혀 아름다운 자태가 없어지면 그 갈대밭을 찾는 사람은 아무도 없다.

그런데 주님은 상한 갈대를 꺾지 아니하시고 꺼져 가는 불을 끄지 아니하시기 위하여 그곳을 찾아오시는 분이다. 꺼져 가는 불 속에서 남은 불씨를 찾아서 다시 큰불을 만들어 세상에서 가장 위대하게 쓰신다. 성경에서 나오는는 갈대는 우리 인간들을 상징적으로 표현하는 말이다. 프랑스의 철인 파스칼은 그의 명저 팡세의 첫머리에서 "인간은 자연 가운데 가장 약한 존재, 갈대와 같다. 그러나 생각하는 갈대"라고 표현했다.

그 뜻은 가장 위대함과 비천함을 동시에 지니고 있다는 뜻이다. 계절적으로 가을을 지나 겨울로 접어들어 금년도 서서히 저물어 가고 있다. 예수님께서 인생을 갈대와 같다고 하신 뜻을 생각하면서 우리 자신을 한 번 점검해 보아야 한다. 기독교는 참으로 인간을 인간답게 한다. 상한 갈대 같은 인생, 상하지 않아도 바람 부는 대로 사정없이 흔들리는 자연 가운데 가장 유약한 존재다. 상한 갈대 아무 쓸모없는 데도 주님은 꺾어 버리지 아니하시고 더 나아가서 상한 갈대에게 새 생명으로 소생시키셔서 인류의 역사를 변하게 하신다.

지금도 가난, 실패, 슬픔, 질병으로 상한 인생들을 불러 치료하고 회복시킴으로 하나님의 뜻을 이 땅에 이루게 하신다. 실패했다고, 모든 것을 잃어 버렸다고 포기하지 마시기 바란다. 하나님의 거룩하신 손길이 예수님의 따뜻한 손길이 우리들을 치유하시기 위하여 지금도 분주하게 움직이고 계신다.

유약한 인생

"너희가 무엇을 보려고 광야에 나갔더냐 바람에 흔들리는 갈대냐"(마 11:7).

이 말은 요단강 하류에 자생하는 식물로 보는 이도 있지만 바람 부는 대로 흔들리는 줏대 없는 유약한 인간들을 가리키는 말이기도 하다. 세상 사람들은 세례 요한을 그렇게 생각하고 있다고 예수님은 지적하셨다. "모든 육체는 풀과 같고 그 모든 영광이 풀의 꽃과 같으니 풀은 마르고 꽃은 떨어진다"(벧전 1:24)고 했다. 옛날부터 동양에서는 초로인생이라고 해서 풀잎에 이슬 같은 인생이라고 무상함을 이야기했다.

그런데 우리들은 유약한 자신들을 속이기 위하여 철권 혹은 철각이라고 자랑하지만, 사실 그렇지 못하다. 우리들의 철석같은 의지도 너무 쉽게 작심삼일에 무너지고 만다. 이제 우리들은 자신들의 약함을 인정하고 스스로 겸손하게 하나님의 강한 손에 절대 의지할 필요가 있다. 현대인들의 질병 중에 육체는 암이란 변질된 세포의 공격을 받아서 스스로 무너지지만, 정신은 분열하는 사탄의 역사로 우울증 같은 것에 사로잡혀 그곳에서 벗어나지 못한다.모든 것을 도전도 해보기도 전에 먼저 포기해 버리는 안타까운 일들이 발생한다.

며칠 전 서울대학 부속병원 아동병동에서 소아암 항암치료를 잘 견디고 완치된 어린이들에게 금메달을 수여하는 장면을 텔레비전을 통해 보면서 크게 박수를 보냈다. 그 무수한 고통 속에서 잘 참고 견딘 어린 친구들은 하나같이 밝은 표정이었다. 우리 자신들도 이제는 겸허하게 유약한 인생인 것을 자인하고 더욱 조심스럽게 역사를 살아가야 한다. 너무 지나치게 과신하지 말고, 과음, 과식 또는 자신의 육체, 무거운 짐을 지우지 아니해야 한다.

예수님은 마태복음 11장 28절에 "수고하고 무거운 짐 진 자들아 다 내게로 오라 내가 너희를 쉬게 하리라"고 하셨다. 우리의 연약함을 인정하고 전능하신 하나님을 전폭 의지해야 한다. "고운 것도 거짓되고 아름다운 것도 헛되나 오직 여호와를 경외하는 여자는 칭찬을 받을 것이라"(잠 31:30). 현숙한 여인이 되는 것은 외모에 있는 것이 아니라 하나님을 진심으로 믿고 내적 인격이 성숙하여 경건할 때 가능하다. 인간의 유약은 안개(약 4:14), 풀(욥 8:9), 그림자(시 102:11), 질그릇(고후 4:7) 등으로 표현한다. 그러므로 이렇게 유약한 인간은 잘 관리해야 한다. 잘

못 다루면 깨진다.

상처받은 인생

"상한 갈대 꺾지 아니하며"(20절).

유약한 갈대가 세상의 비바람에 시달려 몹시 상했다고 지적한다. 가을이 지나가고 겨울을 맞게 되면 된서리 찬바람에 생기를 잃고 지나가는 짐승들에게 짓밟혀 꺾여져서 볼품없는 모습이 된다. 우리 인생살이도 그와 같다. 세상을 사노라면 천재지변 혹은 전쟁, 역경, 기근, 여러 가지 사고 등으로 인해 우리 인생들은 깨어지고 만다. 특히 우리들은 아담 하와의 범죄로 이 땅에 질서가 무너지고 사탄의 지배 하에 맹목적으로 끌려 다니면서 세상의 모든 죄는 안 지은 것이 없다.

바울은 불의, 추악, 탐욕, 악의, 시기, 살인, 분쟁, 사기, 악독, 비방, 증오, 능욕, 교만, 자랑, 우매, 배약, 무정, 무자비 등(롬 1:29-31)으로 우리 자신은 큰 상처 속에서 벗어나지 못하고 있다고 말했다. 그래서 스스로 죽음에 이르는 병에 걸려 서서히 죽어 간다. 세상에서는 죽어가는 사람을 빨리 죽도록 상한 갈대를 꺾어 버린다.

그래서 나는 늘 강조하는 것이 하나 있다. 동냥을 주기 싫으면 주지 않더라도 쪽박은 깨지 말라고 한다. 또한 축복해 주기 싫으면 저주해서는 안 된다. 왜냐하면 그 저주가 반드시 자기 자신에게 돌아오기 때문이다. 하나님께서 메시아 예수 그리스도를 보내신 것은 상한 갈대를 꺾지 아니하시고 보호하시기 위함이다. 이것은 주님의 무한하신 자비와 긍휼을 우리 인간들에게 보여 주시는 것이다. 돌이켜 보면 하나님의 무한하신 자비와 긍휼로 우리의 생명이 오늘까지 보존된 것이다.

그래서 우리 모두는 사랑에 빚진 자들이다. 우리들 가운데 상처받지 아니한 사람들은 아무도 없다. 참으로 꺾여 버릴 수밖에 없었던 우리들의 운명이 보이지 아니하시는 손길로 붙들어 주셨기 때문에 생존하고 있음을 깨달아야겠다. "우리가 양 같아서 그릇 행하여 각기 제 길로 갔거늘 여호와께서는 우리 무리의 죄악을 그에게 담당 시키셨도다"(사 53:6).   죄인들의 죄 값도 예수님께서 지불하시고 죄 값으로 받는 징계도 면해 주셨다.

"고난당하기 전에는 내가 그릇 행하였더니 이제는 주의 말씀을 지키나이다"(시 119:67). 상처가 나쁜 것만은 아니다. 시인은 고난을 통해서 회개했다. 존 밀턴은 사십 세에 소경이 되고 아내마저 잃었다. 그 때 그는 "오 주여 이전 고통을 나에게 주심은 나로 하여금 하나님을 바로 섬기게 하십니다"라고 두 손 들고 하나님께 돌아와서 실낙원을 쓰게 되었다. 인생의 길에 죽으라는 법은 없다. 반드시 피할 길을 하나님은 만들어 놓았다.

회복하는 인생

"심판하여 이길 때까지 하리니"(20절 하).

진리가 승리할 때까지 상한 갈대는 반드시 심판해야 하는데 심판을 면제해 주시겠다는 뜻이 아니라 상한 심령에 새 생명을 불어넣어 그 생명을 소생케 하신다는 것이다. "내 영혼을 소생시키시고 자기 이름을 위하여 의의 길로 인도하시는도다"(시 23:3).   예수님께서 오신 목적이 그저 상한 갈대를 꺾지 아니하시는 정도가 아니라 상한 갈대에게 새 힘을 주어 다시 살려 갈대의 사명을 다하게 한다는 것이다.

미국 유명 여류 소설가 펄벅 여사는 한국에 대한 소설을 썼다. 살아있는 갈대『The Living Reed』란 책에서 그는 몰락해 가는 가정 속에서도 시

어른을 모시고 남편을 공경하며 자녀를 잘 양육하면서 굳건하게 살아
가는 한국 여성들은 유약한 갈대이지만 살아있는 갈대라고 칭하였다.
그는 또 문경세재를 넘어 경상북도 상주 지방을 가다가 가을걷이를 해
서 소등에 한 짐을 싣고 그 뒤에 농부가 지게에 한 짐을 지고 소를 몰고
가는 것을 보면서 이곳이 천국이라고 평가했다.

그 이유는 외국은 소에게만 짐을 지우고 주인은 그냥 따라간다. 그런
데 한국은 소의 무거운 짐을 사람들이 같이 나누는 것, 즉 고난에 같이
참여하는 것을 참으로 귀하게 평가했기 때문이다. 사탄은 언제나 인간
의 단점을 찾아 확대해서 인간을 공격하여 스스로 파멸하게 한다. 하지
만 성령은 언재나 인간의 장점, 남은 불씨를 찾아서 그것을 사랑의 바람
을 불어넣어서 빛을 발할 수 있는 존재로 만들어 놓는다.

누가복음 19장에 나오는 삭개오는 탐관오리 매국노였다. 권세에 아
부하고 돈만 아는 수전노였다. 예수님은 그 집에 가서 구원이 이 집에
이르렀다고 하시고, 이 사람도 아브라함의 자손으로 인정해 주셨다. 범
죄 후 자신이 스스로 자신을 자학하는 삭개오에게 새 생명을 회복시켜
하나님의 나라의 역군으로 써주셨다. 하나님은 지금도 성령의 새 바람
을 불어 상한 갈대, 꺼져 가는 심지 같은 저와 여러분을 살리셔서 이 시
대에 필요한 하나님의 역군으로 써주신다.

"그런즉 그리스도 안에 있으면 새로운 피조물이라 이전 것은 지나갔
으되 보라 새것이 되었도다"(고후 5:17). 헤르만 헤세는 "하나님이 우
리 인간들에게 절망을 보내는 것은 우리를 죽이기 위함이 아니라, 우리
들에게 새 생명을 불러일으키기 위한 것이다. 이 땅에 언재나 새 생명이
탄생하려고 하면 고난의 과정은 있기 마련이다"라고 했다. 고난을 딛고
일어설 때 바로 그곳에 천국이 있다.

감사할 이유 있네

"이를 인하여 주 예수 안에서 너희 믿음과 모든 성도를 향한 사랑을 나도 듣고 너희를 인하여 감사하기를 마지 아니하고 내가 기도할 때에 너희를 말하노라 우리 주 예수 그리스도의 하나님, 영광의 아버지께서 지혜와 계시의 정신을 너희에게 주사 하나님을 알게 하시고 너희 마음눈을 밝히사 그의 부르심의 소망이 무엇이며 성도 안에서 그 기업의 영광의 풍성이 무엇이며 그의 힘의 강력으로 역사하심을 따라 믿는 우리에게 베푸신 능력의 지극히 크심이 어떤 것을 너희로 알게 하시기를 구하노라 (에베소서 1:15-19).

에베소서 1장 15-19절 말씀은 에베소 교회 성도들이 신령한 진리를 온 전히 깨닫고 복음에 합당한 삶을 살아가도록 돕기 위하여 사도 바울이 하나님께 간구하는 내용을 담고 있다. 또한 사도 바울은 그들이 믿음과 사랑의 양대 기둥을 잘 이해하고 힘써 신앙으로 사는 모습을 보면서 하나님께 감사드리지 아니할 수 없다고 했다. 우리 교회는 10월 마지막 주 주일을 추수감사절로 하나님께 예배를 드린다. 그러기 위해 우리는 교회를 안팎으로 깨끗이 청소한다.

교인들이 직접 참석해서 기쁘고 즐거운 마음으로 땀을 흘리며 봉사하면서 교회에 대한 애착심을 키우고 있다. 또한 서로 봉사하며 때때로 음식을 나누며 교인들 간의 사랑과 우의를 다지고 있다. "믿음이 없이는 기쁘시게 못하나니 하나님께 나아가는 자는 반드시 그가 계신 것과 또한 그가 자기를 찾는 자들에게 상 주시는 이심을 믿어야 할지니라"(히 11:6). 교회 행사에 기쁨으로 참석하는 사람들은 모두가 믿음이 있는 성도들이며, 서로를 소중히 여기며 살아가는 사람들이다.

우리 모두가 추수감사절에 임하기 위해서는 자신을 깨끗이 청소해야 한다. 청소는 영적으로 회개를 의미한다. 그리고 금년 추수감사절엔 얼마를 드려야 할 것인가를 생각하면서 일년을 묶어서 감사하면 좋겠다. 사도 바울은 자신이 감사할 수밖에 없었던 이유를 설명하면서 우리 모두가 감사할 것을 권면하고 있다.

구속의 은총을 얻다

"주 예수 안에서 너희 믿음과 모든 성도를 향한 사랑을 나도 듣고"(15절).

이 땅에 수많은 사람들이 살고 있다. 그 중에 특별히 우리를 선택하셔서 하나님의 백성으로 살게 하셨다. "우리가 그리스도 안에서 그의 은혜의 풍성함을 따라 그의 피로 말미암아 구속 곧 죄 사함을 받았으니"(엡 1:7). 우리를 만세 전에 예정하셨다가 때를 따라 주시는 은혜로 부르셔서 하나님의 택한 족속이요, 거룩한 백성이며, 왕 같은 제사장으로 삼아 주셨다.

이 증표가 믿음과 사랑이다. 믿음은 주 예수 안에서 하나님과 수직적 관계를 나타내고 사랑은 세상 안에서 모든 사람과 수평적 관계를 나타낸다. 믿음은 주 예수 그리스도의 십자가의 대속의 역사, 즉 그의 거룩한 피로 구원받은 것이다. 그리고 사랑은 구원받은 성도가 세상의 모든 사람과 바른 관계를 가지고 서로 용서하고 이해하며 도와주면서 항상 기쁘게 살아가는 것을 말한다. 이 둘이 상부상조하여 성도로서 성숙한 면을 보여 주는 것이다.

본문에서 사도 바울은 에베소 교회가 이렇게 성숙한 것을 보고 참으로 기뻐하며 하나님께 감사드리지 아니할 수 없다고 했다. 이것은 바울 혼자만 감사할 일이 아니라 하나님을 믿는 모든 성도가 다같이 감사해야 할 일이다. 그러면 하나님께서 우리들을 부르신 목적에 부합할 수 있다. 믿음이 강하면 너무 완고하여 사랑이 약해지고, 사랑을 강조하면 절제하지 못하여 신앙생활의 규율이 깨어지는 경우가 있다. 그런데 바람직한 것은 언제나 이 두 가지가 아름답게 조화를 잘 이루는 교회로 성숙해 가는 것이다.

그때에 믿음과 생활의 조화를 잘 이루어갈 수 있다. 히브리서 11장은 믿음 장으로서 성도의 삶을 나열했다. "믿음으로 기생 라합은 정탐꾼을 편안히 영접함으로 순종치 아니한 자와 함께 멸망치 아니하였도다"(31절). 정탐꾼을 옥상에 삼대로 가려 숨겨 주는 것은 생명을 거는 것이다. 만약 발견되면 자기뿐만 아니라 가족까지 몰살된다. 그럼에도 그 죽음을 무릅쓰고 정탐꾼을 살려주었으므로 나중에 여호수아 장군에 의하여 여리고 성이 멸망당할 때 라합의 가족은 구원을 얻었다.

계시의 지식을 얻다

"영광의 아버지께서 지혜와 계시정신을 너에게 주사 하나님을 알게 하시고"(17절).

　'알게 한다.'($\epsilon\pi\iota\psi\iota\nu\omega\sigma\kappa\omega$), $\epsilon\pi\iota$ 는 '위에'를 뜻하고, $\psi\iota\nu\omega\sigma\kappa\omega$ 는 '이해하다, 인식하다'는 뜻인데, 이 두 개를 합하면 '위를 안다'는 뜻이 된다. 이것은 '정확하게 안다, 충분히 이해한다'는 뜻이 된다. 사도 바울은 옥중서신(19절, 엡 3:10, 4:13, 빌 1:9) 등에서 이것을 자주 사용했다. 이것은 피상적으로 아는 것이 아니라 구체적으로 아는 것이다. 즉 경험을 통해서 아는 것을 말한다. 남의 말을 듣고 배워서 아는 것도 참으로 귀하지만 자신이 경험을 통해서 알아야 힘이 된다.

　그런데 이 앎은 성령의 역사로 가능하다. "하나님이 자기를 사랑하는 자들을 위하여 예비하신 모든 것은 눈으로 보지 못하고, 귀로도 듣지 못하고 사람의 마음으로 생각지 못하였다 함과 같으니라"(고전 2:9). "오직 하나님의 성령으로 이것을 우리에게 보이셨으니 성령의 모든 것 곧 하나님의 깊으신 것이라도 통달하시느니라"(10절). "알아야 면장을 한다"는 말이 있다. 그럼 구체적으로 무엇을 알게 하실까? 하나님의 계시, 즉 하나님께서 열어서 보여 주신 깊으신 뜻을 말한다. 이것은 지식으로 알 수도 없고 신앙생활을 통해서 경험으로 알 수 있다.

　교회 청소를 마친 어느 권사님의 간증이다. "집을 전세 놓아야 하는데 이사철이 지나가서 그런지 세가 나가지 아니하여 기도하면서도 걱정을 많이 했다. 그런데 교회 청소에 참석해서 열심히 일했더니 세가 나갔다는 것이다. 내가 하나님의 일을 했더니 하나님께서는 내일을 해 주셨다"고 하시면서 흐뭇해 하셨다.

　계시를 통해서 하나님의 뜻을 성령께서 알게 함으로 우리는 오늘도 기쁘게 신앙생활을 할 수 있다. "받는 자밖에는 그 이름을 알 사람이 없느니라"(계 2:17). "제자들이 이것을 하나도 깨닫지 못하였으니 그 말씀이 감취었으므로 저희가 그 이르신 바를 알지 못하였더라"(눅 18:34).

십자가를 지고 고난 받는 것을 예고하셨는데, 제자들은 알지 못했다. 그 이유는 제자들이 하나님의 말씀을 성령의 감동으로 깨달으려고 하지 않고 세상의 욕심이나 지식으로 이해하려 했기 때문이다. "이 백성에게 이르기를 너희가 듣기는 들어도 깨닫지 못할 것이요 보기는 보아도 알지 못하리라"(사 6:9).

기업의 풍성을 얻다

"성도 안에서 그 기업의 영광의 풍성이 무엇이며"(18절 하).

현대인의 성경에서는 "하늘나라에서 받게 될 영광스런 축복이 얼마나 풍성한가를 알게 해 주신다"고 번역했다. 본 기자는 에베소 성도들의 마음의 눈을 밝히셔서 부르심의 소망을 알게 되고, 그 기업의 영광의 풍성히 무엇인가 알게 되기 위하여 기도한다고 했다. 헨드릭슨은 "에베소 교회 성도들이 믿음과 사랑을 충만히 갖추었으나 소망은 아직 미흡하였기 때문"이라고 주석했다. 그리고 하나님의 백성들이 저 천국에서 받아 누릴 축복을 소개하면서 이것을 알 수 있도록 기도하고 있다.

그런데 내세에서 받을 복은 물론이지만, 이 땅에서 성실히 사는 성도들의 기업도 하나님께서 보장해 주신다는 것이다. 거룩한 주일을 성수하고 십일조는 하나님의 것이므로 하나님께 정확히 드리고, 부모님께 효도하고, 가족이 서로 존경하고 사랑하면서 힘차게 살아 보자. 하나님께서 당신들의 기업을 지켜 주실 것이다. 시편 37편 18절에 "여호와께서 완전한 자의 날을 아시니 저희 기업은 영원하리로다"라고 하셨다. 금년처럼 경제가 어려운 때가 없다고 한다. 그래도 우리 교우들은 나름대로 일터에서 열심히 일하면서 살아 오셨다. 병들어 고통 받은 소수가 있긴 해도 대다수의 사람들은 건강하게 지내왔다.

지난주간 심방을 가는데, 어느 구역장님이 "자기 구역의 한 대학 졸업생이 취직했다고   하면서 참으로 기도를 많이 했다"며 환하게 웃으셨다. 살아 계신 하나님께서 우리들의 일터를 지켜 주셨다. 우리는 기업의 풍성을 믿고 감사함을 넘치게 하나님께 드려야 하겠다.

산업이 고도로 기계화되고 전문화되면서 소수의 전문가가 필요하기 때문에 많은 이들이 일자리를 잃고 있다. 앞으로의 세상은 하나님이 지켜 주시지 아니하면 생존이 불가능하다. 하나님께서는 기업을 풍성히 지켜 주신다고 했다. 올 한해도 하나님의 인도하심으로 어려운 가운데서 우리에게 건강과 일할 터전을 허락해 주신 하나님께 감사하기 바란다.

개미에게 지혜를 배우라

게으른 자여 개미에게로 가서 그 하는 것을 보고 지혜를 얻으라 개미
는 두령도 없고 간역자도 없고 주권자도 없으되 먹을 것을 여름 동안
에 예비하며 추수 때에 양식을 모으느니라 게으른 자여 네가 어느 때
까지 눕겠느냐 네가 어느 때에 잠이 깨어 일어나겠느냐 좀더 자자, 좀
더 졸자, 손을 모으고 좀더 눕자 하면 네 빈궁이 강도같이 오며 네 곤
핍이 군사같이 이르리라(잠언 6:6-11).

솔로몬 왕이 즉위 후 기브온 산당에서 기도할 때 하나님께서 지혜
로운 마음을 그에게 주신다. 열왕기상 3장 12절에 "너의 전에도
너 같은 자가 없거니와 너의 후에도 너와 같은 자가 일어남이 없으리
라"고 하셨다. 잠언을 읽어 보면 참으로 하나님이 주신 지혜가 솔로몬

에게 어떻게 나타났는지 분명하게 알 수 있다.

세계적인 곤충학자인 프랑스의 파브르가 쓴 〈파브르의 곤충기〉를 읽어 보면 곤충들의 다양한 삶의 지혜를 엿볼 수 있다.

현대 그룹의 창시자 정주영 씨는 그의 삶의 지혜를 곤충들을 통해서 얻었다고 자서전에서 고백했다. "어느 날 비가 오는데 청개구리 한 마리가 나뭇잎에 오르기를 수십 번 시도하면서 미끄러졌지만 마침내 그 나뭇잎에 안착하는 보았다. 그 청개구리를 보면서 성공의 비결은 끈기와 지구력에 있음을 배웠다.

그리고 젊은 날 쌀 가게를 할 때에 빈대가 많아 잠을 설칠 때가 많아 목침대 밑에 물을 떠놓고 빈대 오는 길 막으려 했다. 그런데 빈대는 벽을 타고 천장으로 가다가 떨어져서 포기하지 않고 다른 길을 찾는 것을 보면서 길이 막히면 다른 길을 찾는 지혜를 배웠다.

그리고 쌀과 함께 계란을 팔았는데 어느 날 자고 나면 계란이 없어져서 밤중에 자지 않고 지키다가 한 마리 쥐가 가슴에 계란을 꼭 안으면 다른 쥐가 계란을 품은 쥐의 꼬리를 물고 끌고 가는 것을 보고 협동심을 배웠다고 했다. 비록 미물들이지만 그들을 통해서 인생의 귀한 교훈을 얻었다"는 것이다.

특히 심리학자 쿨만은 성경에 "게으른 자여 개미에게 가서 그 하는 것을 보고 배우라"는 말은 개미의 지능지수(IQ)보다 감정지수(EQ)인 열정, 끈기, 동기부여를 배우라는 뜻이라고 해석했다.

오늘 우리는 지혜의 왕 솔로몬을 통해서 개미에게 배우라는 교훈을 함께 생각해 보고자 한다. 개미는 아주 작은 곤충이지만, 그들이 살아가는 삶의 방식을 통해서 지혜를 배우고자 한다. 우리는 개미를 통해서 무엇을 배울 수 있을까?

질서 유지를 배우라

"개미는 두령도 없고 간역자도 없고 주권자도 없으되"(7절).

'두령'은 '결정권자' 또는 '재판권자'를 의미한다. '간역자'는 '행정관' '감독관'으로 해석하고 '주권자'는 '통치자'를 뜻한다. 두령도, 간역자도, 주권자도 없다는 것은 그들이 자발적으로 활동한다는 말이다. 개미는 벌과 같이 군집생활을 하는데 벌은 여왕이 있고 계급이 있으며 서열에 따라서 일한다. 하지만 개미는 명령에 못 이겨 일을 하거나 피동적으로 하지 않는다. 모두 자발적으로 기뻐서 하고, 열심히 일하고 싶어서 한다.

바울은 빌레몬에게 편지하면서 "너의 선한 일이 억지같이 되지 아니하고 자의로 되게 하려 함이로라"(몬 1:14)고 했다. 선은 자유의지에서 나와야 한다. 하고 싶어서 할 때 이것은 짐이 되지 않고 기쁘게 일할 수 있다. 계급세계는 자의보다 타의에 의해 일하고 징벌이 무서워서 일하기 때문에 일의 능률도 현저하게 차이가 있고 기쁨도 없다.

"모압 여인 룻이 나오미에게 이르되 나로 밭에 가게 하소서 내가 뉘게 은혜를 입으면 그를 따라가서 이삭을 줍겠나이다 나오미가 그에게 이르되 내 딸아 갈지어다"(룻 2:2). 젊은 나이에 남편과 사별하고 홀시어머니를 모시는 룻이란 며느리는 시집을 와서 시어머니를 통하여 신앙을 배웠다. 그는 평안을 얻고 하나님을 믿게 되었다. 그 뒤 시어머니를 봉양하기 위해 비록 남의 밭이지만 이삭을 주우러 갔다. 그때도 먼저 시어머님께 허락을 받는다. 몰락한 가계이지만 신앙의 사람은 언제나 질서를 소중하게 생각한다. 성서는 무질서를 어둠으로, 질서를 빛에 비유하기도 했다. 질서의 세계는 자연스럽게 물이 위에서 아래로 흘러가듯이 흘러간다.

지혜자는 개미의 세계에서 질서유지의 법을 배우라고 한다. 사람들이 사는 곳에는 경찰, 검찰, 행정공무원들이 질서유지를 위해서 강권적 권력을 행사해도 질서 파괴범이 얼마나 많은가? 때로는 개미보다 못한 경우도 많이 있다.

은혜로운 교회는 높은 자가 없고 모두가 종, 일꾼으로서 자기들이 맡은 일을 각자 알아서 잘한다. 서로 남의 일 간섭할 필요가 없다. 하나님의 세계는 질서의 세계다. 어둠-빛, 공허-충만, 혼돈-질서를 하나님께서 창조하셨다. 각자 자기 가는 길을 간다. 가정에서도 아버지는 아버지 노릇, 어머니는 어머니 노릇, 아들은 아들 노릇, 며느리는 며느리 노릇을 잘 하면 되는 것이다.

기회를 선용해야

"먹을 것을 여름동안에 예비하며 추수 때 양식을 모으느니라"(8절).

여기서 여름 동안은 일반적으로 추수기를 포함한 무더운 기간이다. "추수할 때가 지나고 여름이 다하였으나"(렘 8:20). 추수 때는 보리 추수기인 3월과 과실과 곡식을 거두는 9월을 함께 지칭하는 말이다. 이는 일할 수 없는 추운 겨울을 제외하고 쉼 없이 활동하는 개미의 근면성과 준비성을 암시해 주고 있다.

우리가 살고 있는 세상은 변화무쌍하여 아무도 미래를 예측할 수 없다. 그러므로 미래를 언제나 지혜롭게 준비하는 사람은 매우 현명한 처사라고 할 수 있다. 하나님께서는 어느 때나 미래를 준비하면서 살라고 경고해 주시지만, 인간들은 언제나 어리석게도 하나님의 경고에 대하여 너무나 무지하다. 그러므로 개미에게 가서 지혜를 배우라고 권고하신다.

에가드는 "네가 얼굴에 땀이 흘러야 식물을 먹고"(창 3:19)라는 말씀을 주석하기를 "하나님께서 열심히 일하지 아니하는 사람은 그 누구도 후원해 주시지 아니하고 열심히 일하는 사람은 그 누구도 예외 없이 후원해 주신다"고 했다. "손을 게으르게 놀리는 자는 가난하게 되고 손이 부지런한 자는 부하게 되느니라"(잠 10:4). 이 원리는 예수 믿는 사람들에게도 예외가 없다.

개미들이 어떻게 겨울이 오는 것을 알 수 있겠는가? 오랜 세월을 살아오면서 삶을 통하여 얻어진 지혜다. 그런데 중요한 것을 몰라서 못하는 경우가 더러 있지만, 대다수는 알고 있으면서도 행하지 않는 데 문제가 있다.

젊음이 영원한 것 같지만 백발이 언젠가 찾아온다. 그렇다면 젊었을 때 하나님을 잘 섬기고 범죄하지 않아야 하는데 그렇지 못하기 때문에 개미에게 가서 지혜를 배워야 한다. "추수할 때가 지나고 여름이 다하였으나 우리는 구원을 얻지 못한다 하는도다"(렘 8:20). 적절한 시기를 놓치지 말라는 것이다. 여름은 청춘을 의미한다. 하나님은 청년의 때에 창조주를 기억하라고 했다(전 12:1). 힘이 있을 때, 기억력이 있을 때, 우리들은 신앙의 성숙을 위해 노력해야 한다.

우탁은 "한 손에 막대 잡고 한 손에 가시를 쥐어 늙은 길 가시로 막고 오는 백발 막대로 치렸더니 백발이 제일 먼저 알고 지름길로 오더라"고 했다. 하나님이 주신 기회를 놓치면 그보다 더 불행한 일이 없다.

삶의 리듬에 맞추라

"게으른 자여 네가 어느 때까지 눕겠느냐"(9절).

하나님께서 인간들에게 삶의 리듬을 맞추기 위하여 밤과 낮을 주셨다. 밤에는 달게 잠을 자며 쉬고, 낮에는 열심히 땀이 흐르도록 일해야 영혼과 육체가 강건하다. 개미는 저녁에는 자고 아침에는 활동한다. 인간들은 시간을 계수할 수 있는 시계를 가지고 있고, 날과 달을 인지할 달력을 가지고 있으며, 영적으로 승리할 성서를 가지고 있다.

"좀 더 자자, 좀 더 졸자, 손을 모으고 좀 더 눕자 하면 네 빈궁이 강도같이 오며 네 곤핍히 군사같이 이르리라"(잠 6:10-11). 게으름이 습관화되어 무기력해지면 빈궁(가난)이 강도같이(불예측성) 언제 올지 모르고, 곤핍이 군사같이(불가항력) 막을 수 없이 찾아온다고 했다.

존 퍼슨(Janes Parson)은 도덕적인 면에서 잠의 특성은 망각의 상태, 무지의 상태, 무감각의 상태라고 지적하면서 여기서 벗어나려면 언제나 반대로 행동해야 한다고 주장했다. 즉, 무지의 상태에서 각성의 상태로, 무감각의 상태에서 감각의 상태로, 망각의 상태에서 기억의 상태로 탈바꿈해야 한다. 그런데 사람들은 알면서 잘되지 않기에 이는 성령의 능력을 받아야 가능하다.

잠은 좋은 것이로되 삶의 리듬에 맞추어 반드시 자야 하는 시간에 자야 그 잠이 가치가 있다. "잠 자기를 즐겨하는 자는 헤어진 옷을 입을 것임이니라"(잠 23:21)고 했다. 게으른 자는 언제나 실패한 자가 된다. 한편으로 "여호와께서 그 사랑하시는 자에게는 잠을 주시는도다"(시 127:2)라고 했다. 열심히 삶의 현장에서 활동하는 자가 하나님의 사랑을 받는데 그 증거가 밤에 잠이 아주 달다고 한다.

개미는 미물 곤충인데도 깰 때가 되면 기상나팔을 불지 않아도 일어

난다. 또한 저녁엔 취침나팔을 불지 않아도 잠을 잘 자며 삶의 리듬을
잘 지켜 지혜롭게 살아간다.

　세상에서는 낮이 지나면 밤이 온다고 하는데, 성서는 "저녁이 되고
아침이 된다"고 했다. 세상은 빛에서 어둠으로 가지만 성서는 어둠에서
빛으로 나아간다. 우리도 삶의 리듬에 맞추어 밤이 오면 잘 자고, 아침
이 오면 일찍 일어나서 하나님을 찬양하고 주어진 일터에서 귀한 땀을
흘리면서 행복하게 살아가야 한다.

고난에서 승리하려면

그러나 내 손에는 포학이 없고 나의 기도는 정결하니라 땅아 내 피를 가리우지 말라 나의 부르짖음으로 쉴 곳이 없게 되기를 원하노라 지금 나의 증인이 하늘에 계시고 나의 보인이 높은 데 계시니라 나의 친구는 나를 조롱하나 내 눈은 하나님을 향하여 눈물을 흘리고(욥기 16:17-20).

미국의 16대 대통령을 지낸 아브라함 링컨은 "내가 노예 해방을 수행함으로 수많은 어려움과 시련이 있다고 하더라도 대통령의 직무를 수행하는데 최선을 다할 것이다. 이로 인하여 세상 친구를 다 잃게 된다고 해도 내 양심의 친구는 나를 반겨줄 것이다"라고 말했다. 이 뜻은 세상에 옳은 일을 하고자 하면 반드시 시련이 오지만 그 시련이 정의를 위한 일이라면 반드시 좋은 열매가 맺혀진다는 것이다.

고난을 받고 있는 친구 욥을 찾아온 엘리바스는 원인 없는 결과가 없듯이 욥의 현재 받고 있는 그 비참한 현실은 반드시 어떤 원인이 있을 것이라 하였다. 또한 욥의 불경, 욥의 교만에 대해 악인들이 당할 비참한 운명을 들어 욥을 책망하고 권면할 때 욥의 진실한 답변이 오늘 본문의 내용이다.

여기서 우리도 고난을 극복하려면 어떻게 해야 하는가 하는 교훈을 가르쳐 주고 있다. 우리가 험하고 거친 세상을 살아가노라면 욥과 같은 시련과 아픔은 당하지 않는다 하더라도 거기에 버금가는 고난을 통과해야 할 때가 있다. 오늘 본문을 통해서 지혜를 얻어 금년에도 시련의 장벽이 막혀있을 때 좌절하거나, 실망하지 말고 그 장벽을 멋있게 극복하고 승리하기 위해 함께 은혜 받고자 한다.

정결한 기도를 드려야

"내 손에는 포학이 없고 나의 기도는 정결하니라"(17절).

'정결' 은 순결하다(애 4:7), 깨끗하다(욥 9:30), 순수하다는 의미로, 이 뜻은 하나님 앞에서 영적으로나 도덕적으로나 흠이 없고 깨끗하다는 것을 말한다. 그렇다면 기도가 깨끗하다는 것은 무엇을 말하는가?

① "그를 향하여 우리가 가진바 담대한 것이 이것이니 그의 뜻대로 무엇을 구하면 들으심이라"(요일 5:14). 하나님의 뜻이 무엇인가 알며 그 뜻대로 행하기 위한 기도다. 우리들은 기도드릴 때 욕심을 부리거나 과장하거나 거짓되지 않도록 언제나 조심해야 한다.

② "하나님의 뜻은 이것이니 너희의 거룩함이라"(살전 4:3). 하나님의 뜻은 성도가 거룩하게 사는 것이다. 거룩은 구별되는 것을 말한다. 세상 사람들과 같이 세상에서 살지만 세상 사람들과 같이 허랑방탕하게 사는 것이 아니다. 언제나 깨끗하고 진실하게 살 때 하나님께서는 이렇게 사는 자의 기도를 응답해 주신다. "구하여도 받지 못함은 정욕으로 쓰려고 잘못 구함이니라"(약 4:3). 그러므로 하나님의 영광을 위하여 기도드리며 하나님의 뜻이 하늘에서 이루어지신 것같이 땅에서 이루어지시기 위하여 기도드려야 한다.

"너희가 손을 펼 때에 내가 눈을 가리우고 너희가 많이 기도할지라도 내가 듣지 아니하리니 이는 너희 손에 피가 가득함이라"(사 1:15). 마음에 악의를 품고 하는 기도는 응답이 없다는 뜻이다. 욥은 정말 견딜 수 없는 시련 속에서도 원수의 멸망을 위하여 기도드리지 아니하고 순수하고 깨끗한 마음으로 하나님께 기도드렸다. "악인의 제사는 여호와께서 미워하셔도 정직한 자의 기도는 그가 기뻐하시느니라"(잠 15:8). 지혜자가 말한 것같이 욥은 정결한 기도를 드렸다. 우리들은 여기서 참 기도의 바른 자세를 배워야 한다.

"이에 하나님이 저에게 이르시되 네가 이것을 구하도다 자기를 위하여 수도 구하지 아니하며 부도 구하지 아니하며 자기의 원수의 생명 멸하기도 구하지 아니하고 오직 송사를 듣고 분별하는 지혜를 구하였은즉 내가 네 말대로 하여 네게 지혜롭고 총명한 마음을 주노니 너의 전에도 너와 같은 자가 없었거니와 너의 후에도 너와 같은 자가 일어남이 없으리라"(왕상 3:11-12). 솔로몬의 기도는 우리들에게 귀감을 보인 정결한 기도다. 원수의 생명, 부도, 장수도 아닌 하나님의 뜻을 아는 지혜를 구하였던 것이다.

증인이 계심을 믿어야

"지금 나의 증인이 하늘에 계시고 나의 보인이 높은데 계시리라"(19절).

'증인'은 증거하다(애 2:13), 둘러싸다(시 119:61), 세우다(렘 32:44), 붙들다(시 146:9)는 뜻을 가지고 있다. 참된 증인은 진리를 증거함으로 자신의 주장을 세워 주고 어려운 가운데 붙들어 주어 무죄함을 밝혀 준다. 욥은 자신의 삶에 참 증인은 이 땅에 있지 아니하고 하늘에 계시는 하나님이심을 믿고 있다. 여기서 일반적인 사람들의 생각은 자신이 당하는 고난이 억울하다고 생각하여 하나님을 원망하거나 실망한다.

그러나 욥은 높은데 계시는 하나님은 전지전능하시기 때문에 자신이 당하는 억울함을 누구보다도 잘 알고 계시기 때문에 언젠가 대변해 주실 것으로 믿고 있다. "그가 나를 죽이시리니 내가 소망이 없노라 그러나 그의 앞에서 네 행위를 변백하리라"(욥 13:15)고 욥은 주장한다.

이것은 자신의 결백을 하나님께서 알고 계시기 때문에 먼저 위로를 받을 수 있고, 또한 자신을 인도해 주시는 하나님의 섭리가 너무나 오묘하여 자신은 알 수 없어도 반드시 합력하여 선을 이루서서 나중에는 승리하게 할 것을 기대하고 있기 때문이다. 바울은 "우리가 너희 믿는 자들을 향하여 어떻게 거룩하고 옳고 흠 없이 행한 것에 대하여 너희가 증인이요 하나님도 그러하시도다"(살전 2:10)라고 데살로니가 교우들에게 자신 있게 말하고 있다. 그러므로 우리들도 같은 교회 성도들이 바로 우리 신앙의 증인이 되고, 하나님도 인정해 주시는 올바른 신앙생활을 하는 것이 바로 고난을 극복할 수 있는 지름길이다. 세상 사람들도 억울한 일을 당하면 하늘은 알고 있다고 말한다. 우리도 욥처럼 자신 있게 하늘에 계신 하나님이 우리의 증인이라고 주장할 수 있어야 한다. "반드시 그가 계신 것과 또한 그가 자기를 찾는 자들에게 상 주시는 이심을 믿어야 할지니라"(히 11:6).

철인 커밍은 "인간은 죽으나 그 인간의 선악 행위는 반드시 남는다. 그 이유는 하나님이 살아 계신다는 증거다"라고 말했다. 그것은 하나님이 우리들의 증인이시기 때문이다. 한 번은 TV 뉴스에 이런 기사가 보도되었다. 교통사고 분쟁을 없애기 위해 거짓말 탐지기를 동원한다는 내용이다. 그러나 그것은 얼마든지 조작이 기능한 일이다. 오로지 하나님만이 증인이 되실 수 있다.

눈은 하나님을 향해야

"내 눈은 하나님을 향하여 눈물을 흘리고"(20절).

'향한다' 는 말은 어떤 것을 지향한다, 방향을 설정한다는 의미다. 나의 관심과 애정은 계속적으로 어떤 것을 향하고 있다는 것이다. 우리가 세상을 살아가다가 너무나 큰 충격을 받으면 우리들의 신앙자세가 흐트러진다. 그것은 이미 마음에 균열이 왔다는 증거다. 마음에 사기를 잃으면 걷잡을 수 없이 무너진다. "여호수아가 가로되 그러면 이제 너희 중에 있는 이방신들을 제하여 버리고 너희 마음을 이스라엘의 하나님 여호와께로 향하라"(24:23).

이스라엘 사람들이 광야의 고난을 못 이기고 그들의 마음이 애굽으로 향하여 불성실한 태도를 보일 때 여호수아는 단호하게 호소한다. 너희 마음을 여호와께로 향하라고 말이다. 이 뜻은 거칠고 험악한 광야를 이길 수 있는 길은 오직 능력이 많으신 하나님의 도움으로만 가능하다는 것이다.

"믿음의 주요 또 온전케 하시는 이인 예수를 바라보자"(히 12:2). 믿음으로 구원을 온전케 이룰 수 있는 것은 예수를 바라볼 때 가능하다는 것이다. 고난이 극심할 때도 예수님을 바라볼 수 있다면 승리할 수 있다. 예수를 바라보자는 말은 "위를 쳐다본다, 지속적으로 본다, 꿰뚫어 본다"는 의미다. 세상의 모든 고난을 넘어서 하늘을 바라볼 수 있어야 한다.

"그러므로 너희가 그리스도와 함께 다시 살리심을 받았으면 위엣 것을 찾으라 거기는 그리스도께서 하나님 우편에 앉아 계시느니라"(골 3:1). 십자가의 고난을 이기고 부활 승천하신 승리의 그리스도가 그곳에 계신다는 뜻이다. "

생명의 말씀에 관하여는 우리가 들은 바요 눈으로 본 바요 손으로 만진 바라"(요일 1:1). 여기서 '본바'는 경험, 목적, 각성의 의미로 요한의 경험을 지금 우리도 경험할 수 있다. 그러므로 그리스도의 구속의 역사적 사건이 지금도 경험될 때 우리들은 고난에서 비로소 해방될 수 있다.

고난에 대처하는 믿음

가로되 아이가 살았을 때에 내가 금식하고 운 것은 혹시 여호와께서 나를 불쌍히 여기사 아이를 살려 주실는지 누가 알까 생각함이어니와 시방은 죽었으니 어찌 금식하랴 내가 다시 돌아오게 할 수 있느냐 나는 저에게로 가려니와 저는 내게로 돌아오지 아니하리라 다윗이 그 처 밧세바를 위로하고 저에게 들어가 동침하였더니 저가 아들을 낳으매 그 이름을 솔로몬이라 하니라 여호와께서 그를 사랑하사 선지자 나단을 보내사 그 이름을 여디디야라 하시니 이는 여호와께서 사랑하심을 인함이더라(삼하 12:22-25)

하나님께서는 불꽃 같은 눈으로 사랑하시는 당신의 백성들을 언제나 살피신다. 그러므로 우리는 하나님 앞에서 거짓될 수 없다.

오늘 본문의 역사적인 배경은 이스라엘이 모압과 랍바성에서 전쟁 중일 때다. 겨울이 되어 전투가 잠시 휴전 상태에 있다가 봄이 되어 다시 전투가 시작되었다.

그때 다윗은 늦게까지 잠을 자고 저녁에 일어나서 높은 왕궁에서 낮은 서민의 집을 내려다보다가 한 여인이 목욕하는 것을 보고 그 여인을 데려와 범죄했다. 그 뒤 그 여인이 임신했다는 소식을 듣고 신분 조회를 했더니 초급장교 우리아의 아내인 것을 알고 전방에 있는 우리아에게 특별휴가를 주어서 집에서 쉬게 하였다. 그런데 우리아는 고지식한 사람이라 현재 자기 동료들이 전방에서 전투에 임하고 있는데, 자기 혼자 편히 쉴 수는 없다고 하여 왕궁 초소병들의 거처에서 쉬고 전방으로 돌아갔다. 다윗은 자신의 범죄를 은폐하고자 했으나 뜻대로 되지 않았다. 그래서 요압 장군에게 전통을 보내어 우리아를 최전방에 배치하여 전사하게 한다.

우리아가 전사한 후에 밧세바가 혼자 되었을 때 다윗은 밧세바를 데리고 와서 순산하게 한다. 그런데 그 아이를 하나님께서 치시므로 병이 생기자 다윗은 간절히 아이의 건강 회복을 위하여 기도한다. 그러나 그 아이는 죽고 만다. 아이의 죽음은 부모에게 무한한 고난으로 다가온다. 이런 고난을 다윗은 믿음으로 대처한다.

고난이 오면 기도한다

"아이가 살았을 때에 내가 금식하고 운 것은"(22절).

다윗은 우리아의 아내 밧세바를 빼앗아 간음했다. 그 사이에 불의의 씨앗이 출생하였을 때 인간적인 방법으로 은폐하고자 했다. 그러나 숨

길 수 없게 되자 밧세바의 남편 우리아를 최전방에 보내어 전사하게 했
다. 다윗의 죄는 하나님의 계명 가운데 제칠계명인 간음과 제육계명인
살인의 죄를 범한 것이다. 하나님께서는 사랑하시는 자가 범죄하였을
때 절대로 용서하지 않으신다. "우리아의 처가 다윗에게 낳은 아이를
여호와께서 치시매 심히 앓은지라"(15절). 팅커라는 신학자는 "범죄하
는 그 영혼은 죽을지라 아들은 아비의 죄악을 담당치 아니할 것이요 아
비는 아들의 죄악을 담당치 아니하리니 의인의 의도 자기에게로 돌아
가고 악인의 악도 자기에게로 돌아가리라"(겔 18:26)는 말씀을 들어 "죄
는 남에게 전가될 수 없으나 벌은 전가될 수 있다"고 설명했다.   비네
(T. Biney)는 "아이가 병들어 죽은 것은 전부 부모의 죄로 인한 것은 아
니지만, 대다수의 경우 그렇다고 볼 수도 있다"고 했다. 어쨌든 사랑하
는 아이가 병들게 되니 믿음을 가지고 있던 다윗은 "금식하고 철야하면
서 기도했고"(16절), "금식하고 통곡하면서 아이를 위하여 간구하였다"
(21절).

여기서 우리는 부모가 자식에 대한 본능적인 사랑을 소유한 것을 볼
수 있다. 자식의 문제로 하나님 앞에 무릎 꿇지 않는 부모가 없다. 개라
는 소리를 들어가면서도 수로보니게 여인은 딸을 위하여 예수님께 간
청했다(막 7:27). 다윗은 자신의 죄로 인하여 자식이 고통 받는다는 것
을 너무나도 잘 알고 있었기 때문에 하나님 앞에서 철저하게 항복하고
회개하는 자세로 기도한다. 그리고 그 다음 하나님의 처분만을 기다리
고 있다. 사람들은 언제나 자기가 편리한 대로 생각하기 때문에 언제나
모든 것이 잘 될 것으로만 기대한다, 그러나 기도는 자기 욕구 충족이
아니라 하나님의 거룩하신 뜻이 이루어지는 것이다.

진실한 기도는 죄를 덮거나 가리우지 않고 더욱 선명하게 드러난다.
어느 교회 장로님의 회개 간증을 들었다. 술 먹고, 담배 피우는 일이 일

상생활이다. 그리고 교회를 갈 때에는 양치질을 하고 은단을 먹고 껌을 씹고 온다. 그리고 기도할 때는 거룩하게 기도하는데, 자꾸 헛소리만 나오더란다. 그래도 계속해서 기도했더니 그 다음에는 자기 이빨에 혀가 물려 피가 났다. 결국 이 일로 장로님은 회개했다고 한다.

확정된 것은 그대로 수용한다

"시방은 죽었으니 어찌 금식하랴 내가 다시 돌아오게 할 수 있느냐"(23절).

"신복들이 서로 수군거리는 것을 보고 그 아이가 죽은 줄 알고 그 신복들에게 물어보니 신복들이 그 아이가 죽었나이다"(19절) 하고 대답한다. 자녀들은 부모가 죽으면 땅에 묻지만 부모는 자식이 죽으면 가슴에 묻는다는 말이 있다. 다윗은 자식이 죽었다는 말을 들었을 때 얼마나 가슴이 아팠겠는가? 하나님을 원망하면서 자신을 저주하고 금방이라도 죽고 싶었을 것이다. "다윗이 땅에서 일어나 몸을 씻고 기름을 바르고 의복을 갈아입고 여호와의 전에 들어가서 경배하고 궁으로 돌아와서 명하여 음식을 그 앞에 베풀게 하고 먹은지라"(20절). 세상 사람들이 도저히 생각할 수 없는 행동을 했다. 그때 신복들이 물어 보니 "하나님의 뜻이 결정되었으니 누가 막으며 변경시킬 수 있겠는가? 그대로 받아들여야 하지 아니하겠느냐?"라고 했다. 이것이 바로 고난에 대처하는 믿음이다.

여기서 우리들은 겸손하게 몇 가지 교훈을 얻을 수 있다.

① 다윗은 가능한 것과 불가능한 것을 알고 있었다. 금식하고 철야하며 애절하게 사람들이 간구할 수 있지만, 아들을 살리고 죽이는 것은 하나님의 몫이지 사람의 몫이 아니라는 것이다. ② 또한 한 걸음 더 나아가서 다윗은 하나님이 하시는 일에 실수나 하자가 없다는 것을 인정하

고 있다. 그것이 사람의 단기적인 안목으로 볼 때 분하고 원통하지만 장기적인 안목으로 볼 때는 인간들에게 유익하다는 것이다. "우리가 알거니와 하나님을 사랑하는 자 곧 그 뜻대로 부르심을 입은 자들에게는 모든 것이 합력하여 선을 이루느니라"(롬 8:28) 하신 말씀을 믿으면 참고 기다릴 수 있기 때문이다.

다윗은 하나님께서 결정하신 일에 항의하거나 반항할 마음이 없었다. 모든 것이 하나님의 뜻대로 되어질 것을 믿고 있었기 때문이다. 주님께서 기도를 가르쳐 주실 때 "뜻이 하늘에서 이룬 것같이 땅에서도 이루어지이다"(마 6:10)라고 하셨다. 하늘은 하나님의 세계, 질서의 세계, 명령과 순종의 세계, 하나님의 절대 권위가 군림하는 곳이다. 그리고 땅은 인간의 세계, 무질서의 세계, 불순종의 세계, 반항하는 세계인데, 이 땅이 하늘에 흡수되어야 하나님의 나라가 임한다. 육체가 영적 권위에 흡수되어야 마음에 평강이 임하는데, 이것을 천국이라고 한다. 다윗은 아들이 죽고 난 뒤에 오히려 하나님의 절대 권위를 믿으니 마음에 평안이 왔다. 목욕하고 새 옷을 갈아입고 기쁘게 음식을 먹고 새롭게 정신을 차리고 일하게 되었다.

새로운 미래를 소망하며

"다윗이 그 처 밧세바를 위로하고 저에게 들어가 동침하였더니 처가 아들을 낳으매 그 이름을 솔로몬이라 하니라"(24절).

"밧세바는 우리아의 처"(삼하 11:3)였는데, 그 뒤 '다윗의 처' 라고 기록한다. 다른 사람의 아내와 동침하면 이것은 불륜, 강간, 간음, 즉 범죄가 되지만, 자신의 처와 동침하면 이것은 뜨거운 사랑이 된다. 그래서 본문은 먼저 그의 처라고 기록하여 모든 것이 합법적인 것을 강조한다. 또한 아들의 죽음을 보고 죄의 징계가 얼마나 두려운지 알고 떨고 있는 밧세바를 찾아가서 하나님께 용서받은 다윗은 죽은 아들을 잊고 새로 주실 아들을 소망하면서 말뿐 아니라 행동으로 위로해 주었다. 이것이 사랑의 극치, 즉 동침하는 것이었다.

그 후에 밧세바가 아들을 낳았다. 이름을 솔로몬이라고 지었는데, 하나님께서 나단 선지자를 보내어 심방하게 하시고 이름을 '여디디야' 라고 새롭게 지어 주었다. 이것은 그 아들이 합법적인 아들이며, 하나님의 축복으로 주신 것을 인정하신다는 뜻이다. 솔로몬은 '평화, 평강' 이란 뜻이고, 여디디야는 '여호와의 사랑을 입은 자' 란 뜻이다. "이는 다윗이 헷 사람 우리아의 일 외에는 평생에 여호와 보시기에 정직히 행하고 자기에게 명하신 모든 일을 어기지 아니하였음이라"(왕상 15:5)고 기록하였다.

우리는 여기서 "먼저 아들도 살려 주시고 회개하거든 솔로몬도 낳게 하셨으면 더 좋았을텐데"하고 생각할 수 있다. 그러나 불의의 씨앗인 이 아이는 가정과 국가에 언제나 훼방거리가 됨으로 내가 먼저 데려간다는 뜻이다. "이 일로 인하여 여호와의 원수로 크게 훼방할 거리를 얻게 하셨으니 당신이 낳은 아이가 정녕 죽으리라"(14절).

여기서 죽음은 육체의 죽음이지 영혼의 죽음은 아니다. 이 땅에서 자신과 남에게 훼방거리인 자녀는 하나님께서 먼저 데리고 가시고, 회개하고 성실히 사는 다윗에게는 더 아름답고 지혜롭고 귀한 아들을 주셨다. 전화위복이란 말이 있다. 아들의 죽음에 대하여 원망하지 아니하고 하나님의 뜻을 믿음으로 기다리며 힘차게 살아가는 모든 성도들에게 언제나 마지막에 웃게 하신다.

로버트 슐러 목사님의 고백이다. "절벽 가까이로 나를 부르셨다. 절벽 끝으로 더 가까이 오라고 하여 다가갔다. 절벽 위에 발을 걸치고 겨우 서 있는 나를 밀어 버렸다. 나는 절벽 아래로 떨어졌다. 그런데 나는 그때까지 내가 날 수 있다는 것을 몰랐다. 하나님은 나의 잠재된 믿음을 꺼내어 고난에 대처하게 하셨다.”

성도 여러분은 이러한 잠재된 믿음을 지금 가지고 있는가. 그 믿음을 지금 꺼내어 사용하시기 바란다. 하나님이 함께 하시는 놀라운 일을 체험하게 될 줄로 믿는다.

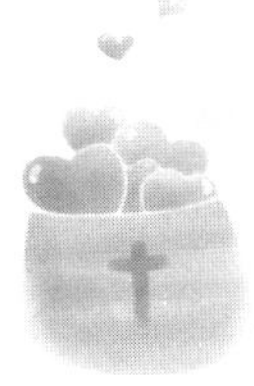

고진감래의 인생

나의 가는 길을 오직 그가 아시나니 그가 나를 단련하신 후에는 내가 정금같이 나오리라

내 발이 그의 걸음을 바로 따랐으며 내가 그의 길을 지켜 치우치지 아니하였고 내가 그의 입술의 명령을 어기지 아니하고 일정한 음식보다 그 입의 말씀을 귀히 여겼구나 그는 뜻이 일정하시니 누가 능히 돌이킬까 그 마음에 하고자 하시는 것이면 그것을 행하시나니 그런즉 내게 작정하신 것을 이루실 것이라 이런 일이 그에게 많이 있느니라(욥기 23:10-14).

고진감래(苦盡甘來)란 고생이 다 지나가면 즐거움이 온다는 뜻이다. 그런데 그냥 오는 것이 아니다. 고난 다음에 기쁨이 오고, 기뺨은 고난을 통과해야 한다. 그러나 사람들은 고난은 싫어하고 기쁨만 소망하는 데 문제가 있다. 인간의 조상 아담이 범죄하므로 이 땅이 함께 저주를 받았기 때문에 곡식 뿌린 들판에 가라지와 잡초가 자라고, 아름다운 자연에 가시와 엉겅퀴가 나서 자연을 훼손하였다.

구세군 창시자 윌리엄 부스(William Booth)는 "100년 후에 수많은 그리스도인들은 십자가 없는 부활만 기대하는 어리석은 친구들이 많이 생길 것이다"라고 걱정했다. 그가 과로로 인해 병들어 쓰러졌을 때 많은 친구와 성도가 찾아와서 주님의 일을 못하게 되어 걱정이라고 위로했다. 그때 그는 "주님의 일도 중요하지만 주님의 뜻에 순종하는 것이 더욱 중요하다"고 했다.

그리고 "어리석은 자가 되지 말고 오직 주의 뜻이 무엇인가 이해하라"(엡 5:17)는 성구를 읽어 주면서 "주님도 십자가를 앞에 두고 고민하시면서 내 뜻대로 마옵시고 아버지의 뜻대로 하여 주옵소서 기도하신 후에 십자가를 지시고 인류를 구원하셨다"고 증언했다.

고진감래란 바로 "고난의 십자가가 없으면 부활의 새아침도 없다"는 것이다. 욥은 이 진리를 깨닫고 하나님 앞에서 감격했다.

연단은 승리의 첩경

"그가 나를 단련하신 후에는 내가 정금같이 나오리라"(10절 하).

욥은 참으로 귀한 것을 깨달았다. 하나님은 전지전능하시기 때문에 내가 가는 길을 모두 알고 계신다. 그러므로 자신이 받은 고난은 죄에 대한 징계가 아니라, 정금으로 만들기 위하여 금강석을 용광로에 녹이는 것으로 보았다. 자신을 하나님이 더 귀하게 쓰시고자 연단하시는 귀한 하나님의 뜻이 있음을 믿었다.

영국의 대문호인 세익스피어는 "달콤함이나 참 기쁨은 고난을 통해서 온다는 것을 깨달아야 한다"고 했다. '단련하다' 는 단어는 '시험하다(슥 13:9)' '증명하다' (창 45:12) 등의 뜻을 가지고 있다. 그리고 주로 금속의 순수성을 시험하는 데 사용했다. 예수님도 "돌밭에 뿌려졌다는 것은 말씀을 듣고 즉시 기쁨으로 받되 그 속에 뿌리가 없어 잠시 견디다가 말씀을 인하여 환난이나 핍박이 일어나는 때에는 곧 넘어지는 자요" (마 13:20-21)라고 규정했다. 그뿐 아니라 단련을 통해서 더 성숙한 경지로 나아가게 되기도 한다.

다윗은 하나님 앞에서 참으로 귀한 기도를 드렸다. "여호와여 나를 살피시고 시험하사 내 뜻과 내 마음을 단련하소서" (시 26:2). 그는 하나님의 연단을 통해서 더 성결하고 성숙하기를 진심으로 원했다. 무엇이든지 쉽게 얻는 것은 쉽게 잃고 만다.

영국이 낳은 20세기의 자연주의 생물학자 알프레드 왈라스(Alfred Wallace)가 산누에의 일종인 천잠 나방이 누에고치를 뚫고 나오며 너무 고생하는 것을 보고 가위로 고치에 구멍을 뚫어 주었다. 그런데 쉽게 나온 나방은 날지 못했다. 그 이유를 계속 연구해 보니 나방이 고치를 뚫고 나오려고 애쓸 때 몸에 있는 영양분이 날개로 퍼져서 잘 날 수 있는 힘과 균형을 갖게 된다는 것을 깨달았다고 한다.

정도는 승리의 첩경

"내가 그의 길을 지켜 치우치지 아니하였고" (11절 하).

욥은 내 발이 그의 걸음을 바로 따라 갔다고 고백하면서 치우치지 아니했다고 말하고 있다. '치우치다' 는 것은 '늘이다' (사 3:16), '방향을 바꾸다'(사 66:13) 등의 뜻을 가지고 있는데, 여기서는 '얼굴을 돌린다'고 번역했다. 이것은 신앙생활의 기준을 하나님의 말씀에 두지 않고 인간적인 생각에 맞추었다는 것이다.

다니엘 같은 선지자는 "온 이스라엘이 주의 율법을 범하고 치우쳐 가서 주의 목소리를 청종치 아니하였음으로 이 저주가 우리에게 내렸다"(단 9:11)고 고백했다. 하나님께서 "여호수아에게 좌로나 우로나 치우치지 말고 율법을 따라서 행하면 네가 어디로 가든지 형통하리라"(수 1:7)고 말씀하셨다. 정도를 따라 가기는 쉽지 않지만, 믿음의 선배들은 언제나 그렇게 살기 위하여 최선을 다했다. 가끔 사단이 우리들을 유혹하여 쉽고 편리한 길을 제시할 때가 많다.

그러나 그리스도께서 우리를 구원하시기 위하여 영광의 보좌를 버리시고 낮고 낮은 곳으로 오셔서 십자가의 고난을 통해 우리를 구원해 주셨다. "예수께서 가라사대 내가 곧 길이요 진리요, 생명이니 나로 말미암지 않고는 아버지께로 올 자가 없느니라"(요 14:6)고 말씀하셨다. 욥기 15장 4-6절에 보면 욥의 친구들은 욥이 하나님의 계명과 교훈을 무시한 죄인이었기에 징계를 받는다고 주장했다. 그때에 욥은 반론을 전개하면서 자신은 언제나 그 길을 치우치지 아니했다고 고백한다.

우리들도 한번 깊이 우리들 자신의 삶을 반성해 보아야 한다. 바울 사도는 임종을 앞두고 이렇게 말했다. "내가 선한 싸움을 싸우고 나의 달려 갈길을 마치고 믿음을 지켰으니 이제 후로는 나를 위하여 의의 면류관이 예비되었으므로 주 곧 의로우신 재판장이 그날에 내게 주실 것이라"(딤후 4:7-8). 그리고 "일정한 음식보다 일용할 양식보다 그 입의 말씀을 귀히 여겼구나"(12절)라고 했다. 일용할 양식은 육신의 것이요 말씀은 영혼의 양식이기 때문이다.

우리 인생의 정도는 하나님의 말씀이어야 한다. 하나님의 말씀을 따라 행할 때에 형통하고, 승리의 길이 열리게 된다.

믿음은 승리의 첩경

"그는 뜻이 일정하시니 누가 능히 돌이킬까"(13절).

하나님은 언제나 진실하신 분이시니 그 목적 성취에 항상 동일하시다는 뜻이다. "예수 그리스도는 어제나 오늘이나 영원토록 동일하시니라"(히 13:8)고 하신 것은 하나님을 믿을 수 있다는 것이다.

첫째, 하나님은 우주의 유일하신 주권자다. "기약이 이르면 하나님이 그의 나타나심을 보이시리니 하나님은 복되시고 홀로 한 분이신 자이며 만왕의 왕이시며 만주의 주시요"(딤전 6:15)

둘째, 하나님의 목적은 아무도 변경할 수 없다. "나 여호와는 변역지 아니하리니 그러므로 야곱의 자녀들아 너희가 소멸되지 아니하리라"(말 3:6). 예수님을 믿는 자가 이 땅에서 고생은 할 수 있어도 망하지는 않게 보호하신다는 뜻이다.

셋째, 하나님의 목적에 대해 저항할 수 없다. "과연 태초부터 나는 그니 내n손에서 능히 건질 자가 없도다 내가 행하리니 누가 막으리요"(사 43:13)라고 말씀하셨다. 하나님은 당신의 계획을 실천하실 능력을 가지고 계시기에 아무도 방해할 수 없다.

넷째, 하나님은 자신의 목적을 확대해 가신다. "온 지면에 기근이 있으매 요셉이 모든 창고를 열고 애굽 백성에게 팔새 애굽 땅에 기근히 심하며"(창 41:56). 이때 야곱도 양식을 사려고 아들들을 애굽으로 보냈다. 요셉이 애굽으로 형들에게 미움을 받아 은 이십에 팔려가서 수많은 고생을 치를 때만 해도 기근 때 온 세상 사람들을 살리기 위하신 뜻이 계시는 것을 누가 감히 알 수 있었을까. 그러나 하나님의 계획은 요셉이란 한 사람으로 시작해 온 세계 민족을 구원하시려는 것이다.

우리는 하나님이 분명히 살아 계시며 인류를 구원하실 분명한 목적을 가지고 천천히 그 계획을 이루어가실 것을 믿는다. 때문에 잠시 고난

이 온다고 해도 하나님의 섭리를 분명히 믿고 하나님의 뜻에 순종하면
서 살아가야 한다.

"만일 그럴 것이면 왕이여 우리가 섬기는우리 하나님이 우리를 극렬
히 타는 풀무 가운데서 능히 건지시겠고 왕의 손에서도 건져내시리이
다 그리 아니하실지라도 왕이여 우리가 왕의 신들을 섬기지도 아니하
고 왕의 세우신 금 신상에게 절하지도 아니할 줄을 아옵소서"(단 3:17-
18).

다니엘은 믿음의 사람이다. 욥도 하나님을 확실하게 믿었다. 모든 인
생의 승패는 하나님께 달려 있다. 하나님을 믿고 모든 것을 맡길 때 승
리하게 하시는 은혜가 함께 하신다.

설상가상의 인생

사단이 이에 여호와 앞에서 물러가서 욥을 쳐서 그 발바닥에서 정수
리까지 악창이 나게 한지라 욥이 재 가운데 앉아서 기와 조각을 가져
다가 몸을 긁고 있더니 그 아내가 그에게 이르되 당신이 그래도 자기
의 순전을 굳게 지키느뇨 하나님을 욕하고 죽으라 그가 이르되 그대
의 말이 어리석은 여자 중 하나의 말 같도다 우리가 하나님께 복을 받
았은즉 재앙도 받지 아니하겠느뇨 하고 이 모든 일에 욥이 입술로 범
죄치 아니하니라 (욥기 2:7-10).

설상가상은 "눈 위에 서리가 덮인다"는 뜻으로 불행한 일이 계속해
서 겹쳐지는 것을 뜻한다. 우리는 지난 주일에 사면초가의 인생이
란 제목으로 동방의 의인 욥이 당한 시련을 생각했다. 양이 7천, 약대가
3천, 소 5백 겨리, 암나귀 5백 마리가 하루아침에 없어지고, 집이 무너

져서 10남매가 죽었다. 그런 시련 중에서도 "주신 자도 여호와시요, 취하신 자도 여호와시라"는 신앙을 고백하면서 찬양으로 시련을 이긴 욥을 생각하면서 우리 자신을 돌아보았다.

욥의 시련이 여기서 끝났으면 얼마나 좋았겠는가? 그런데 간사하고 잔악한 사단은 계속해서 도전해 오면서 욥을 시험한다. 앞에서 당한 것은 물질과 자녀에 대한 시험이었으나 두 번째 도전은 욥의 몸에 직접 병을 준다. 자신의 몸이 아프면 만사가 다 귀찮다. 그리고 욥을 이해하고 끝까지 생사고락을 같이 해야 될 아내가 배신한다.

그래서 설상가상의 인생이라고 제목을 정했다. 그의 믿음은 굉장하다. 설상가상의 시험 속에서도 욥은 범사에 감사하는 신앙으로 멋있게 승리한다. 욥의 초지일관의 신앙 앞에 사단은 추풍낙엽처럼 떨어지고 만다. 사순절에 욥의 고난을 깊이 명상하고 주님의 십자가와 부활의 신앙을 소유할 수 있기를 바란다.

몸에 병이 들다

"욥을 쳐서 그 발바닥에서 정수리까지 악창이 나게 한지라"(7절 하).

사단은 잔악하고 끈질기다. 재산을 전부 빼앗고 자녀를 죽이는 큰 시련을 욥에게 주면 욥이 하나님을 저주하고 떠날 것으로 생각했다. 하지만 도리어 욥은 믿음으로 하나님을 찬양했다.

이번에는 "뼈와 살을 치소서 하나님을 욕하리이다 네 손에 붙이노니 생명은 해치지 말라"(5-6절)고 한다. 허락 받은 사단은 욥을 치니 발바닥에서 정수리까지(히브리 문학적 표현으로 몸 전체 가리킨다) 악창(아주 무서운 악성 피부병으로 문둥병의 일종)을 앓았다. 욥은 모든 것을 다 잃고 이제는 몸 하나가 욥의 전 재산이요 희망인데 그것마저 무너졌다.

욥기를 참고하면 이 악창은 ① 가려워서 견딜 수 없게 피부가 상한다(8절). ② 다른 사람이 알아 볼 수 없게 얼굴이 변함(12절). ③ 식욕이 저하되고 기억력이 상실됨(3:24). ④ 종기 벌레(구더기)가 생김(7:5). ⑤ 호흡에 곤란증세가 나타남(9:18). ⑥ 입에서 냄새(악취)가 나서 주변 사람이 싫어함(19:17). ⑦ 체중이 감소되고(19:20). ⑧ 피부가 검게 변하고 온몸에 고열 등이 생기는 질병이다(30:30)

이와 같이 구체적으로 욥에 대한 기록을 통해서 욥의 고통을 우리들은 넉넉히 짐작할 수 있다. "남은 것은 겨우 입꺼풀뿐이로구나"(욥 19:20). 사단이 입술과 혀만 가만두었다. 그 이유를 베이커가 주석하기를 "하나님을 저주하기 하기 위하여 두었는데 사단의 자비를 매우 잔인한 것이라"고 했다.

8절에 욥이 재 가운데 앉아서 기와조각을 가져다가 몸을 긁고 있었다. 재는 불탄 흔적을 의미하기보다는 애통과 회개를 상징한다. 욥의 잘못은 없었다 하더라도 지나친 고통은 자신의 잘못에서 일어난 것이 아닌가 살펴보면서 가려움증과 진물을 제거하기 위하여 깨어진 토기가루로 응급조치하는 처참함을 보여 준다. 아람의 장군 나아만은 교만하여 한센씨 병(문둥병)자가 되었다(왕하 5:1). 게하시가 물욕에 빠져 나아만에게 은 두 달란트와 옷 두벌을 받고 한센씨 병자가 되었다(왕하 5:27). 주의 종 모세가 이방사람 구스 여인을 취한 것을 미리암이 비웃다가 한센씨 병자가 되었다(민 12:1, 10). 욥도 자신의 병이 심상치 않은 것을 알고 재에 앉아 회개했다.

아내도 배신했다

"그래도 자기의 순전을 굳게 지키느뇨 하나님을 욕하고 죽으라"(9절 하).

하나님께서는 고난중에 있는 욥을 위로하고 도와주라고 사랑하는 아내를 주었는데 욥을 욕하고 그를 더 괴롭히는 존재로 변해 버렸다. 이것은 욥의 귀에는 청천벽력 같은 소리로 들렸을 것이다. "하나님은 아담이 독처하는 것이 좋지 못하니 내가 그를 위하여 돕는 배필을 지으리라 하시고"(창 2:18).

여자를 만들어 아담에게 아내로 주었다. 그래서 아내는 참으로 귀하고 아름다운 존재다. 그런데 말세가 되면 그 사랑스런 아내들이 사단의 미혹을 받아 변질되고 남편을 배신한다. "너희는 이웃을 믿지 말며 친구를 의지하지 말며 네 품에 누운 여인에게라도 네 입의 문을 지킬지어다"(미 7:5). 미가 선지자는 친구도 아내도 믿지 말고 오직 하나님만 믿으라고 강조한다.

왜 아내가 변하는가? "어리석은 여자 중 하나의 말 같도다"(10절). 어리석다는 의미는 '마음이 타락하고 지능이 부족하다' 는 뜻이다.

① 하나님을 부인하고 그의 섭리에 대하여 도전한다.

② 불행하게 되면 조급한 마음으로 하나님을 원망한다.

③ 내적인 것을 외적인 것과 같이 생각하고 판단한다.

(영적인 것을 육적으로, 신앙적인 것을 세상적으로 해석한다.)

욥은 자신과 뜨겁게 사랑하고 동고동락하며 십 남매를 낳아 함께 살아온 긴 세월이 무색할 정도로 너무나 세상적으로 돌변한 아내를 볼 때 화가 머리까지 치밀어 올랐을 것이다. 또한 몸을 긁던 기와조각이라도 던지며 몸부림치고 고함치고 싶었을 것이다.

그런데 오히려 욥은 침착하고 조용히 "당신도 어리석은 사람들 중에 하나와 같다"고 부드럽게 호소한다. 이것은 아내에게 회개할 수 있는 기회를 주며 그 마음속에 들어 있는 사단을 쫓아내는 방법이다. 아내가 회개하고 주님께 돌아오도록 기다리는 것이다.

"내가 온 것은 화평히 아니라 검을 주로 왔노라"(마 10:34). "사람의 원수가 자기 집안 식구니라"(마 10:36). 불의와 의를 무조건 화해시키고 진리와 비진리를 타협시켜려고 예수님이 오신 것이 아니다. 진리는 진리 되게 하고자 오셨다. 고로 사단의 미혹으로 변질된 자는 하나님께서 회개시켜 새 사람이 되므로 화평할 수 있다.

그럼에도 불구하고 범사에 감사하는 신앙을

"우리가 하나님께 복을 받았은즉 재앙도 받지 아니하겠느냐 하고 이 모든 일에 욥이 입술로 범죄하지 아니하리라"(10절 하).

현대교회와 성도들의 모순은 기복적인 신앙에 깊이 빠져 있다는 것이다. 신앙과 축복을 같이 생각하는 경우다. 그러나 신앙인들이 더 큰 고난을 받는 경우도 있다. 욥은 자신에게 내려주신 축복뿐만 아니라 고난도 하나님께서 주신 것으로 생각했다. 그리고 하나님이 하시는 일에는 인간들이 감히 생각할 수 없는 깊은 뜻이 있을 것으로 믿었다.

J. Seed는 "이 세상에서 아무리 신앙이 좋은 사람도 평생 행복만 소유할 수는 없다. 고로 불행을 어떻게 이기느냐에 따라서 자신은 행복할 수 있다"고 했다. 세상의 어떤 고난도 하나님의 자비와 축복을 말살시킬 수 없다. 가장 큰 고난을 당하는 욥은 이미 가장 큰 은총을 받은 사람이었다.

욥은 가장 큰 고난을 받을 때에도 말씀을 생각했다. "여호와께서는 그 모든 행위에 의로우시며 그 모든 행사에 은혜로우시도다"(시 145:17)라는 말씀과 같이 하나님께서 모든 권세를 주관하시는 분으로 믿었기 때문에 자신의 일을 하나님께 맡길 수 있었다. 또 욥은 사단의 간교함을 먼저 알고 있었다. 순진하고 아름답던 아내가 그렇게 돌변한 것은 아내의 본모습이 아니라 사단의 유혹을 받아 변질된 것이므로 욥은 사단을

미워하고 대적하여도 아내를 사랑하고 용서하는 일에는 언제나 초지일
관했다. 욥은 범사에 감사하는 참 귀한 믿음을 가지고 있었다.

복을 주시는 하나님은 재앙도 주실 수 있으니 하나님을 원망하거나 배
신할 수 없다. 또한 신앙의 경험으로 보아 언제나 고난은 더 큰 기쁨과
승리를 주실 것을 확신하고 있었다. "우리가 알거니와 하나님을 사랑하
는 자 곧 그 뜻대로 부르심을 입은 자들에게는 모든 것이 합력하여 선을
이루느니라"(롬 8:28). 더 좋은 것일수록 시련과 고통의 기간은 길고, 보
다 가치 있는 것은 얻기가 더 어렵다.

욥은 참으로 신앙의 사람이었다. 축복만 받고자 하는 어리석은 사람
이 아니었다. 재앙도 받을 마음의 자세가 되어 있었다. 그래서 범사에
감사하면서 그 결과를 인내하며 끝까지 기다리고 있는 것이다.

두 길 가는 인생

아람 왕의 군대장관 나아만은 그 주인 앞에서 크고 존귀한 자니 이는 여호와께서 전에 저로 아람을 구원하게 하셨음이라 저는 큰 용사나 문둥병자더라 전에 아람 사람이 떼를 지어 나가서 이스라엘 땅에서 작은 계집아이 하나를 사로잡으매 저가 나아만의 아내에게 수종 들더니 그 주모에게 이르되 우리 주인이 사마리아에 계신 선지자 앞에 계셨으면 좋겠나이다 저가 그 문둥병을 고치리이다 (열왕기하 5:1-3).

신학자 알렉산더 맥클렌(Alexander Maclaren)은 "우리 앞에 두 길이 있다. 한 길은 가파르고 좁고 어려운 길이다. 하지만 항상 꾸준히 위로 향하여 오르면 반드시 그 목표에 도달하게 된다. 다른 하나의 길은 넓고 쉽고 화려한 내리막길이다. 첫 번째 길보다는 쉽다. 첫 번째 길은 그리스도의 사랑을 위한 순종의 길이다. 그 길에는 고통이 있고 어려움이 따르지만, 그 속에는 기쁨이 있어 끝내 시온에 이르게 된다. 두 번째 길은 고집과 자기 만족의 길이다. 그 길은 가치 있는 목표에 도달하지 못하게 되며 마침내 사람으로 하여금 가파른 절벽의 가장 자리에 서게 되는데, 돌아가고 싶어도 돌아갈 수 없게 된다"고 했다. 그러므로 우리들은 길을 잘 선택해야 한다.

유명한 사회 심리학자 에릭 프롬(Erich Fromm)은 "우리가 살아가는 인생이 두 가지 삶의 방식으로 나뉘어진다"고 한다. 존재 지향적인 삶과 소유 지향적 삶이 그것이다. 존재 지향적인 삶은 인격을 지향하는 것이고, 소유 지향적인 삶은 시장을 지향하는 것이다. 끊임없는 경쟁과 노력으로 땅에 있는 것을 소유하려는 소유 지향형이 있고, 자기 존재가 어떻게 될 것인가? 어떻게 살아야 참으로 가치 있게 사는지에 관심을 두는 존재 지향형이 있다.

오늘날 세상은 온통 소유 지향의 삶을 추구한다. 현대 문화는 그것을 더욱 부추긴다. 더 많은 것, 더 새로운 것, 더 빠른 것, 더 화려한 것, 더 넓은 것을 소유해야 행복해질 수 있는 것처럼 유혹한다. 또한 능력, 배경, 경제력 등을 소유하지 아니하면 결코 행복할 수 없는 것처럼 사람들을 기만한다. 세상은 각 사람의 소유한 것들로 그들을 평가한다. 그래서 더 나은 평가를 받기 위하여 수단과 방법을 가리지 아니한다.

오늘 본문을 통해서 참 행복이 무엇인가를 찾아보고 바른 길을 따라 바르게 살아 갈 수 있기를 바란다.

소유 지향의 삶

"나아만은 크고 존귀하다"(1절).

첫째, 그의 성품은 성품은 마음이 넓고 관대한 사람이었다.

어떤 의미에서는 좋은 성품을 가지고 있었다. 좋은 성품은 타고나는 것이며, 이 좋은 성품은 또 부모로부터 전수받은 것이기에 참으로 귀하고 아름다운 것이다. 그는 아람나라가 개국할 때 벤하닷 2세(왕상 20:30)를 도와서 변방국가와 싸워 승리할 때 군인으로 출세할 수 있는 기질을 가지고 있었기에 세상적으로 성공할 수 있었다.

어떤 의미에서 성품은 그 사람의 됨됨이를 말하는데 그것을 그릇이라고 한다. 좋은 그릇을 가져야 그 그릇에 무엇이든지 담으면 그만큼 가치가 있고, 또 그 담긴 것의 가치를 충분히 활용할 수 있다. "블레셋 사람의 진에서 싸움을 돋우는 자가 왔는데 그 이름은 골리앗이요 가드 사람이다"(삼상 17:4). 그 신장은 여섯 규빗 한 뼘(2m 93m)이라 했다. 싸움을 돋우는 자는 승패를 판가름할 사람이란 뜻이다. 골리앗은 블레셋 군대를 승리로 이끌 충분한 신체적 조건을 갖추고 있었다. 그와 마찬가지로 나아만은 성품적으로 세상에서 출세할 품성을 가지고 있었다는 것이다.

둘째, 존귀하다. 출세하여 어떤 지위를 갖추었다는 뜻으로 세상 사람들이 무한이 존경할 인물이라는 뜻이다.

AD.100년경 요세푸스의 역사에 보면 나아만은 활로 아합 왕을 쏘아 치명상을 입혔다고 기록하고 있다. 그것이 사실인지 확인할 수 없지만 그의 용감한 행동은 탁월하여 건국에 기여하였고, 온 국민의 칭송을 받을 명예와 영광을 얻게 된 것은 사실이다. 그리하여 대 아람제국에서 위로는 벤하닷 왕 한 사람뿐이었고, 모든 사람위에 뛰어난 인물로서 일인지하 만인지상으로 부상하니 그의 위세는 하늘을 찌를 듯했다.

그래서 본문에서는 '큰 용사'로 강하고 용감한 군사라고 표현하고 있다. 즉 세상에서는 최고로 출세한 사람이란 뜻이다. 이 사람이 출세하는데는 타고난 기질과 근면 성실이 뒤받침되었지만 하나님께서도 한 몫 하셨다. "여호와께서 전에 저로 아람을 구원하게 하셨음이라"(1절). 이 대목은 참으로 우리들에게 많은 깨달음을 주신다.

그 이유는 아람으로 이스라엘을 칠 때 대다수의 사람들은 분명히 하나님은 이스라엘 편을 들어 아람을 패하게 할 것이라 예상했다. 오늘 본문은 우리들의 선입견을 완전히 깨고 아람을 도와 이스라엘을 패하게 하셨다. 그 이유는 이스라엘이 우상을 섬기며 범죄하였다. 특히 아람 왕때는 이세벨의 말을 듣고 바알이란 번영의 신, 물질의 신을 섬기면서 하나님을 버렸다. 공평하신 하나님은 이스라엘이 아니라 아람을 도우셨는데 그때 나아만이 그 도구로 쓰여졌다는 것이다. 그래서 인간적인 출세도 하나님께서 함께 하시지 아니하면 안 된다는 것을 보여 주신다.

지금까지 그의 소유 지향적인 삶은 순풍에 돛을 단것처럼 잘 풀려갔다.

셋째, 1절 하반절에 "문둥병자이더라"고 했다. 문둥병은 고칠 수 없는 병이며 그 당시 가장 비참한 병으로서 건강한 사회에서 격리 수용해야 했다. 그런데 그 사람의 업적 때문에 격리 수용당하지 않고 국가의 책임을 지고 수행할 수 있는 권리는 얻었다고 해도 자신은 자기 병을 너무나도 잘 알고 있다. 날마다 썩어가는 자신의 피부를 보면서 그는 얼마나 실망을 했겠는가? 그가 왜 문둥병에 걸렸는지 정확한 이유는 본문에서 찾아 볼 수 없지만, 엘리사의 지시에 순종하지 아니하는 것을 보면 아무래도 세상 것을 모두 소유한 뒤에 교만하였기 때문이 아닐까 싶다. 여기서 소유 추종의 맹점을 찾아 볼 수 있다.

돈으로 값비싸고 화려한 침대를 구입할 수 있지만, 달콤한 잠은 살 수 없다. 돈으로 수 만권의 책은 살 수 있지만 명석한 두뇌는 살 수 없다. 또한 돈으로 맛있는 음식은 살 수 있어도 식욕은 살 수가 없다. 약은 돈으로 살 수 있어도 행복한 가정은 돈으로 살 수 없다.

결국 그의 소유지향적인 삶은 끝에 가서 한계에 부딪히게 된다.

존재 지향의 삶

"이스라엘 땅에서 작은 계집아이 하나를 사로잡으매"(2절).

영국의 주석가 마이어는 "아람 나아만 군대가 이스라엘을 공격하여 완전히 초토화 시키고 승리할 때 소녀의 부모는 죽고, 집은 불타 버렸다. 이 소녀는 나아만의 부하들에게 쇠사슬에 매여 개 끌듯이 끌려 아람으로 포로가 되어왔다"고 주석했다. 그런데 본문을 분석해 보면 이름 없는 이 작은 계집아이는 존재 지향의 삶을 살고 있었다.

첫째, 이스라엘(하나님과 겨루어 이김)은 얍복강가에서 야곱이 하나님과 씨름하여 얻은 이름이다(창 2:28, 35:10). 간사한 도적이었던 야곱이 철저하게 회개하고 승리하여 얻어진 이름이다. 그러므로 이스라엘은 철저하게 야훼 하나님을 믿고 그의 법도와 규제와 율례를 지키면서 하나님의 거룩한 백성으로 살아가는 선택받은 민족이란 뜻이다.

"이스라엘아 들으라 우리 하나님 여호와는 오직 하나인 여호와시니 너는 마음을 다하고 성품을 다하고 힘을 다하여 네 하나님 여호와를 사랑하라"(신 6:4-5). 이스라엘이 되어야 여호와 하나님의 말씀이 들려오고, 그 말씀이 하나님의 말씀으로 들려올 때 그 누구도 예외 없이 마음을 다하고 성품을 다하고 힘을 다해서 여호와 하나님을 사랑할 수 있다. 이스라엘에서 왔다는 것은 영적 존재의 가치를 깨닫고 하나님의 영광을 위하여 살았다는 뜻이다.

둘째, 작은 계집아이는 성숙하지 못한 어린 소녀라는 뜻이다.

나아만은 크고 존귀한 자였다. 그에 비해 소녀는 볼품없고, 아무 쓸모없는 정말 미약한 존재라는 뜻이다. 그런데 중요한 것은 그가 이스라엘에서 왔기 때문에 복음을 가지고 있었다는 것이다. 지금은 나아만의 아내에게 수종 드는 신세로 전락했지만 그는 실망하지 않았다. 그 이유는 소유적인 삶이 아니라 존재적인 가치를 알고 있었기 때문이다. 그래서 수종드는 것도 기뻤으며 매일 어떤 일에 봉사할 수 있다는 것을 감사하면서 즐겁게 생활할 수 있었다. 행복은 누가 주는 선물이 아니라, 자신이 존재 가치를 알고 언제나 감사하면서 열심히 살아갈 때 얻어지는 선물이다.

그런데 이 계집아이가 그 집의 큰 고민을 알게 된 것이다. 자신이 섬기는 집주인이 무서운 병에 걸린 것이다. 이 아이가 소유 지향적인 사람이었다면 혼자 크게 웃었을 것이다. 내 조국의 원수요. 부모를 죽인 원수가 병들었으니 참으로 잘되었다고 생각할 텐데 그는 존재지향적인 사람이었기에 같이 고민하며 주인이 쾌유하기를 진심으로 간절히 기도했다.

셋째, 작은 계집아이는 복음을 전한다.

"그 주모에게 이르되 우리 주인이 사마리아에 계신 선지자 앞에 계셨으면 좋겠나이다. 저가 그 문둥병을 고치리이다"(3절).

병을 고친다는 것은 '다시 원상으로 회복되다'는 뜻이다. 정상인으로 돌아온다는 뜻이다. 그런데 중요한 것은 이 병은 국가 기밀이다. 패전국들이 이 비밀을 알면 힘을 모아 아람에게 도전할 것이다. 나아만 장군이 병든 것을 알게 될 때, 또 병을 못 고치고 돌아왔을 때 계집아이는 살아남지 못할 것이다. 그러므로 그 아이는 적어도 엘리사 목사님께 기도 받으면 반드시 병이 낫는다는 확신을 가지고 있었다. 또한 누구든지 믿기만하면 구원을 받는다는 확신을 가지고 있었기 때문에 용감하게 복음을 전할 수 있었다.

유대인들의 지혜를 모은 탈무드에 "하나님은 부서진 것들을 사용하신다"는 말이 있다. 밀을 가지고 빵을 만들 수 없다. 밀이 부서져서 가루가 되어야 맛있는 빵이 만들어 지듯이 작은 계집아이가 인간적인 생각을 모두 깨뜨리고 생명을 사랑하는 뜨거운 열정이 있었기에 죽어가는 나아만을 살릴 수 있었다.

소유 지향적인 삶은 실패하지만 존재 지향적인 삶은 승리한다. 우리도

삶의 방향을 바꾸어서 존재론적인 의미를 우선으로 하되 소유적인 것
도 모두 얻을 수 있기를 간절히 바란다. 이것이 두 마리 토끼를 다 잡는
가장 좋은 방법이다.

1. 왜 사느냐고 묻거든

일의 결국을 다 들었으니 하나님을 경외하고 그 명령을 지킬지어다
이것이 사람의 본분이니라 하나님은 모든 행위와 모든 은밀한 일을
선악간에 심판하시리라 (전도서12:13-14)

희망의 신학을 선포한 독일의 몰트만은 "죽음은 단순히 인간의 생을 자연적인 종말을 의미하는 것이 아니다. 죽음은 삶의 한복판에서 수없이 도전해 오는 힘이다. 사람들이 하나님을 믿고 사람을 사랑하고 부활을 소망한다면 그 누구나 극복할 수 있다"고 했다.

지난 한 주간은 죽음과 삶의 기로에서 인생을 깊이 생각했다. 하나님께서 이것이 사람의 본분이라고 가르쳐 주셨다. 화요일에는 32세의 일기로 30세의 아내를 두고 하나님 나라에 간 한 청년을, 수요일에는 40세로 남편과 3남매를 두고 하나님 나라에 한 여 집사의 장례를 인도했다. 그리고 금요일에는 첫돌을 맞은 한 어린이의 축하 예배를 드렸고, 토요일에는 희망과 사랑을 가지고 만나 행복을 약속하는 한 쌍의 결혼 예배를 인도했다.

사람이 출생하고, 결혼하고, 세상을 떠나는 과정을 지켜보면서 인생을 다시 생각했다. 어떤 사람이 감리교의 창시자 존 웨슬리 목사에게 질문했다. "당신이 만약 내일 밤 12시에 세상을 떠난다면 어떻게 할 것입니까?" 그 질문에 웨슬리는 이렇게 답했다. "예정한 대로 행하겠습니다. 오늘 밤엔 자고 내일은 글로체스터에 가서 예배를 인도하고 오후에 툭스버리로 가서 성경공부를 인도하고, 밤에는 약속된 교회 중진회의를 인도하고, 병든 친구 마틴을 문병하고, 밤 10시에 기도하고, 밤 12시에는 영광의 천국에 당당히 입성할 것입니다."

죽음이 온다고 뭐 달라질 것이 있겠는가? 하나님께서 나에게 주신 일을 충실히 하는 것 밖에는 할 것이 없다. 그러면 사람의 본문이 무엇인가 같이 생각하면서 죽음과 삶의 기로에서 우리의 갈 길을 찾아보도록 하자.

하나님을 경외하는 것

"일의 결국을 다 들었으니 하나님을 경외하고"(13절 상).

경외란 단어에서 경(敬)은 공경할 경, 외(畏)는 두려워 할 외다. 히브리인들이 여호와 경외사상은 무조건 두려워하는 것이 아니다. 마음속에서 자연스럽게 우러나오는 존경심을 뜻한다. 이것은 무한한 존재 앞에 유한한 존재의 두려움이다. 거룩한 자 앞에 죄인으로서 두려움을 뜻한다.

"여호와를 경외함이 곧 지혜의 근본이라"(시 111:10). 근본은 시간의 시작, 기원, 원리라는 뜻이다. 대한 예수교 장로회 요리문답 제1번 "사람의 제일된 목적은 무엇인가?"에 대한 답은 다음과 같다. "하나님을 영화롭게 하고 영원토록 그를 즐거워하는 것이다." 하나님을 영화롭게 하기 위해서는 먼저 하나님의 존재를 믿어야 한다. "믿음이 없이는 기쁘시게 못하나니 하나님께 나아가는 자는 반드시 그가 계시는 것과 또한 그가 자기를 찾는 자들에게 상 주심을 믿어야 할지니라"(히 11:6).

조직 신학자 벨 코프는 하나님의 존재에 대해 다음과 같이 정의했다. ① 특별계시인 하나님의 말씀을 보아서 확신한다. ② 자연계시, 우주 만물의 생성 발전 결과를 보아서 확신한다. ③ 양심의 계시를 보아서 확신한다.

어느 교회학교 유년부에 다니는 학생과 아버지가 여름방학 때 시골 고향에 갔다. 아버지가 참외 밭을 지나다가 아무도 없는 것을 보고 아들에게 망을 보라고 했다. 사람이 오면 누가 와요" 하고 소리치면 아버지가 소변을 보는 척하면서 즉시 달려오겠다는 것이다.

아들이 "아버지, 남의 것인데 돈 주고 사서 먹지요" 하니 아버지가 "시골은 인심이 좋으므로 서로 나누어 먹는다" 하시고 허리를 굽혀서 살금살금 밭으로 들어갔다. 막 잘 익은 참외를 골라서 딸려는 순간에 "누가 와요" 하고 아들이 큰소리를 지르는 바람에 아버지가 혼비백산이 되어 뛰어나왔다.

주위를 둘러봐도 아무도 오지 않았다. 아무도 없지 않느냐고 묻자 그 아들이 "하나님이 보고 계신다"고 말했다. 아버지가 '하나님이 어디 있어?" 하자 아들이 대답하기를 "아버지 마음속에요"라고 말했다. 주인 몰래 훔치면 얼굴이 붉어지는 것은 양심의 가책을 되기 때문이다. 남의 것을 훔치는 것은 부끄러운 것이다.

하나님의 존재를 의식하지 못하는 자는 제 마음대로 살아가지만 하나

님의 존재를 의식하는 사람들은 언제나 하나님이 두려우므로 하나님을
경외하며 살아간다.

명령을 지키는 것

"그 명령을 지킬지어다"(13절 중).

명령, 율법은 종교적, 도덕적, 사회적 생활에 관하여 규정하는 법규다.
율례는 형벌법의 총칙이며, 규례는 생활을 규정하는 법이고, 법도는 법
률과 법규이다. "또 네 아들과 네 손자로 평생에 네 하나님 여호와를 경
외하며 내가 너희에게 명한 그 모든 규례와 명령을 지키게 하기 위한 것
이며 또 네 날을 장구케 하기 위한 것이라"(신 6:2).
　다시 말해 마음을 다하고 목숨을 다하고 뜻을 다하여 하나님을 사랑하
는 것이요, 네 이웃을 네 몸과 같이 사랑하는 것으로 의무화해 놓은 것
이다.
　하나님께서 우리 인간이 하도록 정해 놓은 명령은 이해 관계없이 의무
적으로 지켜야 하지만, 하나님께서 우리 인간을 만드실 때 하나님의 형
상으로 지으셨기에 인간이 스스로 깨닫고 느껴서 살아가게 하신 것이
다. 그리고 의무를 지키는 자에게는 반드시 귀한 것으로 보상하겠다고
약속하셨다.
　"자녀들아 너희 부모를 주안에서 순종하라 이것이 옳으니라 네 아버지
와 어머니를 공경하라 이것이 약속 있는 첫 계명이니 이는 네가 잘 되고
땅에서 장수하리라"(엡 6:1-3). "자녀는 하나님의 선물이다"(시 127:3-4).
　부모님을 주 안에서 공경해야 그 가정이 행복하다. 말세가 되면 핵가
족제도로 인해 가정 윤리가 파괴되기에 하나님께서 걱정하시고 하나님
의 명령을 지키는 자들에게 잘되고, 장수하는 복, 물질의 풍요와 건강의

복을 약속하신 것이다.

행복한 가정을 만들고 싶으면 아내는 남편에게 복종해야 하고, 남편들은 아내를 사랑해야 한다. 사람들은 행복을 원하고 건강과 축복을 원하면서도 하나님의 명령을 지키지 아니하는데 문제가 있다.

"사무엘이 가로되 여호와께서 번제와 다른 제사를 그 목소리 순종하는 것을 좋아하심 같이 좋아 하시겠나이까 순종이 제사보다 낫고 듣는 것이 수양의 기름보다 나으니 이는 거역하는 것은 사술의 죄와 같고 완고한 것은 사신 우상에게 절하는 죄와 같음이라 왕이 여호와의 말씀을 버렸음으로 여호와께서도 왕을 버려 왕이 되지 못하게 하시리라"(삼상 15:22-23). 순종이 제사보다 나은 것은 만고불변의 진리다.

심판에 대비할 것

"하나님은 모든 행위와 모든 은밀한 일을 선악 간에 심판하시리라"(14절).

사필귀정(事必歸正), 무슨 일이든지 결국은 올바른 이치대로 되고 올바르지 못한 것은 오래 가지 못한다는 뜻이다. 심판은 예수 믿지 아니하는 사람들에게나 있지 예수 믿는 사람들에게 심판이 없다고 하는데 그렇지 않다.

먼저 본문에서 심판의 주관자는 누구인가? 하나님이다. "공의로 세계를 심판하심이여 정직으로 만민에게 판단을 행하시리로다"(시 9:8). 하나님의 속성은 공의와 사랑이다. 사랑이 무한하셔서 그 어떤 죄라도 용서하시고 감싸 안아 주시지만, 반드시 인간들이 자기 잘못을 깨닫고 회개할 때 가능하다. 왜냐하면 그분은 공의라는 속성을 가지고 계시기 때문이다.

그래서 마지막 심판은 인간에게 맡기지 않고 하나님이 직접 하신다. 그 누구도 핑계할 수 없다. 하나님은 선악 간에 심판하신다. 선을 왜 심판하시는가? 선인은 악인과 같이 멸망하지 아니하시고, 악인의 멸망 때에 의인은 피하게 하신다. 노아의 방주가 그것을 가르쳐 주고 롯의 가족을 소알로 피난시키신 뒤에 소돔과 고모라를 불 태워 버리신다.

뿐만 아니라 모든 행위에 대한 심판은 상 주시기 위한 것이다. 하나님께 봉사하고 땀 흘려 수고한 것은 하나님이 절대 잊지 않으신다. "누구든지 제자의 이름으로 이 소자 중 하나에게 냉수 한 그릇이라도 주는 자는 내가 진실로 너희에게 이르노니 그 사람이 결단코 상을 잃지 아니하리라"(마 10:42). 예수님의 말씀이다. 악인들에게는 죄를 행동으로 옮긴 자의 행위에 대한 심판을 하시지만, 선한 자, 의로운 자들에게는 선한 행위에 대한 상을 주시기 위해서 심판하신다.

마지막 심판은 "하나님이 직접하신다"는 것을 우리들은 항상 기억하라. 모든 행위에 대하여 삼가야 하고 반드시 자신들이 심판 받는다는 것을 기억하고 조심스럽게 행동해야 할 것이다. 마태복음 25장에 열 처녀 비유, 달란트 비유, 양과 염소의 비유가 있다. 마태복음 25장 35-40절은 오른 편에 있는 양들에게 하시는 말씀이다. "내가 주릴 때 너희가 먹을 것을 주었고 목마를 때에 마시게 하였고, 나그네 되었을 때에 영접하였고, 벗었을 때에 옷을 입혔고, 병들었을 때에 돌아보았고, 옥에 갇혔을 때에 와서 보았느니라 내 형제 중 지극히 작은 자 하나에게 한 것이 곧 내게 한 것이니라" 하고 말씀하셨다.

센 머리 앞에 일어서라

너는 센 머리 앞에 일어서고 노인의 얼굴을 공경하며 네 하나님을 경외하라 나는 여호와니라(레위기 19:32).

오늘은 우리 민족의 고유 명절인 설날이다. 설의 뜻은 슬프다(섧다). 또는 삼가다(근신)에서 온 말인데 일년 내내 아무 탈 없이 잘 지낼 수 있도록 행동을 조심하고, 그 해 농사가 잘 되도록 기원도 한다. 그리고 설빔(새 옷을)을 입고, 조상을 기리는 차례를 드리고, 어른들을 찾아 세배 드리면서 덕담도 듣고 가족간에 서로 친교 도모하는 행사를 했다.

설날은 민족 무속신앙과 연관이 되어 있다. 복조리를 사서 방귀(放歸) 통에 매어달기도 하고, 아침에 우는 새소리 중에 까치소리는 길조이며, 까마귀 소리는 흉조로서 그 해의 미래를 전망하기도 했다.

처음 기독교가 전래되어서 가장 많이 부딪쳤던 것이 제사문제였다. 우상숭배와의 오해가 되어 많은 가정들이 아파했다. 특히 조상을 숭배한다는 중심은 같지만 방법이 서로 달랐기 때문에 선교에 큰 지장을 가져왔다. 그러나 지금은 서로 이해하고 무리하지 않게 원만히 해결하고 있다. 오늘 우리들은 윤리의 기본자세로서 인간이 지켜야 할 도리를 먼저 생각해 보아야 한다. 하나님께서 인간들에게 주신 가장 기본적인 것은 질서다. 그 질서가 무너지면 모든 것이 무너지고 그 질서가 살아 있으면 모든 것이 살아난다.

지금 시대는 너무 핵가족을 중심으로 개인 위주의 사회가 되어 가다 보니 인간의 근본적인 뿌리를 잃어 버렸다. 그 뿌리를 찾아서 기본적인 윤리라도 잘 지켜 나아가면서 돌아가신 조상은 혹시 잊더라도 살아 계신 부모님께 효도하고, 혹시 제사에는 참여 하지 못한다고 해도 어른들을 찾아가서서 정중히 세배 드리고, 덕담을 들으며 새해를 출발하는 것이 참으로 아름답고 소중하다고 생각한다.

이것저것 모든 것을 못한다고 해도 우리들은 하나님의 형상을 가진 인간이기에 센머리 앞에 일어서야 한다. 노인이 오시면 자리에서 일어서고 제일 좋은 자리에 모시고 예의를 갖추면 하나님께서 복을 내려 주실 것이다. 우리 말 뿌리를 평생 연구한 이남덕 선생은 '늙다' 는 말은 '느리다' (행동이 느리다)와 '너르다' (여유롭고 유연하다 세상사를 두루 살핀다)라는 뜻이라고 했다.

자연의 질서

"센 머리 앞에 일어서고" (32절 상).

여기서 '머리가 세다' 는 자연의 질서다. "하나님이 가라사대 빛이 있으라 하시매 빛이 있었고" (창 1:3), 이 말씀은 땅이 혼돈하고 공허하며 흑암이 깊음 위에 있었던 '혼돈' =무질서, '공허' = 비어 있고, '흑암' = 어둠이 가득 찼던 세상에, 제일 먼저 빛이 창조되었다. 빛은 소리가 없으므로 조용히 시작된다.

그러나 빛은 아주 강한 힘을 가지고 어둠의 세계를 밝혀 무질서의 세계에 질서를 유지하며, 부정부패를 물리치는 강한 능력을 상징한다. "땅이 있을 동안에 심음과 거둠과 추위와 더위와 여름과 겨울과 낮과 밤이 쉬지 아니하니라"(창 8:22). 하나님께서 창조하신 자연은 세상 끝날까지 주야와 계절의 순환이 정상적으로 계속하여 운영된다고 말씀하신다.

즉 자연에서 '봄' 은 파종의 계절이며, '여름' 은 성장의 계절이기에 뜨거운 폭양 또는 폭풍우 같은 시련을 주서서 만물이 잘 발육 성장하게 하시고, '가을' 에는 오곡이 무르익어 추수하고 모든 자연에는 결실하여 종족 보존을 향하여 무한이 발전하게 하시며, '겨울' 에는 모든 생물은 성장을 멈추고 쉬게 하셨다. 이 자연의 순환은 하나님의 약속 하에 보장되었기에 무한히 성장 발전할 수 있다고 메튜 헨리는 주석했다.

바울은 "창세로부터 그의 보이지 아니하는 것들 곧 그의 영원하신 능력과 신성이 그 만드신 만물에 분명히 보여 알게 되나니 그러므로 저희가 핑계치 못 할지니라"(롬 1:20)고 했다. 자연은 거짓말을 못한다. 심은 대로 거두고 심은 것을 거둔다. 콩 심은 데 콩 거두고 팥 심은 데 팥만 거둔다. 콩 심어 놓고 아무리 기도해도 콩이 팥으로 변하지 아니한다.

대우주의 자연 질서는 옛날이나 지금이나 변함없이 순환하여 조물주 하나님을 찬양하며, 자연은 생육, 번성, 정복하고 다스리는 인간들에게 참 행복을 변함없이 선사하면서 자연 그대로 질서를 지금도 지키고 있다. 인간들도 자연의 섭리를 따라 물이 위에서 아래로 흐르듯이 자연스럽게 살아가야 건강하고 평안하다. 오늘 주신 본문은 자연의 법칙을 잘 설명해 주고 있다.

청산은 어찌하여 만고에 푸르르며

유수는 어찌하여 주야에 그치지 않는고

우리도 그치지 마라 만고창청 하리라

만고에 변함없이 늘 푸르라

- 이황 도산 십이곡[陶山十二曲]에 수록된 시조

자연의 분변한 지조를 배워서 학문을 갈고 닦아 인간답게 살아보자는 뜻이다.

가정의 질서

"노인의 얼굴을 공경하며"(32절 중).

'노인의 얼굴'은 삶의 역사, 얻어진 지혜(경륜)을 뜻한다. "너 낳은 아비에게 청종하고 네 늙은 어미를 경히 여기지 말지니라"(잠 23:22). 아버지는 낳아 주시고, 길러 주시고, 축복해 주신다. 성경은 아버지는 나를 낳아 주신다고 가르쳐 준다. 그 이유는 성서는 모계사회가 아니라 부계사회다. "아브라함이 이삭을 낳고 이삭은 야곱을 낳고 야곱은 유다와 그의 형제를 낳았다"(마 1:2)고 기록한다. "남자가 여자의 머리이므로"(고전 11:3). 가정에서 가장 중요한 문제는 질서유지다. 가정은 언제나 흔들리면 안 된다는 것이다. 그래서 어버이는 오래 장수하셔야 한다. 왜냐하면 그 집의 기둥이 무너지면 가정의 질서가 무너질 가능성이 많기 때문이다.

"백발은 영화의 면류관이라 의로운 길에서 얻으리라"(잠 16:31). 백발은 명예로운 훈장이다. 이것은 반드시 의로운 삶을 통해서 온다. 의로운 삶은 하나님을 잘 믿고 자연 질서를 잘 지키면서, 가정을 성경적인 원리 대로 잘 다스리는 것을 가리킨다.

성서에 보면 장수는 부모에게 효도할 때 가능하다. "부모공경하면 네가 땅에서 잘되고 장수하리라"(엡 6:2-3) "야곱이 바로에게 고하되 내 나그네 길의 세월이 일백 삼십 년이니이다. 나의 연세가 얼마 못되니 우리 조상의 나그네 길의 세월에 미치지 못하나 험악한 세월을 보내었나이다"(창 47:9).

야곱의 나이는 130세인데, 그의 조상 데라는 205세, 나홀은 219세였다. 조상 연세에 미치지 못한다고 했다. 구약 인물들이 장수한 이유는 모두 가정질서를 잘 지켰기 때문이다. 고로 머리의 백발은 고난의 세월 속에 얻어진 영화다.

그러므로 그 영화는 참으로 가치 있고 고귀한 것인바 우리들은 참으로 존경해야 한다.

지금은 핵가족화 되어가는 산업사회 속에 가정의 질서가 무너져가고 노인문제도 복지정책도 어떤 사상이나 경로의 정신 위에 서지 못하므로 기초가 없어 흔들리는 경우가 많다. 우리는 성서를 통해서 경로사상을 도덕의 유산으로 지켜 가정질서를 유지하는 데 언제나 앞장서야 한다.

속담에 "효성이 지극하면 돌 위에서도 풀이 난다"는 말이 있다. 지극한 효성이 기적을 만든다는 뜻이다. "요셉이 그들의 안부를 물으며 가로되 너희 아버지 너희가 말하던 그 노인이 안녕 하시냐 지금까지 생존하셨느냐"(창 43:27). 요셉은 만리 타향에서 하나님의 도우심으로 애굽의 총리가 되었다. 그는 민생고 즉 대흉년에도 모든 것을 지혜롭게 잘 처리하여 총리로서 위상이 높이 올라갔으나 겸손하며 고향을 그리워하되 고향에 계시는 아버지에게 모든 관심을 집중했다. 이것이 요셉으로

하여금 더욱 더 크게 성공하게 하였다.

신앙의 질서

"네 하나님을 경외하라"(32절 하).

　신앙을 잘 정립한다는 것은 참으로 중요하다. 여호수아 장군은 모세의 뒤를 이어 이스라엘 백성들을 약속의 땅으로 들어가서 땅을 각 지파에게 모두 나누어 주고 여호수아는 이렇게 고백한다. "만일 여호와를 섬기는 것이 너희에게 좋지 않게 보이거든 너희 열조가 강 저편에서 섬기던 신이든지 혹 너희가 거하는 땅 아모리 사람의 신이든지 너희 섬길 자를 오늘날 택하라 오직 나와 내 집은 여호와를 섬기겠노라"(수 24:15). 여호수아는 신앙의 결단을 촉구하면서 먼저 백성들에게 섬길 자를 택하라고 하면서 선택의 기회를 준다. 왜냐하면 신앙은 자발적으로 나아와야 하지 강제 규정으로 되는 것이 아니다. 또한 하나님과 이방신을 같이 섬길 수 없음은 신앙의 중간지대가 없다는 것이다.

　"네가 이같이 미지근하여 더웁지도 아니하고 차지도 아니하니 내 입에서 토하여 내치리라"(계 3:16).　신앙은 양립할 수 없다. 성서의 법규는 전부 인간들에게 복 주시기 위한 규범이기에 인간적으로 생각하면 큰 부담이 될 수도 있다. 성수주일, 십일조, 우상을 만들지 말고 섬기지도 말라, 부모에게 효도하라든지 하는 강제 법규는 모든 성도들이 복 받아 잘 살게 하시는 하나님의 사랑의 증표다.

　그러므로 쉽게 믿을 수 없고, 아무 통제 없이 사람들이 주인 되어 자기 마음대로 하는 것이 참으로 좋아 보이지만 그것은 멸망의 길이다. 칼빈은 다른 신을 섬기는 것도 우상숭배이지만 하나님을 성서의 내용대로 섬기지 아니하는 것도 우상숭배라고 지적했다.

여호수아는 바른 결단을 한다. 바로 하늘의 상급을 소망하면서 굳게 다짐하고 나아가겠다는 의미다. 그때 수많은 사람의 반발로 고독해질 수도 있고 같은 친구들에게도 비판 받을 수 있다. 꼭 그렇게 예수 믿어야 되느냐고 반문할 수 있다.

그러나 길이 아니면 하나님의 나라에 들어갈 수 없으므로 바른 신앙의 길을 따라가야 한다. "예수께서 가라사대 내가 곧 길이요 진리요 생명이니 나로 말미암지 않고는 아버지께로 올라갈 자가 없느니라"(요 14:6).

성서는 가장 권위 있는 책 중의 책이다. 그리고 하나님이 왕 중에 왕이며, 모든 신 중에 신이다. 가장 높으신 신을 섬기는 것이 마땅하다. "너희 하나님 여호와는 신의 신이며 주의 주시오 크고 능하시며 두려우신 하나님이시라 사람을 외모로 보지 아니하시며 뇌물 받지 아니하신다"(신 10:17). 디모데후서 6장 15절에 '만왕의 왕' 다니엘 2장 47절에 "만주의 주"라고 했다. 당시 로마 왕은 각 지방의 분봉 왕 위에 군림하는 왕들의 왕이신데 이 비유로 한 말씀이다. 오직 하나님만이 왕 중에 왕이기에 우리는 하나님만을 섬겨야 한다.

변해야 산다

새 술은 새 부대에

새 포도주를 낡은 가죽 부대에 넣지 아니하나니 그렇게 하면 부대가 터져 포도주도 쏟아지고 부대도 버리게 됨이라 새 포도주는 새 부대에 넣어야 둘이 다 보전되느니라(마태복음 9:17)

7월은 교육의 달이다. 교회의 기능에는 예배, 설교, 교육, 친교, 봉사가 있다. 사회교육은 7월이면 방학에 들어가는데, 이때부터 교회는 분주해진다. 특히 고마운 것은 각급 교회학교 교사들은 여름휴가도 반납하고 시간뿐 아니라 물질까지 투자하며 귀하고 값진 땀을 흘린다. 우리 교회 장점은 여름행사를 그 부서나 교회학교에만 맡기지 않고 각 기관이 서로 상부상조하면서 하나님의 귀한 일에 서로 참여한다는 것이다.
　어느 교육 통계를 보니 미국 내에 거주하는 유대인은 전체 인구의 3퍼센트인데, 대학교수의 30퍼센트가 유대인이라는 것이다. 지금까지 노벨 수상자의 15퍼센트가 유대인이라고 한다. 알아 본바 유대인의 4대 교육 원칙은 다음과 같다.

① 예(禮)의 교육: 하나님을 경외하고, 부모를 공경하며, 어른들은 하나님의 은혜에 감사하는 삶을 교육한다.
② 지(知)의 교육: 성서를 통해 지혜를 얻고, 삶을 통해 체험케 한다.
③ 정(情)의 교육: 감정을 통해서 좋은 것을 느끼고, 새 소망을 갖게 한다.
④ 의(意)의 교육: 선악을 구별하며, 질서에 순종하고, 바른 의지를 갖게 한다.

　그래서 유대인들은 두 사람이 모이면 탈무드를 읽고 서로 토론하며 삶의 지혜를 얻는다. 우리 신답교회도 금년 여름 성경 학교 및 수련회를 통해서 참된 교육의 효과를 얻기 위하여 예수님의 말씀의 뜻을 깊이 생각하면서 시대 따라 변질되어가는 교육의 현장을 바로잡고 참된 천국 시민 양육에 이바지하고자 한다. "새 포도주는 새 부대에 넣어야 둘이 다 보전되느니라"(마 9:17 하). 본문을 읽고 생각하면서 은혜 받으시기 바란다.

변질된 교육 - 새 부대에 낡은 술

　21세기에 접어들어 기독교 교육이 서서히 위기로 빠져드는 것은 교회 밖의 문화혁명에서 찾고 있다. 맥루한은 "미디어가 곧 메시지다"라고 외쳐 세계를 놀라게 했다. 이 시대는 청소년들을 멀티미디어 인간을 넘어서 사이버 인간으로 바꾸어 놓았다. 오늘날 새 술을 새 부대에 담는 것이 아니라, 새 부대가 술의 성격까지 바꾸는 시대로 변했다. 즉 미디어가 메시지를 결정하는 시대가 왔다. 즉 형식이 내용을 지배하는 시대다. 다시 말씀드리자면 복음이 권위를 잃어버렸다는 것이다.

복음을 통해서 인격이 변화되어 하나님을 만나고 두려워서 철저히 죄를 회개하고, 봉사하며 헌신하여 삶의 보람을 느끼는 것은 우선순위에서 뒤로 밀렸다. 대신 교회가 지식을 전달하여 엘리트를 양육하고 취미생활을 하며, 상급학교 진학에 목적을 두어 교회에서도 과외를 지도하며, 기독교교육이 사회교육에 맹종하고 있기 때문에 목적이 수단에 이끌리는 기이한 현상이 나타나고 있다.

사람을 모으기 위하여 수단방법을 가리지 않는다. 어느 교회가 부흥되면 그 사람이 영웅이 되는 현실을 보게 된다. 한마디로 말하면 '꿩 잡는 것이 매' 라고 한다. 이 시대는 세상문화(새 부대)가 주인 노릇을 한다. 어떻게 해서라도 서울로 가면 된다고 한다. 그러나 성서는 분명히 다른 길로 갈 수 없다. 혹시 갔다고 해도 그곳은 서울이 아니다. 이 모든 것은 하나님을 잘 모르고 하는 행동이다. 그러므로 종교개혁자들이 외친 "하나님으로 하나님 되게 하라"(Let God Be God)는 말씀을 이 시대에 되새겨 보아야 한다.

변질된 교육은, 겉모양은 아름답게 만들 수 있어도 진리를 진리 되게 할 수 없다. "누구든지 다른 교훈을 하며 바른 말 곧 우리 주 예수 그리스도의 말씀과 경건에 관한 교훈에 착념치 아니하면 저는 교만하여 아무것도 알지 못하고 변론과 언쟁을 좋아하는 자니 이로써 투기와 분쟁과 훼방과 악한 생각이 나며"(딤전 6:3). 변질은 본질에서 어긋난 것인데 하나님의 방법이 중요하다.

김윤찬 목사님 아들은 목회할 때 매주 예배 후 불고기 파티를 열었고, 영주권 얻는데 최선을 다했으며 집과 직장, 결혼생활에서 열심히 나름대로 봉사했다. 그러나 막상 교인들이 필요한 때에는 모이지 않고 뿔뿔

이 흩어져 버렸다. 김윤찬 목사님은 아들에게 성경을 깊이 읽고 좋은 설교를 해야 성도가 은혜를 받아 변화된다고 말했다. 그렇다. 변질된 것으로는 하나님의 뜻을 이룰 수 없다.

완고한 교육 -낡은 부대에 새 술

히브리인들은 아름다운 전통을 계승한다는 것은 가장 좋은 미덕으로 생각했다. 본문은 예수님께서 세리 마태의 집에서 음식을 같이 드신 것이 문제가 되었다. 뿐만 아니라 그날은 전통적으로 금식일인데, 왜 드셨느냐고 바리새인과 종교인들이 시비를 걸었다. 그때 예수님께서는 이렇게 말씀하셨다.

"나는 의인을 부르러 온 것이 아니요 죄인을 부르러 왔다. 또 혼인 집 손님이 신랑과 같이 있을 때 금식할 수 있느냐? 신랑을 빼앗길 날이 이르면 그때는 금식해야 한다. 새 술은 반드시 새 부대에 담아야 하는데, 아직 너희들은 새 술을 낡은 부대에 담고 있으므로 새 술이 발효될 때 그 낡은 부대는 견디지 못하고 터져 버린다."

케트케이스가 쓴 〈그래도(Any Way)〉란 책에 보면 이런 내용이 있다.

"위인들이 이 땅에 꿈을 실현하려고 하면 소인배들의 위협을 수없이 받는다. 소인배란 인생의 여정을 단기적인 안목으로 바라보는 자들이다. 그래서 자신의 인생, 자기가 속한 조직, 자기가 살고 있는 시대를 넘어서 멀리 바라보지 못한다. 그러나 소인배는 자기 맡은 업무는 빈틈없이 해낸다. 하지만 변화는 원치 않는다. 늘 해오던 방법대로 하고 더 낡은 방법에 대하여 생각하지 아니한다. 그들에게 실패의 확률은 적지만, 성공의 확률도 적다며 더 큰 꿈을 가지고 노력해야 세계는 변한다."

소크라테스, 갈릴레오, 콜럼버스, 링컨, 간디, 루터 킹 등은 새 역사를 훌륭하게 장식한 위인들이지만, 소인배들에게 수많은 방해를 받았다고 증언했다. 시대가 변한다고 진리는 변하지 아니하지만, 그 진리를 담는 그릇인, 낡은 부대는 버리고 새 부대로 바꿔야 한다.

그러므로 개혁교회는 새로운 개혁을 계속해야 한다. "그런즉 누구든지 그리스도 안에 있으면 새로운 피조물이라 이전 것은 지나갔으니 보라 새것이 되었도다"(고후 5:17). "완고한 것은 사신 우상에게 절하는 죄와 같음이라"(삼상 15:23 하). "이스라엘은 완강한 암소처럼 완강하니"(호 4:16). 여기서 완강은 "고집이 세어 반항하여 취급하기 곤란하다"는 뜻인데, 예수 없는 사람이 세상적인 고집 때문에 하나님께 불순종하여 영적 성장이 없는 것을 뜻한다.   영국신학자 도드는 "유모차를 타고 하늘에 들어갈 수 있다면 얼마나 좋을까"라고 말했다.

이상적인 교육 – 새 부대에 새 술

"새 포도주는 낡은 가죽부대에 넣지 아니하나니 새 포도주는 새 부대에 넣어야 둘이 다 보전되느니라"(17절).

이 말씀은 고대 이스라엘 사회에 통용되었던 격언이다. 고대 이스라엘 사람들은 지혜로웠다. 동물, 양이나 염소 가죽을 잘 다루어서 큰 부대를 만들어 그곳에 포도주를 넣어서 보관하고 이동할 때 편리하게 사용했다. 그런데 아무리 좋은 가죽도 오래 쓰면 딱딱해져서 신축성이 없어지며, 이내 부식된다. 그래서 새 술을 담으면 그 술이 계속 발효하여 부피가 늘어나는데, 가죽부대는 그냥 있으면 부대가 찢어져서 부대도 술도 다 버리게 된다. 때문에 반드시 새 술은 새 부대에 담아야 두 가지 다 잘 보전이 된다.

그리스도의 진리는 살아 있기 때문에 항상 활동적인데, 유대주의적인 전통, 즉 낡은 수단으로는 감당할 수 없다는 것과 메시아 시대에 새 질서는 낡은 사고를 가지고는 적응할 수 없다는 것을 예화에서 배울 수 있다. 전통은 귀하고 아름답지만 율법적인 사고를 가지고는 복음을 수용할 수 없으므로 복음적 사고를 가지고 수용해야 한다는 것이다. '보기 좋은 떡이 먹기도 좋다' 는 말이 있듯이 내용도 좋아야 하지만 그 내용을 담는 그릇도 좋아야 한다.

이와 같이 교육에는 세 가지 요소가 있어야 한다. ① 교육의 내용 즉 진리 ② 진리를 가르치는 교사 ③ 교육의 장(교육의 환경), 즉 교실이다. 이 세 가지 조건이 제대로 갖추어 있을 때 좋은 교육이 이루어질 수 있다. "여호와는 나의 목자시니 내가 부족함이 없으리로다 그가 나를 푸른 초장에 누이시며 쉴 만한 물가로 인도하시는도다"(시 23:1-2).

목자가 양을 먹일 때 두 가지 방법이 있다. 목자가 양을 몰고 푸른 초장에 가는 것은 싱싱한 꼴을 많이 먹인다는 장점이 있지만, 양은 독초를 구분하지 못하므로 독초를 먹을 가능성이 있다. 또 한 가지 방법은 목자가 꼴을 해서 주는 것인데, 독초는 없지만 꼴이 시들고 수량이 적다는 단점이 있다. 그러나 성서는 푸른 초장으로 인도하는 방법을 선택한다.

그것은 진리 안에서 자유하게 한다. 이상적인 교육은 좋은 교재를 가지고 좋은 선생님 밑에서 자연스럽게 어울려서 같이 느끼고, 깨닫고, 사귀고, 섬기는 가운데 이루어진다. 하나님은 우리를 믿고 자유로운 방법을 선택하셨지만, 성도 가운데 분별력이 약하여 독초로 변질된 진리를 먹고 병드는 경우가 많다. 우리들은 그런 것을 조심해야 한다.

새 술은 새 부대에 담을 때 가치를 인정받는다. 날마다 우리에게 새로움을 더하시는 주의 복음을 이 시대에 걸맞은 부대에 담아 무너져 내리는 교회교육을 살리고, 피폐해진 영혼을 살려서 하나님의 나라와 의가 이루어지는 역사가 나타나기를 간절히 바란다.

생각을 바꾸면 승리한다

그 블레셋 사람이 둘러보다가 다윗을 보고 업신여기니 이는 그가 젊고 붉고 용모가 아름다움이라(사무엘상 17:42).

새해를 시작하고 벌써 1월 마지막 주일을 맞았다. 묵은해를 보낼 때 실패의 상처, 육체의 질병, 기억하기 싫은 추억을 모두 묶어서 보냈다. 그런데 아직도 법원에 계루된 사건으로 고통 받는 가정, 무서운 질병으로 생사기로에 섰던 가정, 입시에서 실패하여 절망 중에 있는 가정들을 계속 심방하면서 새해도 쉽지 않다는 것을 느끼면서 여러분과 함께 이 문제 해결해 보고자 한다. 본문은 블레셋의 거인 장수 골리앗과 신앙의 꼬마 이새의 막내아들 다윗과의 전쟁을 배경으로 하고 있다.

골리앗은 키가 여섯 규빗 한 뼘이다. 한 규빗은 45Cm, 한 뼘은 13Cm이므로 약 280Cm다. 그리고 입은 갑옷은 200파운드 약 90Kg이다. 놋 투구, 다리 놋 경갑, 창날은 철 600세겔(약7Kg)을 손에 들고 앞에 섰는데 이것은 마치 태산이 우뚝 솟은 듯하다. 이는 블레셋의 용장뿐 아니라 그 당시 세계 챔피언이었다. 다윗은 이새의 말째로 늦둥이여서 병역을 면제받아 전쟁터에 나갈 수 없는데, 아버지 심부름으로 형들에게 드릴 간식을 가지고 형들의 안부를 묻기 위해서 간다.

골리앗의 고함소리에 이스라엘 병사가 사기를 잃고 혼비백산이 되어 사시나무 떨 듯이 떨고 있을 때 사울이 골리앗과 싸워 이기는 자에게 자기 딸을 주어 사위로 삼고, 많은 물질을 상으로 주며 평안하게 살게 하리라고 했지만 감히 나서는 자가 없었다.

골리앗은 세상의 사탄을 상징하는데 여러분이 가는 길목에 병마의 골리앗, 사고의 골리앗, 실패의 골리앗이 길을 막고 서 있다. 이 골리앗을 어떻게 이기고 여러분이 가는 길을 편안히 갈 수 있겠는가?

긍정적 사고를 가져야

"나를 이 블레셋 사람의 손에서도 건져 내시리이다 사울이 다윗에게 이르되 가라"(37절 중).

다윗은 하나님을 진심으로 믿는 자였기에 언제나 승리자처럼 생각했다. "이 할례 없는 블레셋 사람이 누구관대 사시는 하나님의 군대를 모욕하겠느냐"(26절). 할례를 받음으로 하나님의 백성이 된 자들은 언제나 살아 계신 하나님의 보호 받음으로 이방 잡신들을 섬기는 자들이 아무리 기골이 장대하고 큰 병기를 가졌다고 해도 아무 근심이 없다는 것이다.

노만 빈센트 필 박사는 그의 저서 〈적극적인 삶의 참된 기쁨〉에서 "나는 나 자신에게 나는 머리도 지혜도 없다. 생각도 없고, 무엇인가 해낼 능력도 없다고 혼자 중얼거리며 다녔더니 다른 사람조차 나를 그렇게 인정해 주었다. 그래서 나는 불행한 세계 안에서 스스로 갇혀서 살았다. 그러나 신앙을 가지고 할 수 있다는 긍정적 사고를 가진 뒤부터 다른 사람들도 너는 할 수 있다고 인정해 주므로 불행한 세계에서 해방되었다"고 했다.

우리가 어떤 생각을 가지느냐에 따라서 성령이 강하게 역사하신다. 시편 1장 2절에 그 율법을 주야로 묵상하는 자라는 말씀이 있는데 묵상하는 것은 하나님의 말씀을 암송하며 그 말씀을 깊이 생각하고 마음에 담는 것이다. 다윗의 형들도 할 수 없다고 포기할 때 제일 막내인 다윗은 할 수 있다고 생각했다. 잘못된 고정관념을 깨고 사울 왕 앞에 가서 우리는 골리앗을 쳐서 이길 수 있다는 강한 의지로 보여 주겠다고 했다. 사울도 "가라 하나님이 너와 함께 계시기를 원하노라"고 했다.

스미드(Smith)는 사울이 다윗의 용기 있는 말을 듣고 살아서 빛나는 그 눈빛을 보니 충분히 승리할 수 있을 것으로 믿어져서 다윗에게 적진에 가라고 명령했다고 주석하였다. 하나님도 아무나 가라고 하지 않는다. 기드온이 용사를 모집할 때 물을 손으로 떠서 혀로 핥아먹는 자 300명을 선택했다. 처음에 32,000명이었으나 두려워 떠는 자 22,000명을 돌려보내고, 10,000명 남았다. 하나님께서 그 숫자도 많다고 했다(삿 7:5). 훈련을 강하게 시키고 목이 타거든 물가로 가서 물을 먹게 하되 물 먹을 때도 한 손으로 물을 떠서 핥아먹는 자만 선택하라고 했다. 그 숫자가 300명이었다. 적을 향해 경계의 태세를 갖춘 자들은 바로 전쟁에 대비한 정신자세가 확고함을 보여 주는 것이다. 그런 자들을 하나님이 전쟁에 보내신 것이다.

과감하게 도전해야

"나는 만군의 여호와의 이름, 곧 네가 모욕하는 이스라엘 군대의 하나님의 이름으로 네게 가노라"(45절 하).

다윗은 "내가 여호와의 이름으로 너에게 간다"고 했다. 참으로 귀한 신앙의 고백이다. 하나님의 자녀들은 자신의 일을 하느라 타인의 일을 가로막지 않는다. 다른 사람들이 대신 자기 일을 해주기를 기다리지도 않는다. 자신이 언제나 앞장선다. 앞길이 막혀 있는 어떤 장애물도 하나님께서는 능히 해결해 주실 것이라는 믿음과 확신으로 나간다.

그리고 이미 하나님께서 주신 달란트를 100퍼센트 다 발휘하면서 문제를 해결한다. 이 세상에서 모든 일에 대해서 우리는 최선을 다하고 그 다음은 하나님의 몫으로 맡겨야 한다. 40절에 다윗은 손에 막대기를 들고 시냇가로 가서 물에서 오래 시달리면서 달아 다듬어진 매끄러운 돌, 아주 강한 돌 다섯 개를 주워 호주머니에 넣고 간다. 다윗이 양을 칠 때 맹수가 오면 수없이 싸우면서 물리쳤던 훈련 중에 가장 잘 숙달된 기술은 돌팔매다. 그 돌팔매로 짐승의 급소를 맞혔는데, 이제 이 기술로 골리앗과 싸우기 위하여 위세도 당당하게 앞으로 나간다.

하나님께서 우리들을 쓰시기 위하셔서 우리들이 의식하던 못하든지 계속해서 훈련을 시키신다. 골리앗은 다윗을 보고 "내가 개냐? 막대기를 가지고 지금 내 앞에 오다니" 하고 비웃었다. 세상 사람들이 우리를 볼 때에 보잘것없는 사람으로 비웃고 조롱한다. 그러나 그 결과는 전혀 다르게 나타난다.

"무리로 알게 하리라"(47절 중). 전쟁의 승패는 칼과 창에 있지 않다는 것을 알리라는 것이다. 즉 막대기로 창과 칼을 이기는 비법을 알게 하리라는 것이다. 이 얼마나 멋있고 통쾌한가? 하나님은 모세의 손에 든 막대기를 통해 홍해를 갈라놓았다. 우리도 그냥 가면 안 된다. 성령의 검인 하나님의 말씀을 손에 들고 세상으로 나아가야 한다. 아브라함이 고향을 떠날 때 하나님의 말씀을 의지하였고, 베드로도 고기 잡을 때에 주님의 말씀에 의지했다. 그때 하나님의 기적을 보았다.

승리의 몫을 갖게 된다

"그가 너희를 우리 손에 붙이시리라"(47절 하). "오늘 여호와께서 너를 내 손에 붙이시리니"(46절). '붙이신다' 는 말씀이 두 번 나온다. 이 뜻은 넘겨준다는 것인데 바로 '너의 몫이다' 라는 말씀이다. 전쟁의 승리와 패배는 여호와의 손에 달려 있어도 아버지의 뜻에 따라 순종하는 자에게 승리의 영광과 그 전쟁에서 얻은 전리품을 소유하게 되는 것이다. 창세기 14장에 아브라함은 전쟁에서 승리하여 얻은 전리품 중에 십분의 일을 살렘 왕 멜기세덱에게 드리고 남은 것은 전투에 참여한 318명과 고루 나누었다. 전쟁에서 승리케 하신 하나님에게 십분의 일을 드렸다. 이 십일조는 승리를 주신 하나님께 감사의 마음으로 드리는 것이다.
　세상에서 동업할 때에 3:7, 4:6, 5:5 등으로 나누지만, 하나님은 그 몫을 전부 우리에게 주신다. 이것보다 더 수지맞는 경영법이 없다. 그런데도 사람들은 예수 믿는 것을 못마땅하게 생각한다. 여기서 주시는 교훈은 반드시 싸워서 이기는 전투에 참석해야 몫이 돌아온다는 것이다. 그런데 교회 안에서도 자기는 봉사하는 곳에 참석도 하지 아니하고 승리와 축복의 몫만 챙기려는 사람이 있어 걱정이다.
　새벽기도회에 나와 보라. 365일 날마다 눈이 오고 비가 오고 바람이 몹시 불어도 그 자리에 앉아 영적 전투에 참석하는 분들이 있다. 금년은 성령이 교통하는 교회다. 성령이 교통하는 교회는 반드시 일하는 분량만큼 자신의 몫을 찾아한다는 것이다.
　지난 주에 남선교회 연합 헌신예배 때 저녁을 준비하는데 제1여전도회 회원들이 봉사했다. 식당에 가 보니 주방에 봉사하는 사람이 너무 많았다. 언제나 수고하고 땀을 흘린 만큼 칭찬이 온다. 금년에도 건강, 축복, 승리, 행복의 몫이 여러분들의 것이 되시기 바란다.

침노해야 빼앗는다

세례 요한의 때부터 지금까지 천국은 침노를 당하나니 침노하는 자는 빼앗느니라(마태복음 11:12).

종교개혁자들은 신앙의 중간지대는 없다는 말을 했다. 이 말은 "천국이면 천국(구원)이고, 지옥이면 지옥(영멸)이다"라는 뜻이며 중간지대 연옥은 없다는 것이다. 그래서 신앙생활을 전투에 비유한 것이 많다. 바울은 임종을 앞두고 "내가 선한 싸움을 싸우고 나의 갈 길을 마치고 믿음을 지켰으니 이제 후로는 나를 위하여 의의 면류관이 예비되었으므로 주 곧 의로우신 재판장이 그 날에 내게 주실 것이니 내게만 아니라 주의 나타나심을 사모하는 모든 자에게니라"(딤후 4:7)고 했다.

오늘 본문에서도 예수님께서 제자들에게 천국은 침노하는 자가 빼앗을 수 있다고 가르쳐 주셨다. 침노란 단어는 수동태로 번역하면 강압이나 폭력을 당한다는 의미인데, 당시 세례요한이 선포한 하나님의 나라가 유대주의 종교지도자, 헤롯의 열심당원들에 의하여 핍박을 받는다는 뜻이다. 그래서 천국을 그 무리들에게 빼앗기지 않기 위하여 최선을 다하라는 뜻이다. 중간태로 번역하면 힘 있게 또는 활기차게 나아가라는 뜻으로, 저 천국을 소유하고자 하면 언제나 최선을 다해서 노력해야 한다는 뜻이다.

본문의 의미로 볼 때 중간태의 뜻이 가장 적합하다. 오늘을 살고 있는 목회자들은 너무 안일하게 신앙생활을 한다. 예수 때문에 욕 먹고 핍박받아 본 경험이 별로 없다. 그래서 불평과 불만이 마음속에 쌓이게 된다. 천국을 소유하기 위하여 우리가 과연 얼마나 많은 시간과 물질을 희생하며 고통을 당하였는가? 오늘 본문을 통해서 은혜 받고 우리 모두가 천국을 침노해서 소유할 수 있기 바란다.

침노의 시기

"세례요한의 때부터 지금까지"(12절 상).

성경은 '때'를 매우 귀중하게 말씀하고 있다. "가라사대 때가 찼고 하나님의 나라가 가까웠으니"(막 1:15). 여기서 '때'는 카이로스로 표현되는데, 하나님의 구원의 역사가 시작될 결정적인 시점을 말한다. 즉 이 말은 예수 그리스도께서 성육신하여 인류구원의 역사를 시작하신 때다. "때가 차매 하나님이 그 아들을 보내사 여자에게서 나게 하시고"(갈4:4) 하나님의 계획이 역사 현장에서 인류 구원사역이 성취되는 때를 말한다. 단순히 흘러가는 때, 자연적인 시간인 크로노스와는 다른 때다.

세례요한의 출생은 구약의 무수한 선지자들의 예언이 성취되는 때이므로 구약시대는 이제 막을 내리고 신약의 새 시대가 전개되는 시간을 알리는 것이다. 레이놀드(Reynolds)는 세례요한을 구원사의 새 시대를 여는 사람이라고 불렀다. 이때가 천국이 이 땅에 건설되는 시기다. 이때는 사단의 역사도 매우 강하게 나타남으로, 정신을 차리고 신앙으로 무장하여 대적하지 아니하면 대다수의 사람들은 실패하고 만다.

사명자로 사는 사람은 언제나 영적으로 깨어 그 시대의 변화를 잘 예견하고 대처해 나가야 한다. 새벽이 오기 전이 제일 어두운 것처럼 세례 요한이 태어나기 전, 그리고 태어나서 광야에서 외치며 세상 죄를 지고 가는 하나님의 어린 양을 보라고 예수님을 소개하던 그때가 가장 종교적으로, 정치적으로 가장 어두운 때였다.

"밤이 깊고 낮이 가까웠으니 그러므로 우리가 어둠의 일을 벗고 빛의 갑옷을 입자 낮에와 같이 단정히 행하고 방탕과 술 취하지 말며 음란과 호색하지 말며 쟁투와 시기하지 말고 오직 예수 그리스도로 옷 입고 정욕을 위하여 육신의 일을 도모하지 말라"(롬 13:12-13).

사명자들은 언제나 깨어서 그 시대의 변화에 예리한 판단력이 있어야 한다. 그리고 역사를 새롭게 하는 대안을 제시해야 한다. 만약 때를 놓치면 슬피 울며 이를 갈 수밖에 없다.

침노의 목적

"천국은 침노를 당하나니"(12절 중).

사람이 이 세상을 살아 갈 때도 분명한 목적의식을 가지고 살아가야 하는 것처럼 신앙생활에도 목적이 필요하다. 바울은 이렇게 말했다. "그러므로 내가 달음질하기를 향방 없는 것 같이 아니하고 싸우기를 허공을 치는 것 같이 아니하여 내가 내 몸을 쳐 복종하게 함은 내가 남에게 전파한 후에 자기가 도리어 버림이 될까 두려워함이로라"(고전 9:26). 신앙생활에도 확실한 목표 없이 계속한다면 실패할 가능성이 많고 또 남에게 복음을 전하여 구원받게 했다고 하더라도 자신이 버림을 당한다면 이보다 애석한 것은 없다. 수많은 선배 사명자들이 선한 싸움을 싸울 때 가장 무서운 적은 자기(육체)였다고 한다.

'천국이 침노당한다' 는 것은 어떤 사단의 세력에 도전받는다는 뜻보다 천국을 이 땅에 건설하고자 하는 거룩한 성도들의 열정을 뜻한다. 천국은 누구나 들어올 수 없게 굳게 잠겨있지만 자기 정욕을 그리스도의 십자가에 못박고, 물과 성령으로 거듭난 깨끗한 심령으로 끈질기게 두드리는 자에게 언제나 친절하게 열어 주신다고 했다.

신앙생활의 궁극적인 목적은 천국을 소유하는 것이다. 그렇다면 천국은 하나님의 주권을 행사하는 곳이므로 하나님의 명령에 절대 순종하여 새 질서가 유지되는 것이다. 즉 하나님으로 하나님 되게 하는 것이다. 우리 모두는 그분의 백성이요, 자녀로서 살아갈 때에 여기에 천국이 이루어진다. 이것을 바울은 '평강' 이라고 했다. 그래서 우리는 불안의 요소와 계속 싸워야 한다. 불안의 요소는 '욕심' 이다. 욕심을 제거하기 위하여 오늘도 우리 자신의 정욕과 싸워야 한다.

"너희는 먼저 그의 나라와 그의 의를 구하라 그리하면 이 모든 것을 너희에게 더하시리라 (마 6:33). 우리는 무엇을 먹을까 무엇을 마실까 염려하지 말아야 한다. 사명자의 가장 큰 우선순위는 천국을 소유하는 것 즉 구원이다.

침노의 방법

"침노하는 자는 빼앗느니라"(12절 하).

현대인의 성경에서는 "침략하는 사람은 그 나라를 빼앗는다"고 번역하고 있다. 이 뜻은 침노하지 아니하는 사람들은 천국을 얻을 수 없다는 뜻이다. 그러면 어떻게 천국을 침노할 수 있는가?

"모든 무거운 것과 얽매이기 쉬운 죄를 벗어 버리고 인내로서 우리 앞에 당한 경주를 경주하라"(히 12:1)고 말씀하고 있다. 여기서 '무거운' 것이란 '짐' '장애의 요소', '경기의 방해 되는 것들' 즉 긴 머리카락도 짧게 깎아야 한다는 의미다. 그리고 '얽매이기 쉬운 죄' 란 우리 주변에서 유혹하고 있는 모든 죄다. 사람들이 빠질 수 있는 함정들이다. 성도는 참으로 귀한 것을 얻기 위하여서 모든 것을 버리는 아픔이 있어야 한다. '벗어 버리다' 는 낡은 옷을 벗고 새 옷을 입듯이, 과감한 자기 개혁을 뜻한다. '인내' 는 참고 견디어 내는 것이다. 언제나 인내가 수반되는 것은 참으로 귀하고 아름다운 것인데, 모든 것이 쉽게 얻어질 수 없듯이 천국을 소유하고자 하면 언제나 최선을 다한 뒤에도 하나님의 뜻을 기다려야 한다는 것이다.

"마음의 경영은 사람에게 있어도 말의 응답은 여호와께로서 나느니라 잠"(16:1). "사람이 마음으로 자기의 길을 계획할지라도 그 걸음을 인도하시는 자는 여호와시니라"(9절) 말씀하신다. 언제나 최선을 다해야 하고, 그 다음에는 겸손히 하나님의 뜻을 기다려야 한다.

그런데 우리들의 실수는 종종 아직도 하나님은 결론을 내리시지 않는다. 우리들 자신이 그만 일찍이 포기하는 데 문제가 있다. 그래서 "인자가 올 때에 세상에서 믿음을 보겠느냐"(눅 18:8절) 하시니라. 그러나 하나님을 참으로 믿는 자는 참고 기다린다. "이 묵시는 정한 때가 있나니 그 종말이 속히 이르겠고 결코 거짓되지 아니하리라 비록 더딜지라도 기다리라 지체되지 않고 정녕 응하리라"(하 2:3). "보라 그의 마음은 교만하며 그의 속에서 정직하지 못하니라 그러나 의인은 그 믿음으로 말미암아 살리라"(4절)고 말씀하고 있다.

가던 길 멈추고 진로 수정을

여호와의 말씀이 두번째 요나에게 임하니라 이르시되 일어나 저 큰 성
읍 니느웨로 가서 내가 네게 명한 바를 그들에게 선포하라 하신지라 요
나가 여호와의 말씀대로 일어나서 니느웨로 가니라 니느웨는 극히 큰
성읍이므로 삼일길이라(요나서 3:1-3).

새해가 되면 우리들이 언제나 읽고 생각해 보는 성구가 있다. "그런
즉 누구든지 그리스도 안에 있으면 새로운 피조물이라 이전 것은
지나갔으니 보라 새것이 되었도다"(고후 5:17) 누구든지 신앙을 가지게
되면 그리스도 안에서 변하여 새로운 관계를 가지고 살아가도록 새롭
게 창조되었다는 뜻이다. 그러나 이것을 매번 점검하고 새롭게 변해가
야 새 역사를 창조할 수 있다.

지금 우리 사회는 개혁이라는 단어를 즐겨 사용한다. 사회개혁, 교육

개혁, 정치개혁 등 새롭게 변해야 시대에 부응할 수 있다는 것을 보여주고 있다. 그러나 중요한 것은 국민 개개인이 정말로 변해야 한다. 오늘을 사는 그리스도인들도 자기가 가고 있는 진로를 점검하고 개혁해야 한다. 생각이 바뀌어야 하고 가는 방향도 달라져야 하며 신앙의 깊이도 달라져야 한다.

미국의 대설교가 유진 브라이스(Eugene Brice) 목사님은 요나서 강해에서 이렇게 말했다.

"큰 물고기 배 속과 사막의 열풍에서도 요나 스스로는 지옥을 만들었다. 물고기에게 삼켜서 혼이 나고서도 요나는 자신의 고집과 편견을 겪지 않았다. 그는 사막의 뜨거운 태양 아래 사막을 거쳐 불어오는 열풍에서도 니느웨에 불이 떨어져 모든 사람이 죽기를 기다렸다. 사람들은 심술과 오기 그리고 고집으로 스스로 지옥을 만들고 있다. 그 요나를 개혁시켜 구속의 새역사를 만드신 하나님께 감사하자."

요나서를 같이 읽고 우리들도 자신의 진로를 바꾸시기 바란다.

인간의 뜻에서 하나님의 뜻으로

"여호와의 낯을 피하려고 일어나 다시스로 도망하려 하여"(욘 1:3).

"너는 일어나 저 큰 성읍 니느웨로 가서 그것을 쳐서 외치라 그 악독이 내 앞에 상달하였느니라"(욘 1:2). 요나에게 하나님은 명령하셨다. 니느웨는 앗수르의 수도로서 티그리스 강 상류에 위치하고 있으며, 이방세계를 대표하는 성읍이다. 그 죄악이 너무 심각하여 하나님께 상달되었으므로 멀지 아니하여 하나님의 진노로 심판을 받아 모두 멸망 위기에 처하였다.

저들에게도 회개의 기회를 주어서 멸망에서 구원받게 하시고자 하심이 우주의 주인이신 하나님의 거룩하신 뜻이었다. 그러나 이스라엘 사람들은 잘못된 선민의식을 가지고 있었다. 할례 받지 못한 이방인들을 짐승처럼 생각하였고 특히 이스라엘을 괴롭히는 자들은 하나님께서 멸망시켜 주실 것으로 생각하고 있었다. 요나가 생각할 때는 앗수르는 원래 사납고 악한 민족으로 이스라엘 사람들을 수없이 괴롭혀 왔으므로 마땅히 그들의 지은 죄로 인하여 멸망당해야 된다고 생각했다. 그래서 하나님의 뜻을 일부러 피하여 정반대 방향인 다시스로 도망하려 하였다.

때로는 우리 인간들이 하나님의 뜻을 알지 못하여 인간의 뜻을 우선적으로 앞장 세우는 경우도 있지만 하나님의 뜻을 알고도 고의로 거부하는 경우가 많다. 그때도 하나님은 포기하지 아니하시고 다시 하나님의 뜻을 알려 주시면서 그렇게 살도록 강권적으로 역사하신다.

그것은 주 안에서는 언제나 인간의 뜻이 이루어지는 것이 아니라 하나님의 뜻이 이루어지기 때문이다. 재차 하나님의 뜻을 알게 된 요나는 자기 뜻을 버리고 하나님의 뜻대로 살기로 했다. "예수께서 돌이키시며 베드로에게 사단아 네 뒤로 물러가라 너는 나를 넘어지게 하는 자로다 네가 하나님의 일을 생각하지 아니하고 도리어 사람의 일을 생각한다. 아무든지 나를 따라 오려거든 자기를 부인하고 자기 십자가를 지고 나를 쫓을 것이니라"(마16:23-24)

인간의 욕심에서 사명으로

"일어나 저 큰 성읍 니느웨로 가서 내가 네게 명한 바를 그들에게 선포하라"(2절).

많은 주석자들은 요나가 물고기 뱃속에서 나온 후에 예루살렘으로 올라가서 성전을 찾아 감사 예배를 드리고 난 후 자신의 고향 가드헤벨에 돌아가서 머물러 있는 동안 두 번째 소명을 받은 것으로 주석한다.

그런데 원래 하나님은 니느웨로 가라고 했을 때 요나는 다시스로 도망을 갔다. 다시스는 스페인 서남부의 지부랄탈 해안에 위치한 대도시로서 지중해를 일명 다시스의 바다라고 부를 만큼 모든 무역의 중심지였다. 그리고 교통과 문화의 중심지로서 사치와 음란으로 오염되어 있던 도시였다.

사도 바울이 "데마는 이 세상을 사랑하여 나를 버리고 데살로니가로 갔다"(딤후 4:10)고 한 것처럼 요나는 세상을 사랑하여 다시스로 갔다. 세상을 사랑하는 것은 인간의 욕심이다. 그런데 하나님께서는 본문에서 "네게 명한 바를 그들에게 선포하라"고 하셨다. 욕심을 따라 살지 말고 사명을 따라 살아가라는 뜻이다. 성도들은 언제나 사명을 따라 살아가기 때문에 그 삶이 보람되고 가치가 있으며 모든 사람들이 존경하고 흠모한다.

도라이가 쓴 명작 High moon이란 명작 소설이 있다. 백주의 결투란 서부활극으로 영화화 되어 모든 사람의 심금을 울려주었다. 유명한 배우 캐리쿠퍼가 보안관으로 주연하면서 마을 사람들의 위험을 보호하기 위하여 악한 자들과 정오에 대결하는데 주인공은 이렇게 외친다. "총 잘 쏘는 사람들은 나는 원치 아니한다. 이 일이 내 일이라고 생각하고 최선을 다하는 사람을 구할 뿐이다." 재주 있는 자보다 헌신 자가 필요하다는 것이다. 그것은 재주 좋은 사람보다 헌신한 사람이 언제나 승리하기 때문이다.

교회도 재주 좋은 사람보다 헌신한 사람을 원한다. 헌신은 바로 하나님의 명한 것을 사명으로 알고 일하는 자다. 우리도 인기 같은 욕심은 버리고 사명으로 살아가야 한다. 인기는 인간의 힘으로 하지만 사명은 하나님이 주시는 힘으로 한다. "여호와의 구원하심이 칼과 창에 있지 아니함을 이 무리로 알게 하리라 너는 칼과 단창으로 내게 오거니와 나는 만군의 여호와의 이름으로 네게 가노라"(삼상 17:47). 에스더가 "죽으면 죽으리라"고 한 결단이 민족을 구원했다.

거역의 삶에서 순종의 삶으로

"요나가 여호와의 말씀대로 일어나서 니느웨로 가니라"(3절).

　현대인의 성경에서 요나는 여호와의 말씀에 순종하여 니느웨로 갔다고 번역하였다. 요나서를 읽어 보면 꼭 우리들의 자신을 보는 것 같다. 그런데 3절을 읽으면 속이 시원히다. 인간이 잔꾀를 부려 보지만 하나님은 언제나 요나의 모든 생각을 전부 알고 계셨다. 머리가 비상한 요나도 더 이상 버틸 수가 없어서 드디어 항복하고 만다.
　어디서나 순종은 하나님의 말씀이 우선되어야 한다. 말씀이 임하면 머뭇거리지 말고 재빨리 순종하는 자가 언제나 승리한다. 순종하는 그 순간이 인간의 삶을 바르게 살아가는 첫째 시간이다. "이에 아브라함이 여호와의 말씀을 좇아갔고 이 때 아브라함의 나이가 75세었더라"(창 12:4). 이 때부터 아브라함은 구속사의 주인공, 축복의 주인공이 되었다. 옛 속담에 어른들의 말씀에 순종하면 자다가도 떡이 생긴다고 하였다.
　간호사의 원조 프로렌스 나이팅게일은 30세 되던 날 성서를 읽다가 새로운 사명을 깨닫고 말씀에 순종하여 자신을 위해 살지 않고 불행한 이웃을 위하여 살겠다고 결심한 뒤에 백의의 천사로 태어났다. 그 뒤 하나님의 종으로 하늘의 천사와 같이 아름다운 생을 살아갔다.
　요나도 말씀에 순종하여 죽을 각오를 가지고 니느웨로 갔다. 그 결과 니느웨는 대각성 회개의 운동이 전개되어 왕으로부터 서민에 이르기까지 심지어 모든 짐승까지도 살아나는 기적이 나타났다. 요나 한 사람의 순종이 이와 같은 엄청난 일을 만들어 냈다.
　인간의 뜻에서 하나님의 뜻으로, 인간의 욕심에서 사명으로, 거역의 삶에서 순종의 삶으로 우리들의 진로를 개혁해야 한다. 그때 하나님의 고귀하신 뜻을 이룰 수 있다.

배우고 확신하는 일에 거하자

그러나 너는 배우고 확신한 일에 거하라 네가 뉘게서 배운 것을 알며
또 네가 어려서부터 성경을 알았나니 성경은 능히 너로 하여금 그리
스도 예수 안에 있는 믿음으로 말미암아 구원에 이르는 지혜가 있게
하느니라(디모데후서 3:14-15)

올해 여름성경학교와 수련회의 주제는 '하나님의 나라와 경건'이
다. 특히 금년 총회 주제는 '경건'이기 때문에 이 문제가 교육에
잘 적용되어야 한다. 17세기의 정통주의 시대의 병폐를 알아야 하는데,
루터가 종교개혁을 시도하여 교회 내에 교리적인 개혁은 이루어졌으나
성도들의 삶의 개혁은 이루어지지 못하였다.

그래서 삶의 개혁을 위해 경건주의 운동이 일어난 것이다. 슈페너

(Spener), 프랑케(Francke), 진젤도프(Zinsendorf), 벵겔(Bengel)등이 경건주의 운동을 확산시켜 꽃을 피웠다. 이들은 신비적 운동이나 기도운동만이 아니라 삶 자체를 변화시키고, 세상의 빛과 소금이 되게 하는 교회가 되자는 운동이 바로 삶의 변화 운동이다.

이들은 세 가지 차원에서 운동을 전개해 나갔다.

① 거듭남의 운동: 무엇보다 인간의 내부, 개인적인 변화가 선행되어야 한다고 보았다. 이것은 루터의 이신득의 믿음을 통해서만이 의롭게 된다는 기초 위에 두었다.

② 경건운동(새 공동체 운동): 살아 있는 생명체, 그리스도의 몸으로서 참다운 교회 역할을 할 수 있게 되기 위해서는 먼저 거듭난 신자들이 서로 모여 새 힘을 모아 교회가 교회되게 해야 한다고 생각했다. 이것이 교회갱신 운동이다.

③ 경건실천운동(사회적 차원): 새롭게 된 교회가 사회에 참여하여 봉사함으로, 문맹퇴치, 고아들의 범죄 예방, 노동착취 반대 등을 전개하였다. 여기서 청소년을 선도하고 수많은 학교, 유치원, 고아원, 양로원 등을 전개하여 하나님의 뜻을 이루어 드렸다.

우리 교단이 왜 '하나님의 나라와 경건' 이란 주제를 정했느냐 하면 시대의 요청이며 교회의 사명이기 때문이다. 천주교의 급성장과 개신교회의 답보는 경건운동에서 뒤지고 있기 때문이다. 그러기 위해서 우리는 배우고 확신한 일에 거해야 한다.

배우라

교사(뉘게 배웠느냐 -14절 하)에게서, 또는 교재(성경- 16절)에서 배울 수 있다.

'배우고' ($\varepsilon\mu\alpha\theta\varepsilon\varsigma$)의 기본형은 $\mu\alpha\nu\theta\alpha\nu\omega$인데 이 뜻은 "내게 배우라"(마 11:29), "내가 로마 사람인즉 들어 알고 군사를 거느리고 가서 구원하였

다"(행 23:27)에서 '배워서 안다'는 뜻이다. 누구에게서 배우느냐가 중요하다. 디모데는 어린 시절에는 외조모 로이스와 어머니 유니게를 통해서 성서를 배웠고, 장성해서는 바울 사도를 통해서 성서를 배웠다.

그러나 예수님께서 보혜사께서 오시면 "보혜사 곧 아버지께서 내 이름으로 보내실 성령 그가 너희에게 모든 것을 가르치시고 내가 너희에게 말한 것을 생각나게 하시리라"(요14:26)고 하셨다. 그리고 가르쳐 주시는 스승에게 성령께서 영감을 주시어 진지를 깨달아 알게 하신다. 기독교는 모든 것이 교육에서 시작된다. 그리스도에 대한 진리를 바르게 배우지 못하면 올바른 신앙을 소유할 수 없다.

① "이는 저희로 마음에 위안을 받고 사랑 안에서 연합하여 원만한 이해의 모든 부요에 이르러 하나님의 비밀인 그리스도를 깨닫게 하려 함이라"(골 2:2). 이해는 통찰력이다. 교육을 통해서 특별한 통찰력을 가지고 하나님의 비밀인 그리스도를 비로소 알게 된다. 그래서 배워야 한다.

② "이는 우리의 복음이 말로만 너희에게 이른 것이 아니라 오직 능력과 성령의 큰 확신으로서 너희를 위하여 어떤 사람이 된 것은 너희가 아는 바와 같으니라"(살전 1:5). 예수 믿고 어떻게 변화된 것을 너희가 보아서 알고 있고, 그 복음이 우리의 생활을 변화시켰다고 했다. 교육의 힘이 이렇게 큰 것이다.

③ "어떤 형편이든지 내가 자족하기를 배웠노라"(빌 4:11). 여기서 자족은 스토아 철학에서 말하는 인간의 노력의 대가로 만족하는 것이 아니라, 예수 그리스도로 만족하는 풍성함이다. 여기서 범사에 감사가 나오게 된다. 그러므로 그리스도인들은 힘써 가르치고 힘써 배워야 한다. 16절에 모든 성경은 하나님의 감동으로 된 것으로 '교훈'(진리를 바르게 이해시켜 주고)과 '책망'(진리에서 벗어난 것은 바로 잡아주고), '바르게 함과 의로 교육'을 시켜서 살도록 인도하는 것이다. 그래서 성서를 배우면 성서 자체가 힘이 있고, 그 속에서 놀라운 역사가 나타난다.

확신하라

'확신하다($\pi\iota\sigma\tau\acute{o}s$)는 성서를 통해서 온 믿음을 가리킨다. 믿음 ($\pi\iota\sigma\tau\acute{\iota}s$)은 '이만한 믿음(마 8:10)' '충성되고 지혜 있는 종' (마 24:45)에서 충성($\pi\iota\sigma\tau\acute{o}s$), 믿음을 통해서 확신이 오고 확신에서 충성이 이어질 수 있다. "믿음은 들음에서 나며 들음은 그리스도의 말씀으로 말미암았느니라"(롬 10:17). 말씀 자체가 "살아 있고 운동력이 있으며(히 4:12)" "썩어지지 않는 씨다"(벧전 1:23).

그리고 본문에서 그리스도의 말씀은 기록된 말씀이라기보다 입으로 전해진 말씀이란 뜻으로 성서가 실제로 교육될 때 성령의 역사가 강하게 역사하신다는 뜻이다. "사람이 떡으로 살 것이 아니요 하나님의 입으로 나오는 말씀으로 살 것이니라"(마 4:4). 성서를 읽을 때 소리 내어 읽어야 한다. 설교를 잘 들어야 한다. 그때 성경의 말씀화가 이루어진다. 15절 하반절에 "성경은 능히 너로 하여금 그리스도 예수 안에 있는 믿음으로 말미암아 구원에 이르는 지혜가 있게 하느니라."

러시아의 문호 톨스토이의 저서 〈나는 어떻게 신앙을 갖게 되었는가?〉라는 책을 읽어 보면 그는 어렸을 때 가족을 따라 맹목적으로 교회를 다니다가 철이 들어 사물을 이성적으로 판단할 때 교회의 가르침에 불합리한 것을 깨닫고 교회를 미련 없이 떠났다. 그는 세상에 도취되어 살고 있을 때 존경했던 형이 갑자기 심장마비로 세상을 떠난 데 큰 충격을 받았다. 그 뒤 인간 생사문제를 고민하다가 성서를 다시 읽고 홀연히 깨달음을 갖고 돌아서게 되었다고 한다.

"마땅히 행할 길을 아이에게 가르치라 그리하면 늙어도 그것을 떠나지 아니하리라"(잠 22:6). 유아교육의 위대한 지침이다. '행할 길' (교육의 교재인 성경 말씀) '아이에게' (교육의 시기, 적기성), '떠나지 아니함' (교육의 효과)은 평생의 삶을 지배하게 된다. "악한 사람들과 속이는 자들은 더욱 악하여져서 속이기도 하고 속기도 하나니"(13절). 거짓

교사의 나쁜 영향이 얼마나 큰지 경고해 주신다. 고로 성서를 통해서 바른 신앙을 소유한다는 것은 참으로 감사해야 할 일이다. 그래서 우리들은 바로 배우고 바로 가르쳐야 한다. "받는 자밖에는 그 이름을 알 사람이 없느니라"(계 2:17 하). 이기는 자에게 새 이름을 기록했는데 이 신비로움을 주신 하나님과 받은 사람과의 만남이다. 그것을 체험한 자만이 안다.

월버 채플린 목사는 무디 목사에 이어 미국의 큰 부흥을 일으킨 사람이다. 그가 처음 무디를 찾아갔지만 구원의 확신이 없었다. "내가 진실로 진실로 너희에게 이르노니 내 말을 듣고 나 보내신 이를 믿는 자는 영생을 얻었고 심판에 이르지 아니하나니 사망에서 생명으로 옮겼느니라"(요 5:24). 무디가 그에게 이 말씀을 잘 아느냐고 물었었다. 잘 모르겠다고 하자 다시 읽으라고 말했다. 같은 대화가 반복되고 세 번째는 무디가 화를 내면서 "네가 감히 무엇이관대 하나님을 의심하는가?" 하면서 호통을 쳤다. 그 순간 채플린이 변화되었다.

거하라

'거하다'의 기본형 $\mu\epsilon\nu\omega$는 '남아 있다'(요 19:31), '거주하다'(요 1:38), '기다리다'(행 20:5)라는 뜻이다. 이단의 유혹에 미혹되어 속화되거나 자신의 못난 자아 때문에 쾌락을 추구하다가 성도의 거룩함을 잃어버리면 안 된다. 어떤 핍박과 유혹 또는 미혹에서도 성도가 거할 처소는 오직 진리 안이다.

요한복음 15장에 있는 포도나무 비유 중에서 '거하라'는 말씀이 여덟 번 나온다. '거한다'는 것은 바로 그곳을 떠나면 죽는다는 것이다. 물을 떠난 고기는 반드시 죽듯이 성도가 믿음을 떠나면 생명을 잃게 된다.

"너희는 내게 배우고 받고 듣고 본 바를 행하라 그리하면 평강의 하나님이 너희와 함께 계시리라"(빌 4:9). 바울 사도는 자신이 빌립보 성도들에게 성경을 가르쳐 알게 하고 또 영적인 세계를 직접 체험한 뒤에 그것을 생활로 옮기면 평강의 근원이 되시는 하나님께서 함께 하심으로 언제나 평강을 누리게 된다고 말했다. 하나님께서 주신 최고의 선물은 믿음인데 그것을 잘 간직하면 참으로 가치가 있지만, 그것을 잘못 다루어 변질시키면 그것은 참으로 무가치한 것이 된다.

"인자가 올 때에 세상에서 믿음을 보겠느냐 하시니라"(눅 18:8 하). 예수님께서 재림하실 때까지 믿음이 흔들리지 아니하고 굳게 서서 신앙으로 승리할 것을 강조하신 말씀이다. "악한 사람들과 속이는 자들은 더욱 악하여져서 속이기도 하고 속기도 하니라"(13절). 말세가 되면 진리를 변질시켜 속이는 자들의 기술이 점점 발달되어 전문가들도 속을 수밖에 없다.

그럼에도 "끝까지 견디는 자는 구원을 얻으리라"(마 24:13). 예수님은 말씀하셨다. 어떻게 견딜 수 있는가? "지금 내가 너희를 주와 및 그 은혜의 말씀께 부탁하노니 그 말씀이 너희를 능히 든든히 세우사 거룩케 하심을 입은 모든 자 가운데 기업이 있게 하시리라"(행20:31). "영생의 말씀이 계시매 우리가 뉘게로 가오리까?"(요 6:68). 참 진리를 발견하면 그 진리가 우리를 붙들어 주기 때문에 세상 유혹에 넘어지지 않고 늘 진리 안에 거하게 된다.

군중의 힘

빌라도가 세 번째 말하되 이 사람이 무슨 악한 일을 하였느냐 나는 그 죽일 죄를 찾지 못하였나니 때려서 놓으리라 한대 저희가 큰소리로 재촉하여 십자가에 못박기를 구하니 저희의 소리가 이긴지라 이에 빌라도가 저희의 구하는 대로 하기를 언도하고 저희의 구하는 자 곧 민란과 살인을 인하여

옥에 갇힌 자를 놓고 예수를 넘겨 주어 저희 뜻대로 하게 하니라(누가복음 23:22-25).

지난 2002년에 한국과 일본이 공동 주최한 제17회 월드컵이 5월 31일 상암 월드컵 축구 경기장에서 열렸다. 우리나라는 6월 29일 토요일 한국과 터키의 3,4위 전에서 2 대 3으로 아깝게 분패해 4위가 되었다. 6월 31일 요코하마에서 독일과 브라질의 결승전으로 대단원의 막을 내리게 되었다.

우리들은 월드컵이 시작되기 전에 1승만이라도 했으면 참 좋겠다고 생각했다. 또 16강만이라도 진출했으면 좋겠다고 생각했다. 그런데 8강, 4강으로 진출하게 되면서 우리 자신도 믿어지지 않을 만큼의 좋은 결과를 얻었다. 지금도 군중들의 함성이 우리 귀에 메아리치고 있다. 우리는 이 기회를 통해 좋은 경험을 많이 했다. 온 국민이 합심해서 최선을 다하면 상상할 수 없는 결실을 가져올 수 있다는 것을 알았다. 이 응원의 뜨거운 열기가 세계를 놀라게 했다.

그날의 뜨거웠던 군중들의 함성을 떠올리며 우리 성도들도 합심하여 간구함으로써 신앙의 기적을 창조해 하나님께 영광을 돌리고 우리도 행복한 삶을 살기를 소망한다.

오늘 본문은 예수님께서 빌라도의 뜰에서 재판을 받으실 때 돈과 권력에 매수된 군중들이 이성을 잃고 마구 외쳐대는 소리에 힘입어 빌라도가 정치를 합법으로 처리하지 못하고 불법으로 처리하여 역사에 오점을 남긴 것을 배경으로 하고 있다. 군중의 함성은 힘이 있다. 그러므로 이 힘을 잘못 사용하면 독이 되고, 잘 선용하면 하나님의 놀라운 축복을 받을 수 있다.

군중 심리를 이용하다

"무리가 일제히 소리 질러 가로되 이 사람을 없이하고 바나바를 우리에게 놓아 주소서 하니"(18절).

여기서 무리는 산헤드린 공회원과 예수님을 정죄하기 위하여 돈을 받고 동원된 모든 사람들이다. 당시 최고 종교재판권을 가지고 있던 산헤드린에서는 예수를 죽이기로 결정했다. 하지만 당시 유대는 로마의 속국으로 있었기 때문에 행정을 책임지고 있는 총독이 심문하고 재판하여 최후의 결정이 있기 전까지는 집행할 수 없었다.

빌라도가 예수님을 심문하니 처형할 만한 죄가 없으므로 때려서 놓아주겠다고 했을 때 무리가 일제히 소리를 질렀다. 지혜로운 대제사장, 서기관, 바리새인들은 자신들이 예수를 죽이고자 했지만, 합법적인 절차를 찾지 못하자 무리들을 동원해서 군중심리를 이용하여 크게 함성을 지르게 한다. 이것은 민중들의 뜻이며, 더 나아가 하늘의 뜻이라고 정의했다. 그들은 객관적으로 보았을 때 합법적인 방법이 되도록 포장하고 있다. 때로 군중의 함성은 매우 힘이 있다. 개개인의 말에도 능력이 있어 사람들은 말한 대로 된다고 하는데 여러 사람이 같은 유니폼을 입고 같은 뜻을 가지고 일제히 함성을 지를 때 이상한 기적이 나타난다.

사탄은 가끔 이성 없는 짐승 같은 사람들을 이용하여 세상적인 방법으로 하나님의 질서를 파괴할 때가 있다. 그래서 군중의 함성이 모두 좋은 것은 아니다. 우리는 어떤 형편에서든지 이성을 잃지 않고 바른 목적을 따라 공감할 수 있는 대중의 소리에 동참해야 한다.

"저희가 큰 소리를 지르며 귀를 막고 일심으로 그에게 달려들어 성 밖에 내치고 돌로 칠 새"(행 7:57-58). 큰 무리가 초대교회 스데반 집사의 설교를 듣고 양심에 가책을 받아 분노하며 돌로 쳐서 스데반 집사를 처형했다.

　군중의 함성은 엄청난 힘과 에너지를 분출한다. 그러나 우리는 이성을 잃은 군중의 함성이 하나님의 뜻을 거스를 수 있음을 깨달아야 한다.

함성의 힘은 세다

"저희가 큰 소리로 재촉하여 십자가에 못 박기를 구하니 저희 소리가 이긴지라"(23절).

무리의 끈기 있는 함성은 자신들의 목적을 관철시켰다. 군중의 함성은 엄청난 힘을 가지고 있다. 일단 감정의 도화선에 불이 붙으면 군중들은 감정을 통제할 수 없는 상태가 되어 버린다. 군중 속에서는 물리적인 현실보다 심리적인 현실이 더 큰 힘을 발휘한다. 그럴수록 집단의 응집력은 확장된다. 그리고 공동의 관심사와 목표를 지니고 공동 운명체가 된다는 것을 깨달으면 서로의 신뢰도는 더 높아진다.

　또한 군중들이 지닌 심리적 동질성은 집단의 응집력을 결정하는 주요한 요인이 됨으로 똑같이 빨간 티셔츠를 입고 머리에 같은 띠를 띠며 태극기를 겉에 두르고 나면, 심리적인 일체감을 가진다. 때문에 이들의 함성은 더 큰 힘을 발휘하게 되었다. 그러므로 이는 군중 속에 개인이 존재하면 그 자신은 파묻혀 버리며 비개인화가 일어난다.

　그래서 혼자 있을 때에는 도저히 상상할 수 없는 행동이 나온다. 그것은 책임이 개인에게 있는 것이 아니라 군중 속에 있기 때문에 더욱 그렇다. 그런데 만약 군중이 방향을 잃어버리면 그 엄청난 힘이 반사회적으로 돌변하게 되어 큰 비극을 만들 수 있는 위험도 언제나 지니고 있다.

　군중 소리의 큰 힘이 예수님을 십자가에 못 박는 데로 변질되었을 때 아무도 그 힘을 막을 수 없었다. 그래서 진리는 빛을 잃고 질서는 혼란에 빠져 버리고 말았다.

그러므로 어떤 군중 집단이라 할지라도 나아가는 방향으로 항상 목적의식을 가지고 큰 함성의 힘을 선용하는 데 이바지해야 한다. "마음을 같이하여 전혀 기도에 힘쓰니라"(행1:14). 예수님께서는 승천하시기 전에 예루살렘을 떠나지 말고 기도하면서 기다리면 성령을 선물로 받을 거라고 약속하셨고 제자들은 그렇게 하였다. 그랬더니 약속대로 오순절에 성령이 강하게 임재했다. 합심기도의 위력이다. 이것은 함성의 선용이다.

함성의 후유증

"예수를 넘겨 주어 저희 뜻대로 하게 하니라"(25절 하).

빌라도가 무리의 요구를 따라서 살인자요 반란자인 바나바는 놓아주고, 예수는 십자가에 못 박으라고 그들에게 넘겨 주었다. 빌라도는 양심의 법에 따라 합법적으로 처리하지 않고, 군중들의 함성의 힘에 의하여 불법적으로 처리했다. 그 뒤 빌라도는 밤에 누우면 군중의 함성 때문에 잠을 잘 수 없어 정신이상자가 되어 거리를 방황하다가 쓸쓸히 죽어갔다.

월드컵 후유증에 시달리는 사람들이 많다고 한다. 그중에 대다수가 빨간 티셔츠를 입고 운동장이나 많은 사람들이 운집한 장소에 가서 "대—한 민국, 오! 필승 코리아"를 정신없이 외친다는 것이다. 이들은 직장에 돌아왔지만 일이 손에 잡히지 않고 귓가에는 "대한민국, 오 필승 코리아"만 자꾸 들려온다고 한다. 용인 정신과 병원 하지현 박사는 응원이 군중들의 마음속에 깊이 자리잡고 있던 갈등요소를 표출하고, 응어리를 푸는 긍정적 역할은 했지만, 현실에 돌아왔을 때 갈등요소 자체가 없어진 것이 아니기 때문이라고 설명했다.

서울의대 정신과 권준수 교수에 의하면 군중들이 한 목소리를 낼 수 있었던 것은 일종의 공명현상이라고 한다. 같은 생각을 하면 각자의 뇌 신경 회로가 일정한 주파수로 진동하여 서로에게 영향을 미치게 된다는데 이 울림을 공유한 사람의 규모와 세기 등에 따라서 지속기간이 결정되며 이번 월드컵 기간의 현상은 매우 컸기 때문에 월드컵이 끝난 뒤에도 오래 지속될 것이라도 전망했다.

대한민국 국민들은 정치에 환멸을 느끼고 경제 불황에 시달리고 사회 · 도덕 · 윤리 · 타락에 방황하고 있을 때 월드컵이란 탈출구가 생겨서 모두가 정신없이 참여했다. 그런데 월드컵이 끝났음에도 불구하고 정치, 경제, 사회문제가 해결되지 아니하니 정신적 후유증이 생기는 것이다.

월드컵 경기에서 얻은 것들을 교훈 삼아 우리는 신앙으로 무장하여 우리 앞에 놓여 있는 수많은 문제들을 멋있게 극복하여 하나님께 영광을 돌리고 행복한 삶을 창조해 나가야 할 것이다.

변해야 산다

가로되 그러면 구하노니 아버지여 나사로를 내 아버지의 집에 보내소서
내 형제 다섯이 있으니 저희에게 증거하게 하여 저희로 이 고통 받는 곳
에 오지 않게 하소서 아브라함이 가로되 저희에게 모세와 선지자들이 있
으니 그들에게 들을지니라 가로되 그렇지 아니하니이다 아버지 아브라
함이여 만일 죽은 자에게서 저희에게 가는 자가 있으면 회개하리이다 가
로되 모세와 선지자들에게 듣지 아니하면 비록 죽은 자 가운데서 살아나
는 자가 있을지라도 권함을 받지 아니하리라 하였다 하시니라(누가복음
16:27-31).

천국이나 하나님의 나라에 대해 말하면 현실과 동떨어진 느낌을 갖는 분들이 있다. 그리고 현실 문제가 너무 크게 보여 천국에 대한 생각은 멀리 느껴질 수 있다. 우리는 천국에 매력을 느끼고 힘차게 도전해야 한다. 그렇다고 현실을 무시하자는 것은 아니다. 천국에 대하여 매력을 느끼게 하는 쉬운 비유는 오늘 본문의 부자와 거지 나사로의 비유다.

누가복음 16장 19-31절에 내용을 분석해 보면 다음과 같다.

현대인들이 살고 있는 현주소 부자와 거지 세계를 보여 주고 있다(19-21절). ② 두 사람의 삶의 모습이 크게 대비된다(22-23절). ③ 두 사람의 운명이 크게 다르게 나누어진다(24-26절). ④ 하나님과의 대화를 통해서 고통을 피할 수 있는 길을 제시해 준다(27-31절).

우리 모두가 지옥의 고통에서 반드시 벗어나서 천국에서 영원히 살기 위해서는 변해야 한다. 예수님 당시 바리새인들을 경고하셔서 주신 비유인데, 바리새인들은 가장 예수님을 잘 믿는 자로 자처했던 자들이다. 예수님은 그들을 현실에 도취되어 살던 이름 없는 부자로 비유하셨다. 물질, 명예, 권력 등에 도취되어 신앙으로 산다는 것은 말뿐이었다.

그런 점에도 불구하고 구원받을 수 있는 기회를 주시면서 회개하고 복음을 믿으면 구원받아 영원한 천국에 들어갈 수 있음에 대한 소망을 주신다. 우리도 저 천국을 소망하면서 살기 위해 본문의 깊은 뜻을 분명히 알아야겠다. 같이 생각하면서 은혜 받으시기 바란다.

기회를 상실한 자

19절에 한 부자로 표기되어 있는데 실제로 생존했던 사람이었으나 이름이 없는 것을 보면 구원 받지 못한 사람이었다. 파라(Farrar)라는 학자는 이렇게 지적했다. 이 사람은 자색 옷과 고운 베옷을 입었다고 한다. "생명의 책이 있고 행위의 책"(계 20:12)이 있다. 자색 옷은 당시 왕과

귀족들이나 입을 수 있는 고급 옷인데 뼈고둥이란 열대산 물고기의 피로 옷감의 색깔을 내었다고 한다. 고운 베옷은 애굽 산의 세마포로 만든 속옷인데 금으로 환산하면 금 무게의 두 배나 비싼 정도였다고 한다. 보통 서민들은 감히 상상도 못했다고 한다.

'연락했다.' 연락은 사람이 가지고 싶은 것을 다 소유하고, 자신이 주인이 되어 마음껏 즐기는 것을 뜻한다. 특히 이 연락은 매일 호화로운 연회를 베풀었는데 그의 친척, 친구들에게 초대장을 발부하였지만 가난한 사람들에게는 기회를 주지 아니했다. 주 5일 근무제 되면 부자처럼 연락을 즐길 가능성이 있다. 우리도 그렇게 살다면 끝내 부자처럼 죽어 장사지낸 뒤 음부에서 고통을 받게 되었다.

"지옥의 불꽃 가운데서 고민하게"(24절 하) 되었다. "불러 가로되 아버지 아브라함이여 나를 긍휼히 여겨주소서"(24절 상) 하고 기도하는 것을 보면 하나님을 믿고 살아 온 사람이었음을 증명한다. 그런데 하나님이 주신 귀한 물질을 정욕을 위하여 사용하였지만, 하나님을 위하여 헌금한 사실이 없고 가난한 이웃을 위하여 봉사한 사실이 전혀 없다.

평생이란 시간은 우리 성도들이 이 땅에서 거룩하게 살아가는 기회다. 우리는 지상에서 영원히 살 것 같은데 "우리의 년수가 칠십이요 강건하면 팔십이라도 그 년수의 자랑은 수고와 슬픔뿐이요 신속히 가니 우리가 날아가나이다"(시편 90:10). "너희의 생명이 무엇이요 너희는 잠깐 보이다가 없어지는 안개니라"(약 4:14). 유한한 생명인 것을 성서는 말하시면서 영원을 위해서 언제나 성실히 준비해야 함을 가르쳐 준다.

"이 무익한 종을 바깥 어두운대로 내어 쫓으라 거기서 슬피 울며 이를 갊이 있으리라"(마 25:30). 슬피 울며 이를 간다는 것은 후회하고, 기회를 놓친 자의 처절한 최후의 모습이다. 본문의 이름 없는 부자는 천국에 대하여 늘 듣고 살았지만, 믿지 않았고 천국에 대해 준비하지 않았다. 그것은 현실이 너무 좋았기 때문이다. 이런 자는 기회를 잃어버린다.

기회를 선용한 자

"나사로라 이름 한 거지의 헌데를 핥으며"(20절).

부자의 대문에 누워 한 부자와 아주 대조되는 인물이 등장하는데 부자는 이름이 없는데 반하여 이 거지는 이름이 있다. 나사로는 '도움의 하나님' 이란 뜻인데 구약 아브라함에게 평생을 헌신한 종 엘리에셀과 같은 뜻이다. 또 요한복음 11장에 등장하는 마리아와 마르다의 오라버니 나사로와 같은 이름이다. 이 사람은 경제적으로 어려워 구걸하면서 살아가야 하는 참으로 비천한 처지에 있었다. 그의 전 재산이라고 할 수 있는 몸에는 불치의 병이 들어 있었다.

그런데 아브라함의 품에 안겨 있는 것은 구원 얻어 천국에 입성한 것을 뜻하는데 즉, 구원을 받았다고 한다(23절 하). 경제적으로 어려우면 몸이라도 건강해서 활동해야 하는데 아무것도 가진 것이 없으니 부잣집 대문 곁에 누워서 구걸 할 수밖에 없었다. 그가 구원을 받았다는 것은 어려운 처지임에도 하나님을 원망하고 자신의 생명을 저주하면서 자포자기하지 않고 범사에 감사하며 그날의 괴로움을 그날에 족한 줄 알고 하나님을 신뢰하면서 주어진 날을 매일 성실하게 살았다는 증거다.

만약 우리의 처지가 이랬다면 하나님의 긍휼을 굳게 믿고 매일을 성실히 살아갈 수 있을까 한번 생각해 보아야 한다. "그 아내가 그에게 이르되 당신이 그래도 자기의 순전을 굳게 지키느뇨 하나님을 욕하고 죽으라 그가 이르되 그대의 말이 어리석은 여자 중 하나의 말 같도다 우리가 하나님께 복을 받았은즉 재앙도 받지 아니하겠느뇨 하고 이 모든 일에 욥이 입술로 범죄치 아니하니라"(욥 2:9-10). 신앙은 환경에 따라 변하는 것이 아니라 환경을 초월하는 것이다. 나사로는 자기 처지에 굴복하지 않고 당당하게 살아갔다.

가난이 죄는 아니다. 그저 살아가는데 좀 불편할 뿐이다. 불편한 것을 신앙으로 극복하면 모든 것이 다 극복된다. 행복은 물질의 유무에 달린 것이 아니라 신앙의 유무에 달려 있다. "지금은 너희가 근심하나 내가 다시 너희를 보리니 너희 마음이 기쁠 것이요 너희 기쁨을 빼앗을 자가 없느니라"(요 16:22). "평안을 너희에게 끼치노니 곧 나의 평안을 너희에게 주노라 내가 너희에게 주는 것은 세상에서 주는 것 같지 아니하니라"(요 14:27).

복음과 구원의 관계

"아버지 아브라함이여 만일 죽은 자에게서 저희에게 가는 자가 있으면 회개하리이다"(30절).

부자는 기회를 상실했기에 너무 안타까워서 아직도 기회가 있는 자기 형제들을 생각하여 나사로 보내어 부자의 현재 처지를 알려 주어 자기 형제들이 자기처럼 기회를 상실하지 않도록 조치해 줄 것을 간청했다. 하나님은 이 세상에 모세와 선지자들에게 보여 복음이 선포되어 있다고 했다. 모세와 선지자의 말을 듣지 아니하는 사람들은 죽었던 나사로가 살아나서 천국을 그들에게 전한다 하여도 듣지 아니할 것이라고 한다.

여기서 우리는 몇 가지 교훈을 얻을 수 있다.

첫째, 부자가 지옥으로 추락한 것은 부자이기 때문이 아니라 모세와 선지자들이 전해 준 하나님의 말씀 듣고 그대로 살지 아니했기 때문이다.

둘째, 지상에 살고 있는 우리들에게도 언제나 기회가 주어지고 있다. 결단하고 진리를 수용하고 믿고 순종하면서 살아가야 한다. 그래서 지금 우리도 변해야 한다. 만약 주어진 기회를 상실하면 이름 없는 부자의 운명에 처한다는 것이다. 그래서 지금 예수 그리스도의 복음 앞에 철저하게 회개하고 천국 시민으로 바로 살아가야 한다.

셋째, 복음을 바로 믿지 아니하면 어떤 기적이나 신비의 체험도 아무 소용이 없다. 죽은 자가 살아와서 천국을 증거하면 믿을 것 같지만 아니다. 그것보다 복음을 바로 믿어야 한다. 이것이 바로 복음의 위력이다. "믿음은 들음에서 나며 들음은 그리스도의 말씀으로 말미암았느니라"(롬 10:17). 구원의 원동력은 믿음이며 믿음은 복음을 들음에서 온다는 것이다. 복음을 믿지 아니하면 죽은 자가 살아온다고 해도 아무 소용이 없다. 그런데 문제는 말세가 되면 사람들은 사사로운 거짓 스승을 두고 진리보다 인간의 지식, 간증 체험 등을 앞세우다가 지옥으로 추락하게 된다.

초대교회의 큰 관심은 거짓 스승을 배격하고 진리를 사수하는 데 있다. "사사로이 풀지 말고 성령의 감동으로 해야 한다"(벧후 1:20-21)고 했다. 인간의 간증은 참고 사항이지 진리는 아니다.

꿈은 이루어진다

기드온이 그곳에 이른즉 어떤 사람이 그 동무에게 꿈을 말하여 이르기를 내가 한 꿈을 꾸었는데 꿈에 보리떡 한 덩어리가 미디안 진으로 굴러 들어와서 한 장막에 이르러 그것을 쳐서 무너뜨려 엎드러뜨리니 곧 쓰러지더라 그 동무가 대답하여 가로되 이는 다른 것이 아니라 이스라엘 사람 요아스의 아들 기드온의 칼날이라 하나님이 미디안과 그 모든 군대를 그의 손에 붙이셨느니라 하더라 기드온이 그 꿈과 해몽하는 말을 듣고 경배하고 이스라엘 진중에 돌아와서 이르되 일어나라 여호와께서 미디안 군대를 너희 손에 붙이셨느니라 하고(사사기 7:13-15).

미래학자 엘빈 토플러는 〈제3의 물결〉이란 책에서 가롤로스 휀테스의 글을 인용하여 책을 시작했다. 우리는 웃기 위하여 이곳에 왔는가? 그렇지 않으면 부르짖기 위하여 왔는가? 우리는 지금 죽으려 하는가? 그렇지 않으면 태어나려고 하는가? 다가오는 새로운 물결이 어떤 사람에게는 울부짖음이요 죽음이다. 그러나 어떤 사람에게는 웃음이요 그리고 새로운 탄생이다. 토플러는 이 책을 시작하면서 먼저 우리에게 변화를 수용할 것인가? 아니면 거부할 것인가의 결단을 묻고 있다.

새로운 변화를 긍정하고 이를 수용하며 새롭게 출발하여 탄생의 기회로 삼는 자들에게는 분명히 이 물결은 축복이며 승리가 된다. 그리고 우리가 어느 쪽으로 결단하든지 이미 큰 변화의 물결은 온 세상을 휩쓸고 있기에 새 물결을 두렵게 바라보며 울부짖는 사람들은 죽는다.

여러분은 새로운 물결을 거부하고 적응하지 못해 울부짖다가 죽기 원하는가? 아니면 새로운 물결에 적응해서 웃으면서 살기를 원하는가? 올해도 하나님이 우리에게 주신 신령한 꿈을 꾸며 그 꿈을 성취하기 위해 변화를 긍정하는 자세로 서야 한다. 가치 있는 일을 위해서는 무의미한 일을 버리고, 교회의 부흥과 발전을 위해서 우리의 고집을 모두 버려야 한다.

본문은 시대의 변화 속에서 기드온에게 미디안을 정복하도록 꿈을 주시고 그것을 실천하여 승리하게 하셨다. 하나님이 주신 꿈은 반드시 이루어진다.

꿈이 있어야 한다

"내가 한 꿈을 꾸었는데 꿈에 보리 떡 한 덩어리가 미디안 진으로 굴러 들어와서"(13절).

성서에는 꿈에 대한 말씀이 자주 나오는데 꿈은 하나님의 거룩한 계시로 설명하고 있다. 때로는 그 꿈을 통해서 하나님께서 하시고자 하시는 뜻을 먼저 알려 주시기도 했다. 잠언 29장 18절에 "꿈이 없는 사람은 멸망을 당한다"고 했다. 하나님께서는 밤에 기드온에게 나타나셔서 미디안을 치라고 말씀하시면서 그 미디안을 기드온의 손에 붙였다고 하셨다 (9절).

그러나 기드온이 머뭇거리고 있을 때 하나님께서 심복 부하 부라를 데리고 미디안 진영을 정탐하라고 하셨다. 기드온이 그 밤에 부라를 데리고 그 진영에 접근하였을 때 초소병들이 자신들의 꿈 이야기를 하고 있었다. 한 보리떡 덩어리가 미디안 진으로 굴러 들어와서 한 장막을 치니 그 장막이 무너지고 엎드러졌다는 꿈 이야기였다.

이 꿈 이야기는 기드온이 직접 꾼 꿈은 아니지만 그에게는 참으로 용기와 희망을 주는 꿈이었다.

꿈에는 여러 가지가 있다.

첫째, 덧없는 꿈. "그는 꿈같이 지나가니 다시 찾을 수 없을 것이요 밤에 보이던 환상처럼 쫓겨가리니" (욥 20:8).

둘째, 헛된 꿈. "꿈이 많으면 헛된 것이 많고 말이 많아도 그러하니 오직 너는 하나님을 경외할지니라" (전 5:7).

셋째, 망상적인 꿈. "주린 자가 꿈에 먹을지라도 깨면 그 속은 여전히 비고 목마른 자가 꿈에 마셨을지라도 깨면 곤비하며 그 속에 갈증이 있는 것같이" (사 29:8).

넷째, 거짓 선지자의 꿈. "거짓을 예언하는 선지자들의 말에 내가 몽사를 얻었다 함을 들었노라" (렘 23:25).

다섯째, 참된 계시. "너희 중에 선지자가 있으면 나 여호와가 이상으로 나를 그에게 알리기도 하고 꿈으로 그와 말하기도 하거니와 내 종 모세와는 그렇지 아니하니 그는 나의 온 집에 충성됨이라" (민 12:6-7).

1963년 3월 8일 워싱톤 대행진에서 마틴 루터 킹 목사님은 '나는 꿈이 있다' 라는 제목의 연설에서 다음과 같이 언급했다. "나의 남매가 피부의 색깔로가 아니라 인격의 내용으로 판단되는 나라에서 살게 될 것이다.

남쪽 엘라바마 주에서도 검고 흰 아이들이 손을 잡고 정답게 함께할 것이다.”이 아름다운 꿈이 절망의 동산에서 희망의 반석을 캐내는 보화가 되어 온 미국인의 마음을 움직였다.

꿈 해석이 필요하다

“이는 다른 것이 아니라 이스라엘 사람 요아스의 아들 기드온의 칼날이라”(14절).

꿈이 하나님의 특별한 계시라고 하면 그 꿈을 정확히 해석할 지혜가 필요하다. 요셉이 억울하게 시위 대장의 감옥에 갇혔을 때에 두 관원장이 꿈을 꾸고 고민할 때 “요셉이 그들에게 이르되 해석은 하나님께 있지 아니하니이까”(창 40:8)라고 했다. 그 꿈이 하나님께로 왔다면 해석도 하나님이 주시는 지혜로만 할 수 있다는 것이다.

그런데 ‘꿈보다 해몽이 좋다’ 는 말이 있듯이 꿈을 정확하게 해석하지 아니하면 그것은 꿈으로서 가치가 없다. 본문에서 초소병들의 대화는 꿈을 꾼 자와 그것을 해몽하는 자의 생각이 아주 정확하게 맞았다. 보리떡 한 덩어리는 당시 빈민들이 먹던 가장 흔한 떡으로서 신분의 비천과 멸시받던 이스라엘 민족을 상징했다.

한 장막이 무너진다는 것은 한 지휘부를 뜻하는 것이 아니라 미디안 사람들과 아말렉 사람들의 전체 장막을 의미한다. 전투의 최전방에서 초소를 지키고 있던 병사들의 대화는 무엇을 상징할까? 숫자적으로는 우세하고 군비나 무기를 수없이 가졌다고 해도 벌써 정신적으로 사기를 잃고 있다는 것이다. 사탄은 믿음으로 무장한 그리스도인의 병사들에게 이길 수 없다는 것을 알고 있다. 기드온은 꿈꾼 자의 꿈과 해몽자의 해석을 듣고 반신반의하면서 머뭇거렸던 자신의 어리석음을 깨닫고 새 힘을 얻어 이제 일어서게 된다.

꿈을 꾸는 것도 중요하지만 하나님이 주시는 지혜로 정확히 해몽해야한다. 하나님은 때론 해몽이 필요 없이 직접 꿈으로 계시하시기도 한다. "그랄 왕 아비멜렉이 보내어 사라를 취하였더니"(창 20:2). 그때 하나님께서 그는 아브라함의 아내이므로 네가 취하면 네와 네게 속한 자가 다죽으리라고 가르쳐 준다. 그것은 사라를 통해서 구속사의 주인공인 이삭을 잉태하고 출산하고자 하심이다. 사라를 보호하시고 사라를 지키시는 하나님의 은혜를 느낄 수 있다.

실천해야 성취된다

"경배하고 이스라엘 진중에 돌아와서 이르되 일어나라 여호와께서 미디안군대를 너희 손에 붙이셨느니라"(15절 중).

기드온의 승리의 자세는 두 가지다.

첫째, 예배다. 기드온은 꿈을 통한 확신을 가지게 되니 환경에 관계없이 바로 그곳에서 하나님께 감사의 예배를 진심으로 드렸다. 신앙인들의 승리는 언제나 예배로부터 시작하여 예배로 끝난다. "엘림 왕 그돌라오멜의 연합군을 아브라함은 자기 집에서 훈련한 자 318명을 데리고가서 승리하고 살렘 왕 멜기세덱에게 경배하며 얻은 것의 십분지 일을드렸다"(창14장) 기드온도 감사의 예배를 하나님께 먼저 드린 후 이스라엘 진중으로 돌아왔다.

둘째, 병사들을 향하여 일어나라고 외친다.

훈련된 300명의 용사로 135,000명의 적을 대항하여 싸워야 하기 때문에 전략 혹은 작전·군비 등 상대방의 정보를 알아야 한다. 하지만 기드온은 우선 이길 수 있다는 정신적인 확신을 갖게 하는 데 주력했다.

그래서 먼저 "일어나라"고 외친 뒤에 미디안 군사들을 우리들 손에 넘겨주었다고 가르쳐 준다. 손에 넘겨주었다고 다 승리하는 것이 아니다.선한 싸움을 싸워서 그것을 우리들의 것으로 만들기 위해 정신을 차리고 힘을 다해서 앞으로 전진해 가야 하는 것이다. 언제나 우리들의 몫은 우리들에게 맡겨 두셨다.

"예수께서 가라사대 돌을 옮겨 놓으라… 벌써 냄새가 나나이다. 네가 내 말을 믿으면 하나님의 영광을 보리라 하지 아니하였느냐 하신대 돌을 옮겨 놓으니"(요 11:39-40). 기도 후에 큰소리로 "나사로야 나오라"고 하셨다. 수족을 베로 동인 채 나오는데 예수님께서 풀어 놓아 다니게 하라고 했다. 사람이 할 수 있는 것 즉, 돌을 옮겨 놓았다. 하나님이 나사로를 살리셨다.

미국의 28대 대통령 윌슨은 현실이 비록 고통스러울지라도 꿈을 잘 간직하고 보살펴야 한다고 했다. 꿈의 실현을 굳게 믿는 사람에게는 반드시 꿈을 꽃피울 봄날이 온다.

님을 기다리는 자의 자세

허리에 띠를 띠고 등불을 켜고 서 있으라 너희는 마치 그 주인이 혼인 집에서 돌아와 문을 두드리면 곧 열어 주려고 기다리는 사람과 같이 되라 주인이 와서 깨어 있는 것을 보면 그 종들은 복이 있으리로다 내가 진실로 너희에게 이르노니 주인이 띠를 띠고 그 종들을 자리에 앉히고 나아와 수종하리라 주인이 혹 이경에나 혹 삼경에 이르러서도 종들의 이같이 하는 것을 보면 그 종들은 복이 있으리로다 너희도 아는 바니 집 주인이 만일 도적이 어느 때에 이를 줄 알았더면 그 집을 뚫지 못하게 하였으리라 이러므로 너희도 예비하고 있으라 생각지 않은 때에 인자가 오리라 하시니라

(누가복음 12:35-40).

우리들의 삶 속에는 기다리는 애환이 많이 있다. 치술령 바위 망부석

의 이야기가 그런 내용이다. 신라시대 내물왕의 아들 미사흔이 일본에 볼모로 가게 되었는데 내물왕은 그 아들 생각으로 늘 실의에 빠져 있었다. 이를 안타깝게 여긴 충신 박재상이 일본에 가서 계책으로 미사흔 왕자를 고국으로 무사히 돌려보냈다. 그러나 자신은 일본인들에게 체포되어 피살된다. 내물왕은 이 소식을 듣고 박재상에게 대아찬이란 벼슬을 주고, 박재상의 둘째 딸을 미사흔의 아내로 삼아 공을 보답하였다. 그러나 박재상의 아내는 토함산에 올라가서 일본으로 간 남편을 기다리다가 그곳에서 죽었다. 그 후에 돌로 변해서 그 남편을 기다리는 망부석의 애환으로 남았다. 요즘 사고로는 이해가 안 되지만 아내의 순결한 미덕은 오늘날까지 귀감이 되고 있다.

재림 신앙은 하나님의 거룩한 약속을 근거로 하여 주님을 깨어 기다리는 것이다. 기다림은 인내를 필요로 한다. 성도의 기다림은 소망이다. 우리는 기대 속에서 복스러운 소망과 크신 하나님 구주 예수 그리스도의 영광의 나타나심을 기다리고 있는 것이다(딛 2:13). 이러한 소망을 생각하면서 '님을 기다리는 자세' 라는 제목의 말씀으로 함께 은혜를 나누고자 한다.

기다리는 자는 깨어 준비해야

"허리에 띠를 띠고 등불을 켜고 서 있으라"(35절).

중동 지방, 특히 팔레스틴 땅에 사는 사람들은 뜨거운 태양의 직사광선과 사막의 열기와 모래 바람을 피할 수 있게 하기 위하여 긴 옷을 입는다. 그리고 노동할 때는 아래옷을 허리까지 걷어 올리고 끈으로 허리에 묶어 줌으로 활동하기 편리하게 해준다. "허리에 띠를 띠라"는 것은 주인의 명령이 떨어지면 언제나 봉사할 수 있도록 준비하라는 의미다.

필로와 같은 학자는 이 구절을 '활동' 과 '봉사' 를 위한 복장을 갖추라는 말이라고 했다. 또한 주인이 돌아올 때 옷맵시가 흐트러지지 않고, 경건하고 진실한 태도를 보여 주어야 할 의무가 있음을 강조하기도 한다. 그래서 성도들은 하나님께 예배드리러 갈 때 제일 좋은 옷을 입고 은혜의 보좌 앞에 나아가야 한다.

"등불의 켜라" 는 말씀은 열 처녀 비유(마 25:1-13)를 연상케 한다. 주로 중동지방의 결혼 예식은 해가 진 저녁시간에 거행하기 때문에 등불은 필수품이다. 날이 어둡기 전에 등을 잘 준비하고 그 등에 기름을 가득 채워 두어야 한다. 연회가 얼마나 걸릴지 아무도 예측할 수 없는 것은 결혼의 주인공인 신랑이 도착해야 시작되기 때문이다. 그래서 여분의 기름을 충분히 준비해 두어야 등불을 환하게 밝힐 수 있다.

헨드릭슨은, 등(燈)은 영적으로 성도의 외형적인 모습이고, 기름은 성도의 내면적인 모습으로 성령의 역사라고 주석한다. 기름을 준비하지 못한 사람은 경건의 모양은 있으나 경건의 능력은 없는 자들이다. 때문에 주로 이들은 감정적인 신앙을 가지고 있어 처음에는 아주 뜨겁지만 시간이 지나면 기름이 없어 등불이 꺼지듯이 나중에는 싸늘하게 식어 버리는 사람들이다.

이들은 신랑을 맞이할 수 없어 슬픔에 빠진다.

본문에 "등불을 켜라" 는 말씀은 주위가 어두워졌다는 뜻이다. 세상이 어두워지면 어두워질수록 성령을 통해서 하나님과 관계가 지속되어서 신앙의 등불이 꺼지지 않아야 어두움을 이길 수 있다.

자신의 직무에 겸손해야

"주인이 띠를 띠고 그 종들을 자리에 앉히고 나아와 수종하리라" (37절 下).

본문은 하늘나라의 상급을 가르쳐 주고 있다. 이것은 우회적인 한 예로서 주인을 기다리는 종들에게 용기와 희망을 주시는 말씀이다. 밤이 깊도록 식사도 하지 못하고 잠도 자지 못하고 오매불망(寤寐不忘) 주인이 오시기를 고대하면서 기다려준 종이 너무 고마워서 그 종을 주인의 자리에 앉힌다. 주인이 띠를 띠고 종들에게 수종을 들면서 감사한다는 것이다.

종들은 마땅히 주인에게 그렇게 할 의무가 있기 때문에 종은 자신이 할 일을 한 것뿐이다. 또 그 당시 주인과 종의 차이는 엄청났기 때문에 이런 일은 상상할 수 없다. 그런데 왜 주인은 그렇게 감격할까? 오늘 본문은 왜 이렇게 기록하고 있을까?

그 이유는 그 당시에는 참으로 주인을 존경하며 사랑해서 주인을 기다려 주는 종은 흔치 아니했음을 암시한다. 게다가 예수 그리스도의 재림 때는 거의 없다는 것이다. "그러나 인자가 올 때에 세상에서 믿음을 보겠느냐 하시니라"(눅 18:8). 예수 그리스도의 재림 때에 하나님의 신실한 약속을 믿고 믿음을 지키며, 거룩한 일들을 위하여 충성을 다하는 사람은 거의 없다 해도 과언이 아니다.

노아의 때와 소돔과 고모라가 그 좋은 예다. 그리고 더 나아가서 본 비유는 성도의 받을 대가가 아니다. 이것은 하나님께서 베풀어 주시는 은혜의 대접이다. 예수님이 제자들의 발을 씻겨 주신 모습은 주인이 종이 발을 씻고 섬기는 모습이다(요 13:1-15). 그것은 성도에게 임하는 특별한 복이다.

그러므로 종은 주인의 마음을 잘 알아 늘 겸손한 자세로 충성을 다해야 한다. 하나님의 나라는 질서의 세계이기 때문에 종이 잘했다고 주인으로 둔갑될 수는 없다. 종은 언제나 종이다. 우리들의 실수는 종 노릇을 잘 했다고 가끔 주인의 대접을 받고자 하는 유혹 때문에 수고한 상급을 송두리째 빼앗겨 버리는 슬픔을 당할 수 있다. 그래서 잘한 뒤에도

'우리들은 무익한 종이다' 라는 자세로 주인께 충성을 다하여 섬기는 겸손한 성도가 되어야 한다.

기다리는 자는 인내해야

"주인이 혹 이경에나 혹 삼경에 이르러서도 종들이 이같이 하는 것을 보면 그 종들은 복이 있으리로다"(38절).

본문은 주인이 돌아오는 시간을 비유로 나타내고 있는데 이것은 당시 로마 시간법의 계산으로 밤은 4경으로 나누었다. 일경(一更)은 오후 6-9시, 이경(二更)은 오후9-12시, 삼경(三更)은 12-3시, 사경(四更)은 3-6시다. 그래서 이경과 삼경은 밤이 아주 깊은 시간이다. 최고로 피곤하고 졸리는 시간이다. 종들의 자세가 흐트러지기 쉬운 시간이다.

성도들과 철야 예배를 드려보면 오후 12-3시경에는 거의 비몽사몽간이다. 이것은 상징적인 의미가 있지만, 주인을 기다리는 종들에게 수많은 어려움을 극복하는 인내가 절대로 필요하다는 것이다. "시험에 들지 않게 깨어 있어 기도하라 마음에는 원이로되 육신이 약하도다"(마 26:41). 예수께서 마지막 겟세마네 동산에서 깨어 기도하실 때 졸고 있는 제자들을 깨우시면서 하신 말씀이다. 육신을 가진 우리 인간들이 신앙으로 승리하기가 얼마나 어려운 가를 보여 주신 말씀이다. 그러나 깨어 기도하면 가능하다는 것이다. 이와 같이 기다리는 사람에게 절대로 필요한 것은 인내다.

"그러므로 형제들아 주의 강림하시기까지 길이 참으라 농부가 땅에서 나는 귀한 열매를 바라고 길이 참아 이른 비와 늦은 비를 기다리나니 너희도 길이 참고 마음을 굳게 하라 주의 강림이 가까우니라"(약 5:7-8). 주인이 오는 시간은 아무도 모른다. 다만 주인만이 아신다. 그래서 매력이 있다. 이단들은 이것을 알려고 노력하고 쉽게 가르쳐 주므로 성도들을 미혹한다. 그래서 성서는 이경이나 삼경일지 모른다고 한다. 이경과 삼경에도 깨어 있을 수 있다면 일경과 사경쯤이야 쉬운 것이다. 신앙생활은 쉬운 것부터 하지 말고 어려운 것부터 하면 쉬운 것은 아주 쉽게 된다.

참으로 '사랑하는 님을 기다리는 사람'은 깨어 준비해야 한다. 기다림은 인내를 필요로 하지만 그 기다림은 즐거움이요 소망이다. 주님을 기다리는 성도들은 그 나라를 위해 항상 깨어 준비해야 한다. 즉 거룩한 행실과 경건으로 살고 이 세상을 사랑하지 않는 것이다. 그 날과 그 시는 감추어진 시간의 비밀이다. 심판의 주님, 공의로 타작마당을 정하게 하사 알곡과 쭉정이를 구분하시는 하나님, 그분의 재림이 언제 있을지 알지 못하기 때문에 우리는 늘 깨어 있어야 한다. 언제 오실지 모르는 주님을 맞이하기 위해 깨어 기름을 준비하며 기다리는 성도가 되어야 하겠다.

뒤돌아보지 말라

그러나 롯이 지체하매 그 사람들이 롯의 손과 그 아내의 손과 두 딸의 손을 잡아 인도하여 성 밖에 두니 여호와께서 그에게 인자를 더하심이었더라 그 사람들이 그들을 밖으로 이끌어낸 후에 이르되 도망하여 생명을 보존하라 돌아보거나 들에 머무르거나 하지 말고 산으로 도망하여 멸망함을 면하라(창세기 19:16-17).

사람에겐 회귀본능이 있다고 한다. 그러나 과거로 되돌아가려는 생각이나 발상은 좋은 것만은 아니다. 창세기 19장은 뒤를 돌아보다가 비참하게 죽은 한 여인을 소개하면서 우리에게 영적 교훈을 주고 있다. 롯이란 사람이 선택하여 간 곳은 죄악이 하늘에 사무친 소돔과 고모라 성이다. 의인 아브라함의 간절한 기도가 있었지만 의인과 죄인을 같이 멸망시키는 것은 공의를 가진 하나님의 뜻에 맞지 않는다.

그래서 천사들을 보내어 먼저 롯의 가족을 피신시킬 때에 롯에게 뒤를 돌아보지 말라고 당부한다. 뒤를 돌아보는 것은 뒤에 남겨둔 것에 미련을 가진다는 뜻이다. 이것은 신앙생활에 큰 지장을 준다. 그래서 "그날에 만일 사람이 지붕 위에 있고 그 세간이 집안에 있으면 그것을 가지러 내려오지 말 것이요 밭에 있는 자도 이와 같이 뒤를 돌이키지 말 것이니라"(32절). "롯의 처를 생각하라"(눅 17:31)고 경고한다.

젊은이들이 모이면 앞으로 할 일을 이야기하고 희망을 가지지만, 나이든 사람이 모이면 지나간 일을 이야기한다. 신앙생활은 영원한 천국을 향해서 계속 전진하는 것이다. 과거도 좋았지만, 미래는 더 좋은 것이고, 마지막에 갈 최고 좋은 곳은 천국이다.

떠날 것은 떠나라

"손을 잡아 인도하여 성밖에 두니 여호와께서 그에게 인자를 더하심이었더라"(16절 하)

동틀 때 천사가 빨리 이 성을 떠나라고 경고해도 롯이 지체하니 천사가 롯의 오른 손을 잡아 성 밖으로 끌어내었다. 그 성은 어떤 성인가? 우상문화로 온 도시가 타락하고 부패하여 롯의 집을 방문한 천사들을 성폭행하려고 했다. 그러므로 음란과 폭행이 난무한 무질서의 도시였다. 이런 곳에서 거룩한 성도들은 하루라도 같이 살 수가 없다.

고려 말기 충신 정몽주가 이성계의 초대를 받고 어머니께 인사를 드리려 가니 어머니께서 "까마귀 싸우는 곳에 백로야 가지 마라. 성낸 까마귀 흰 빛을 세울 새라. 청강에 이것 씻은 몸 더럽힐까 하노라"고 하셨다.

그 뜻을 해석해 보면 "검고 더러운 까마귀들이 싸우는 곳에 희고 깨끗한 백로야 가지 마라. 성낸 까마귀가 너의 깨끗한 흰 빛을 시기할 수 있으니 맑고 깨끗한 강물에 씻어 비로소 깨끗하여진 네 몸이 더럽힐까 걱정된다"는 뜻이다. 군자는 위험한 것을 가까이하지 아니한다는 의미가 포함되어 있다. 근묵자흑(近墨者黑)은 먹을 가까이하면 검어진다, 악한 자를 가까이 하면 자연히 생활습관이 영향을 받는다는 뜻이다. "음행을 피하라 사람이 범하는 죄마다 몸 밖에 있거니와 음행하는 자는 자기 몸에게 죄를 범하느니라"(고전 6:18)고 했다.

우리가 머물러 있어서 깨끗하게 정화시킬 능력이 없으면 속히 결단하고 그곳을 떠나야 한다. 왜냐하면 그곳은 하나님께서 심판하실 때 함께 멸망당할 수 있기 때문이다. 시편기자는 "복 있는 자는 악인의 꾀를 좇지 아니하며 죄인의 길에 서지 아니하며 오만한 자의 자리에 앉지 아니한다"고 했다. 하나님께서는 성도들이 세상 죄악 속에 함께 흘러 떠내려가지 않게 하시려고 롯을 먼저 그 죄악의 도시에서 끌어내 주셨다. 우리는 신앙에 도움이 되지 않으면 미련 없이 떠나야 한다.

"형제들아 나는 아직 내가 잡은 줄로 여기지 아니하고 오직 한 일 즉 뒤에 있는 것은 잊어 버리고 앞에 있는 것을 잡으려고 푯대를 행하여 좇아가노라"(빌 3:13). "저희가 곧 배와 부친을 버려두고 예수를 좇으니라"(마 4:22).

버릴 것은 버려라

"돌아보거나 들에 머무르거나 하지 말고"(17절 중)

소돔과 고모라 도성뿐 아니라 그 근방 사해 연안은 유황불로 멸망당하기 전에는 비옥한 땅으로, 들과 초원에는 풍부한 자원이 가득하여 사람들이 살기에는 안성맞춤이었다. 물질이 풍부해지니 자연적으로 물질이 우상이 되어 배금주의로 타락하게 되었다. 물질은 좋은 것으로, 사람이 주인이 되어 잘 사용하면 그것보다 더 좋은 것은 없다. 그런데 반대로 물질이 주인이 되어 사람을 종으로 부리게 되면 그것이 바로 일만 악의 근원이 된다. "돈을 사랑함이 일만 악의 뿌리가 되나니 이것을 사모하는 자들이 미혹을 받아 믿음에서 떠나 많은 근심으로써 자기를 찔렀도다"(딤전 6:10). 물질만 최고의 목표로 삼으면 자연히 믿음에서 떠나게 되고 자기 자신이 스스로 마음에 고통을 받으며 결국 멸망에 이르게 된다. "욕심이 잉태한 즉 죄를 낳고 죄가 장성한 즉 사망에 이르느니라"(약 1:15)고 했다.

소돔과 고모라 성의 풍부한 물질이 롯으로 하여금 신앙생활 하는데 걸림돌이 되었다. 롯은 원래 아브라함의 조카로서, 조실부모하고 삼촌의 지극한 사랑으로 성장해서 성년이 되었다. 그때 재산 분배 과정에서 삼촌이 먼저 선택하라는 양보에 의하여 롯은 소돔, 고모라, 아드마, 스보임이라는 비옥한 땅을 전부 선택했다. 그것이 바로 타락의 기초가 되었다. 이제 하나님께서는 살고 싶으면 욕심을 버리라고 경고하신다.

'역패 입은 역패 출' 이란 말이 있듯이 욕심으로 얻은 것은 버려야 한다. 우리도 지금 버릴 것은 과감하게 버려야 한다. 아간이 성물을 훔침으로 여호수아 군대가 패전하게 되어 하나님께 기도드리니 아간이 범죄한 것을 알게 하셨고 아간을 돌로 쳐 죽여 돌무덤을 만든 뒤에 여호수아 장군이 승리하였다(수 7:1). 롯의 아내는 뒤를 돌아보았기에 소금기둥이 되었다. 이것은 첫째, 하나님 명령에 불순종한 것이다. 둘째, 물질에 미련을 못 버렸기 때문이다. 셋째, 말세에 성도들에게 경고로 주신 교훈이다.

시집간 딸은 빨리 시댁문화에 적응해야 행복하다. 늘 친정 생각만 하고 눈물 흘리면 곤란하다. 그러므로 그리스도인은 기독교 문화에 빨리 적응해야 한다.

취할 것은 취하라

"산으로 도망하여 멸망함을 면하라"(17절 하).

모든 평지는 죄악으로 오염되었으니 오염되지 아니한 곳으로 피해 가야 한다. 말세가 되면 모든 교회가 세상에서 오염되어 범죄의 소굴이 된다. 예수님 당시도 거룩해야 할 성전이 도둑들의 소굴이 되자 채찍으로 소, 양, 비둘기를 성전 밖으로 내몰고 돈 궤를 둘러엎으시면서 내 아버지 집은 만민이 기도하는 집이거늘 도둑의 소굴로 만들었다고 한탄하셨다. '소알'은 '작다'라는 의미로 규모가 작다는 뜻보다 외형적으로 볼품이 없지만 그래도 속화되지 아니한 거룩한 곳이었다. 겉만 무성한 열매 없는 무화과나무 같은 교회가 이 세상에 얼마나 많은지 알 수 없다. 그런데 외형은 별로이지만, 그 속에 들어오면 평안함이 있고, 기쁨이 있으며, 행복으로 가득 찬 그런 곳이 있다.

우리가 속한 교회가 그런 곳이 되어야 한다. 우리들은 그런 곳을 만들어야 하고 또 그런 곳을 찾아가야 세상이 불탈 때 함께 타지 아니한다. "오직 너 하나님의 사람아 이것들을 피하고 의와 경건과 믿음과 사랑과 인내와 온유를 쫓으라"(딤전 6:11)고 했다. 우리가 선택해야 할 것은 무엇인가? 시시비비가 아니며, 분쟁과 시기와 다툼이 아니다. 그러면 무엇인가? 믿음이다. 진실로 하나님을 잘 믿고 사랑하는 것이다. 우리는 그리스도 안에서 한 식구가 되었다. 사랑의 빚 외에는 다른 빚이 없어야 한다. 또 인내다. 오래 오래 잘 참아야 한다. 끝까지 참아야 구원을 얻을 수 있다.

우리들은 취할 것은 과감하게 취하며 앞만 보고 달려가야 한다.

미국의 전직 대통령 지미 카터가 해사 졸업 후 핵잠수함에 지원했다. 잠수함의 함장은 리코버 제독으로 그는 80세였다. 그가 카터에게 "자네 졸업 때 몇 등 했는가?"라고 묻자 카터는 "850중 59등으로 졸업했습니

다"라고 대답했다. 함장이 다시 묻기를 "귀관은 최선을 다했는가?"라고
묻자 카터는 뒤통수를 얻어맞은 기분이었다. 그 뒤 그는 대위로 전역 후
에 주지사로, 대통령에 출마했을 때 당선을 예언했다. 왜냐하면 언제나
최선을 다했기 때문이다. 그는 주지사 때도 교회학교 교사로 봉사하였
다.

그러므로 우리가 최선을 다하면 미래는 하나님께서 보장해 주신다. 뒤
를 돌아보지 말고 앞만 보고 전력 질주할 수 있기를 간절히 바란다.

3장

은혜로 사는 인생

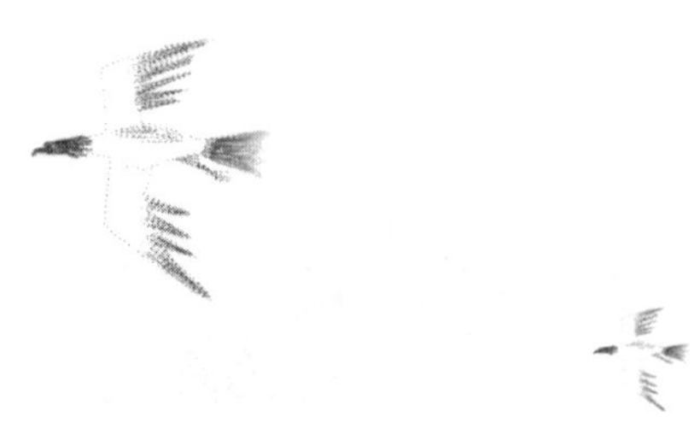

감사하는 그리스도인

예수께서 예루살렘으로 가실 때에 사마리아와 갈릴리 사이로 지나가
시다가 한 촌에 들어가시니 문둥병자 열 명이 예수를 만나 멀리 서서
소리를 높여 가로되 예수 선생님이여 우리를 긍휼히 여기소서 하거늘
보시고 가라사대 가서 제사장들에게 너희 몸을 보이라 하셨더니 저희
가 가다가 깨끗함을 받은지라 그중에 하나가 자기의 나은 것을 보고
큰소리로 하나님께 영광을 돌리며 돌아와 예수의 발 아래 엎드리어
사례하니 저는 사마리아인이라 예수께서 대답하여 가라사대 열 사람
이 다 깨끗함을 받지 아니하였느냐 그 아홉은 어디 있느냐 이 이방인
외에는 하나님께 영광을 돌리러 돌아온 자가 없느냐 하시고 그에게
이르시되 일어나 가라 네 믿음이 너를 구원하였느니라 하시더라(누가
복음 17:11-19).

"우리가 너희를 향하여 피리를 불어도 너희가 춤추지 않고 우리가 애곡하여도 너희가 가슴을 치지 아니하였다"(마 11:17)라고 말씀하시면서 예수님께서 이 세대를 무감각의 시대라고 지적하시며 몹시 통탄해 하셨다. 현대인들도 너무 바쁜 삶에 쫓기고 경쟁사회 속에서 시달리다 보니 아름다운 감성도 모두 잊어버린 듯하다.

하나님께서 두 천사를 세상에 보내사 한 천사는 간구의 내용을, 다른 천사는 감사의 내용을 바구니에 담아오도록 했다. 얼마 지나지 않아 간구 바구니는 가득 찼지만, 감사 바구니는 거의 빈 바구니로 올라왔다.

본문은 예수께서 갈릴리 사역을 마치시고 예루살렘으로 가는 길에 사마리아로 들어가셨다가 배척을 당하자(마 9:51) 베뢰아 지방으로 돌아서 예루살렘으로 가는 길에 열 명의 문둥병자를 만나 그들을 치료해 주셨다. 그러나 이방 사마리아 한 사람만 예수님을 찾아와서 감사했다. 예수님은 열 사람 모두가 다 깨끗함을 받았는데, 다른 아홉 사람은 예수님께 돌아와서 감사하지 못한데 대한 아쉬움을 나타내시면서 감사가 없는 이 세대를 경고하신다.

감사의 마음이 상실된 시대에 추수감사절을 맞이하면서 주께서 베푸신 은혜를 다시 기억하는 귀한 시간되시기 바란다.

그들이 전에 살았던 마을

"한 촌에 들어가시니 문둥병자 열명이 예수를 만나 멀리 서서"(12절).

사마리아와 갈릴리 경계지역에 한촌이 있었다(11절). 여기서 촌은 "저장되다, 만들어지다"는 의미로 조그마한 읍이나 시골마을을 가리킨다. 열 사람의 문둥병자들이 살고 있던 이곳에 예수님이 찾아 가셨다.

문둥병은 성서 여러 곳에서 기록되어 있다. 민수기 12장에 모세의 누이 미리암이 모세가 구스 여인을 취하자 책망했다. 비록 누이였지만 선지자 모세를 책망하자, 그녀에게 문둥병의 저주가 임했다. 열왕기하 5장에 엘리사의 종 게하시가 물질에 눈이 멀어 나아만 장군에게서 불의한 재물을 취하자 그에게 저주가 임해 문둥병자가 되었다. 이처럼 문둥병은 저주받은 병으로 인식되었고, 전염성이 강해 격리 수용되었다.

문둥병자들은 건강한 사람들이 사는 곳에 나올 수 없기 때문에 예수님이 직접 찾아 가셨다. 기독교는 하나님이 인간을 찾아오신 데서부터 시작한다. 1897년 노르웨이의 병리학자 한센 씨가 간성균을 발견하여 그 후부터 문둥병을 한센씨 병으로 부르게 되었다. 한센씨 병은 결핵양형과 나종양형으로 구분되는데, 결핵양형은 피부에 반점 등으로 변색을 일으키고 신경에 마비가 와서 의식하지 못한다. 나종양형은 반점이 온몸에 퍼지며 눈썹이나 머리카락이 빠지며 수족이 뒤틀리고 심해지면 모든 기관이 마비되고 죽음에 이르기도 한다. 그래서 이 병은 인류의 적이었으며, 전염성이 강해서 격리 수용했다.

그런 곳에 예수님이 찾아가셨다. 그리고 유대인과 사마리아 인이 서로 상종치도 아니했는데, 최악의 환경에 처하니 빈부, 성별, 민족을 초월하여 함께 했다. 기독교는 하나님께서 죄인 된 인간을 찾아오신 데서부터 시작한다. 누구나 싫어하고 멀리했던 그곳에 예수님이 직접 찾아가셔서 소망을 주셨다.

치유받기 위해 제사장에게 가다

"보시고 가라사대 가서 제사장들에게 너희 몸을 보이라 하셨더니 저희가 가다가 깨끗함을 받은지라"(14절).

한센씨 병은 인간의 의술로 치료가 불가능하기 때문에 당시 열 명의 한센씨 병자들은 예수님을 만났을 때 생애의 마지막 기회로 알고 생명을 걸고 "우리를 불쌍히 여기소서"라고 절규했다. 한센씨 병자들은 눈, 코, 입 등의 피부가 썩어가기 때문에 큰소리를 낼 수 없음에도 불구하고 다급하게 큰소리로 부르짖었다. 우리도 응답된 기도를 살펴보면 정말로 생명을 걸고 화급했던 기도가 제일 먼저 응답되었던 것을 알 수 있다.

드디어 예수께서 가시던 길을 멈추시고 구체적으로 응시하신 후 "제사장들에게 너희 몸을 보이라" 말씀하셨다. 한센씨 병의 치유 여부 진단할 권은 제사장에 있었다. 제사장은 우슬초로 깨끗함을 받았다고 확인시켜 주므로 이들은 다시 건강한 사람으로 살아갈 권리를 인정받게 된다. 그래서 제사장에게 가서 몸을 보이라고 했는데, 열 사람들이 다 순종하여 제사장에게 가는 도중에 깨끗함을 받았다. 하나님의 말씀을 듣고 순종하며 살아갈 때 기적이 나타난다. 오늘 우리들의 생애 속에서 기적이 나타나지 않는 이유는 하나님의 말씀을 확실히 믿지 못하는 데 있다.

몇 주 전 한 청년이 백혈병으로 골수이식 치료를 받던 중에 폐에 균이 들어가 500원 동전 크기의 큰 반점이 생겨서 대수술을 받아야 했다. 그 청년은 서울대 병원에 가기 전에 당회실에 와서 안수기도를 받았다. 그 계속 줄어들어 손톱 크기 정도로 작아졌다. 검사하고 치료하는 담당 의사와 간호사도 기적 같은 일이 일어났다며 너무 놀라고 당황했다고 한다.

하나님의 역사는 기적을 기대하는 믿음을 통해서 일어난다. 열왕기하 5장 14절에 보면 "나아만이 말씀대로 요단강에 일곱 번 몸을 잠그니 그 살이 여전하여 어린아이 살같이 깨끗하게 되었더라"고 말씀하셨다.

감사하는 그리스도인

"예수의 발 아래 엎드리어 사례하니 저는 사마리아인이라(16절).

　이런 기적을 경험하면 하나님이 살아 계심을 믿고 그 하나님께 영광과 감사 찬양을 드려야 한다. 돌아온 한 사마리아인은 "큰소리로 하나님께 영광을 돌렸다"(15절). 사마리아인은 제사장에게 가서 깨끗한 몸을 보이고 치료받은 기쁨을 가족들과 친구들에게 달려가 알리고 싶었을 것이다. 그러나 제일 먼저 예수님께 달려와서 감사와 감격의 찬양을 돌렸다.

　16절에 나오는 '발 아래 엎드려' 라는 표현은 상대를 최대로 높여 드리는 자세다. 이것은 더 없는 겸손이다. 일의 결국이 자신의 공로가 아니라 하나님의 축복이요 긍휼이라는 것이다. 이런 아름다운 모습은 좀처럼 인간에게 볼 수 없다. 무슨 좋은 결과가 나오면 자신의 공로를 첨가시키고자 한다. 그런데 사마리아인은 전혀 그런 모습이 없었다. '사례하다' 는 답례의 차원이 아니라 기쁨과 감사가 충만한 상태를 의미한다. 그런데 문제는 열 사람이 다 깨끗함을 받았는데 한 사람만 사례했다. 아홉은 어디에 있느냐고 예수께서 물어보셨다. 아마도 아홉은 유대인일 텐데 유대인(사 5:1-4)은 다른 민족보다 더 많은 은혜를 받았다. 그럼에도 감사하지 못하는데 대한 주님의 안타까운 심령을 담고 있다.

　"일어나 네 믿음이 너를 구원 하였느니라"(19절). 감사함으로 나온 사마리아 사람은 영적 구원까지 축복해 주셨다. 그러나 유대인 한센씨 병자들은 육체의 병은 치유 받았더라도 감사와 감격이 없는 미숙한 인간으로 남을 수밖에 없는 것은 슬픈 일이다. 우리는 예수님 앞에 나와서 감사하는 사람이 되어 영혼과 육체가 온전히 구원받는 놀라운 은총을 받을 수 있기를 바란다.

나누면 남는다

흘어 구제하여도 더욱 부하게 되는 일이 있나니 과도히 아껴도 가난하게 될 뿐이니라 구제를 좋아하는 자는 풍족하여질 것이요 남을 윤택하게 하는 자는 윤택하여지리라(잠언 11:24-25).

성지 이스라엘을 여행하다 보면 영적으로 우리들에게 주는 귀한 교훈을 얻을 때가 많다. 팔레스틴 땅은 좁고 길지만 그 중심에 흐르는 요단강이 그 땅의 젖줄이다. 이 강은 헤르몬 산에서부터 출발하여 사해까지 흘러가면서 수많은 생물을 번성하게 한다. 상류에는 갈릴리 호수가 있는데 맑은 물을 상류에서 받아서 그 다음 하류로 흘러 보낸다. 그래서 언제나 갈릴리 호수의 물은 맑고 깨끗하여 수많은 고기와 생물이 생육 번성한다.

그런데 그 요단강 하구에 사해라는 죽음의 바다가 있다. 이곳은 다른 곳보다 지층이 낮아서 위에서 흘러들어오는 물을 받기는 하는데 다른 곳으로 내어 보내 주지 못하므로 그 물이 썩고 또 염분이 많아서 아무 생물도 살아남지 못한다. 그래서 그 바다는 죽음의 바다라고 한다.

이것을 보면서 우리들은 자신만을 위한 어떤 재물을 움켜쥐고 있으면 그만큼 행복할 것 같은데 그렇지 못하다. 이웃에게 사랑을 베풀면 못 살 것 같은데 오히려 더 잘 살아가는 경우가 있다. 이것을 보아서 하나님의 축복이 어떤 자에게 임하시는지 우리들은 깨달아야 한다. 비단 물질뿐만 아니라 따뜻한 말 한마디 또한 사랑의 미소 등은 우리 인간들이 살아가는데 필요한 요소다.

이런 말이 있다. 고통은 나누면 반으로 줄고 기쁨은 나누면 배가 된다고 한다. "이에 다른 배에 있는 동무를 손짓하여 도와 달라 하니 저희가 와서 두 배에 채우며 잠기게 되었더라"(눅 5:7). 베드로가 고기가 많이 잡힌 것을 보고 옆에 빈 배로 근심 중에 있는 요한을 부르니 요한이 즉시 달려와서 그 배에 고기가 가득 차고 넘쳤다고 한다.

올해 우리도 참 예수님의 제자가 되어 나누며 살아 보자. 신답인들의 가정에 행복이 차고 넘치게 될 것이다.

선한 투자를 하라

"흩어 구제하여도 더욱 부하게 되는 일이 있나니"(24절).

흩어 구제한다는 뜻은 물질을 흩어 빈궁한 자에게 거저 준다는 뜻이다. 이것을 W. Aront는 선한 투자라고 주석했다. 계획성 있게 땀 흘려 모은 재산의 일부를 무상으로 분배해 준다거나 또는 지혜롭게 자선행위를 하는 것은 마치 농부가 가을에 추수하여 그중에 가장 잘 영근 것을 봄에 파종하기 위하여 잘 보관해 두었다가 봄에 자기 농토에 미련 없이 뿌리는 행위와 같기 때문이라고 했다.

그 씨앗은 우리 눈에 보이지 아니하지만 하늘에서 비를 내려 축복해 주시고 땅이 그것을 잘 수용하여 보호하면 머지 않아 싹이 돋고 잎이 피어 자라서 더 많은 결실을 하여 그 주인에게 다시 돌려주기에 이것을 선한 투자라고 한다.

그래서 선한 투자는 언제나 선한 결실을 하게 된다. 자신의 허영심이나 자만에 만족하기 위하여 가치 없는 일에 많은 것을 투자하는 것은 선한 투자라 할 수 없다. 또한 선한 결실을 가져올 수 없다.

의지할 곳 없는 노인들을 돌보아 주고 병든 자를 치료하고 고독한 자를 위로해 주는 것은 참으로 가치 있는 일이다. 왜냐하면 "가난한 자를 불쌍히 여기는 것은 여호와께 꾸이는 것(빌려 드리는 것) 그 선행을 갚아 주시리라"(잠 19:17)고 했다.

보상해 줄 수 없는 사람에게 자비를 베풀어야 하나님께서 반드시 보상해 주신다. 토마스 데일(Thomas Dale)은 신실한 인간이 갖추어야 할 점을 이렇게 말했다. 우리 인간이 달성하고자 하는 목적에 대한 바른 인식과 그 목적 달성에 있어 지고하신 주님이 가르쳐 주신 지시에 양심적으로 순종하는 것이다.

"주는 것이 받는 것보다 복이 있다"(행 20:35)고 예수님께서 친히 말씀하셨다. 이것은 이웃에 대한 사랑이다. 사랑은 말로만 하는 것이 아니라 실제 행동으로 나타나야 한다. 그 행동이 바로 선한 투자가 되어야 한다. 미국 남부 작은 마을에 하틀리 부인이 작은 구멍가게를 운행했다. 크리스마스 시즌인데 경기가 나빠 전혀 매상이 없었다. 그 마을에 가난한 소년이 매일 찾아와서 회전목마 장난감을 구경하는데 사실 못 마땅했다.

그러나 손님이 없어서 그냥 두었다. 하틀리 부인이 크리스마스 선물로 그 아이에게 회전목마를 주었다. 그러자 그 아이가 너무 기뻐서 그 가게 앞에서 태엽으로 감아 목마가 움직이게 하고는 춤추면서 기뻐 뛰었다. 그것을 본 동네 아저씨들이 가게에서 회전목마를 사서 자기 아이들에게 선물로 주자 그 가게가 금방 활성화되었다. 흩어 구제하여도 부하게 된다.

자비로운 행위

"구제를 좋아하는 자는 풍족하여질 것이요"(25절 상).

신학자 로손(Lawson)은 흩어 구제하는 마음은 의인이 지닌 품성 중에 가장 좋은 성품이라고 했다. 그런데 그 마음을 실천에 옮기기에는 여러 가지 장애물이 있기에 하나님의 말씀을 통해서 강한 충격을 받아야 실천할 수 있다고 했다. 그렇다. 우리가 예수 믿고 나아갈 때 마음속에 갈등과 의심이 수없이 도전해 온다. 그럴 때마다 우리가 마음대로 하면 깊은 신앙의 경지에 이르지 못한다. 그래서 언제나 하나님의 강한 말씀에 순종하는 행위가 수반되어야 한다.

"그 눈을 들어 본즉 사람 셋이 맞은편에 섰는지라 그가 그들을 보자 곧 장막 문에서 달려 나가 영접하며 몸을 땅에 굽혀 가로되 내 주여 내가 주께 은혜를 입었사오며 원컨대 종을 떠나가지 마옵시고"(창 18:2). 아브라함은 장막 문에 앉았다가 낯선 사람들을 보고 정중히 예절을 지키면서 자기 집에 모시고 고운 가루를 반죽하여 떡을 만들고 살진 송아지 잡아 급히 요리하여 최선을 다하여 대접한다. 하나님을 믿는 믿음을 가진 사람은 불쌍한 이웃을 볼 때 자비로운 마음이 성령의 감동으로 일어나고, 이 자비로운 마음이 식어지기 전에 행동으로 구체화하여 아낌없이 베푸는 삶으로 나타난다. 하나님은 자연을 창조하실 때 상부상조를 위하여 아낌없이 나누게 하셨다.

구름은 비를 이 땅에 주고 태양은 빛을 주며 땅은 언제나 아름다운 열매로 응답하게 하셨다. 우리 인간의 심장은 피를 저장하기 위하여 받아들이는 것이 아니라 한쪽 판막에서 피를 뽑아 다른 판막으로 전달함으로 혈액이 몸 전체를 돌면서 몸이 건강을 유지한다. 이처럼 인간의 삶도 자비로운 행위로 함께 살아가는 아름다운 세상을 만들어 간다. 우리들은 부귀, 가난, 관계없이 이웃이 있음을 감사하면서 함께 더불어 살 수 있음에 언제나 고맙게 생각해야 한다.

 미국 초대 대통령 조지 위싱톤의 일화 중에 이런 이야기가 있다. 초등학교 일 학년 때 귀교 길에 작은 새 한 마리가 길에 쓰러진 것을 보았다. 개미 Ep가 공격하는 것 보고 개미 때를 모두 쫓아내고 집으로 데리고 와서 정성껏 치료하여 날려 보냈다 그때부터 생물을 사랑하는 자비로운 마음이 생겨 성년이 되었을 때 자기 동포를 위해 해방운동을 전개하여 미국을 독립시키고 초대 대통령이 되었다. "자비한 자에게는 주의 자비하심을 나타내시며 완전한 자에게는 주의 완전하심을 보이시느니라"(시 18:25).

윤택의 원리

"남을 윤택하게 하는 자는 윤택하여지리라"(25절 하).

'윤택하게 하라' 는 "갈증을 풀다, 충족시키다. 넉넉하게 하다" 는 뜻이다. 구제로 어떤 물질을 공궤 해준다는 의미를 넘어서 상대방의 마음에 평안함을 주는 것을 뜻한다.

 "긍휼히 여기는 자는 긍휼히 여김을 받을 것이라"(마 5:7)는 예수님의 말씀과 같다. 스펄전(Spurgeon)은 하나님의 백성들이 보통 그들의 일상 생활에 필요한 물을 하나님으로부터 직접 받기보다는 하나님께서 만드신 도구를 통해서 간접적으로 공급받는 경우기 많다고 했다. 성령께서 역사하셔서 부모님의 권고나 친구들의 친절 또는 성직자들의 가르침이나 교회에서 신앙생활을 하고 있는 신앙의 동지들을 통해서 메마른 영혼을 적셔 주신다.

어떤 초목들은 특별히 신경을 써서 물을 주어야 할 필요가 있으며, 특별히 보호해야 할 필요가 있다. 그 이유는 그 초목들의 기질이나 무지 때문이다. 모든 성도들은 다른 사람들에게 물을 줄 수 있는 능력을 어느 정도 갖추고 있다. 즉 다른 사람들을 사랑의 물로 적셔 주므로 자신들도 적심을 받을 수 있기 때문이다.

"저가 가로되 당신의 하나님 여호와의 사심을 가리켜 맹세하노니 …내가 나뭇가지 두엇을 주워다가 나와 내 아들을 위하여 음식을 만들어 먹고 그 후에는 죽으리라 엘리야가 저에게 이르되 두려워 말고 가서 네 말대로 하려니와 먼저 그것으로 나를 위하여 작은 떡 하나를 만들어 내게로 가져오고 그 후에 너와 네 아들을 위하여 만들라 이스라엘 하나님 여호와의 말씀이 나 여호와가 비를 지면에 내리는 날까지 그 통의 가루는 다하지 아니하고 그 병의 기름은 없어지지 아니하리라" (왕상 17:12-14).

통에 남은 가루로 남을 먼저 윤택하게 하면 그 다음에 반드시 윤택해진다는 말씀이다. 말을 바꾸면 남을 윤택하게 하지 아니하면 너도 윤택해질 수 없다는 뜻이다. 이 불변의 진리는 지금도 살아서 역사하신다.

우리도 금년에는 남을 윤택하게 함으로 모두가 영적, 물질적, 그리고 육체의 건강까지 윤택해지는 한해가 되게 하자. 워즈 워드는 "비를 내리는 자는 스스로 강이 될 것이다. 축복을 비처럼 내려주는 넉넉한 사람의 풍성함은 영원히 아름다운 강처럼 흐를 것이다"라고 했다. 트젭은 "베푸는 것은 풍성에 이르는 가장 빠른 길이다. 가장 훌륭한 절약은 간직하는 것이 아니라 주는 것이라"고 했다. 우리도 좋은 것을 나누고 유통하는 축복의 통로가 되어 많은 사람을 풍요롭게 하고 자신도 풍성한 삶을 누리는 축복이 있기를 바란다.

빛 속에 역사하시는 하나님

"저는 돋는 해 아침 빛 같고 구름 없는 아침 같고 비 후의 광선으로 땅에서 움이 돋는 새 풀 같으니라 하시도다"(사무엘하 23:4).

프랑스의 철인 파스칼은 이렇게 말했다. "진심으로 보기를 원하는 자들에게는 충분한 빛이 있으며 그렇지 못한 사람들에게는 충분한 어둠이 있다. 선택된 사람들을 비추어 줄 만큼의 밝음이 있으며 그들을 겸손하게 할 만큼의 어둠도 있다. 또 타락한 자들을 소경이 되게 할 만큼의 어둠이 있으며 그들을 정리하고 변명을 할 수 없게 할 만큼의 밝음도 있다. 즉 빛과 어둠은 자신의 마음에 있는 것이다."

지난 한 주간도 열대 현상으로 무더위와 싸워야 했다. 낮에도 문제이지만 저녁이 더욱 심하여 잠을 제대로 잘 수가 없어 우리 교회도 새벽기도회 성도가 반으로 줄었다.

하나님은 "하나님이 가라사대 빛이 있으라 하시매 빛이 있었고, 그 빛이 하나님 보시기에 좋았더라 하나님이 빛과 어둠을 나누사 빛을 낮이라 칭하시고 어둠을 밤이라 칭하시니라"(창 1:3-5)고 하셨다. 하나님은 무질서한 세상에 질서를 만드시고 흑암의 세계에 빛을 만드시며 공허한 세계에 충만케 하시므로 인간들이 살아갈 터전을 만들어 이 땅에서 생육하고 번성케 하셨다. 그러므로 더위와 추위, 밝음과 어둠 속에서 하나님의 섭리를 따라 감사하면서 살아가야 한다.

본문은 다윗의 마지막 노래로서 장차 메시아야 구세주가 오시면 이 땅에 건설될 천국을 찬양한 시다. 그 메시아 예수 그리스도를 돋는 해, 빛, 광선으로 상징적으로 노래한 것이다. 본문을 같이 생각하면서 은혜 받고 우리들도 작은 빛이 되어 세상을 밝게 비췰 수 있기 바란다.

돋는 해 아침 빛

"저는 돋는 해 너는 새벽 빛 같고"(4절 상).

　아침에 떠오르는 맑은 햇살 즉 죄악을 상징하는 어둠을 퇴치하고 이 땅을 밝히기 위하여 힘차게 솟아난 태양에 비유된 말씀이다. "주의 사자가 곁에 서고 주의 영광이 저희를 두루 비취며 크게 무서워하는 지라 천사가 이르되 무서워 말라"(눅 2:9). 주님이 오시기 전 날 밤은 몹시 어둡고 무서운 밤이었다. 모든 사람들은 어디론가 숨어 버리고 양을 지키는 목자들은 주신 사명 때문에 양 무리를 버리고 도망갈 수가 없어 그 무서운 밤에 양떼를 지키며 운명을 같이 하고 있을 때 그 밤에 천사의 위로의 말이 들려온다.

　"무서워 말라 온 백성에 미칠 큰 기쁨의 좋은 소식을 너희에게 전하노라." 어둠을 물리칠 큰 빛이 곧 이 당을 밝힐 것이라는 말이다. 즉 메시아의 탄생을 예고했다. "빛이 어둠에 비치되 어두움이 깨닫지 못하더라"(요 1:5).

　안타까운 것은 빛이신 그리스도를 세상에 비치나 죄악으로 어두워진 인간들은 예수 그리스도를 영접하지 아니하므로 빛이 그 기능을 발휘하지 못하였다는 뜻이다. "너희가 전에는 어둠이었더니 이제는 주 안에서 빛이라 빛의 열매는 모든 착함과 의로움과 진실함에 있느니라"(엡 5:8-9). 죄악에서 벗어났으면 생활 속에 빛의 열매가 있어야 한다. 그 열매는 착하고 올바르고 변함이 없어야 한다. 빛을 받은 우리가 작은 빛이 되어서 어둠을 물리쳐야 한다.

　"너희는 세상의 빛이라 산위에 있는 동네가 숨기지 못할 것이요 사람이 등불을 켜서 등경위에 두나니 이러므로 집안 모든 사람에게 비취느니라"(마 5:14-15). 예수 그리스도는 큰 빛이요 우리들은 작은 빛이다. 큰 빛을 받아서 우리들도 있는 처소에서 어둠을 물리치고 주위를 아름답게 만들어가야 한다. 빛이 오면 어둠은 자연히 물러간다. 빛이신 그리스도가 이 땅에 오셨다. 어둠이 계속됨은 빛이 힘이 없어서가 아니라 빛을 영접하지 아니했기 때문이다.

어느 교회 권사님이 손자의 손을 잡고 길을 건너가는데 그날따라 신호가 길어 빨간 불인데도 주변 사람들이 차가 오지 않았다. 사람들이 하나둘 그냥 건너가자 손자도 "할머니 우리도 건너가요 다른 사람도 가 건너가고 있잖아요" 하자 할머니가 "사람들을 보지 말고 신호등을 보고 건너라"고 했다. 조금 있다가 신호가 바뀌자 할머니는 "자, 건너가자"라고 했다.

비와 해, 빛의 조화

"비후의 광선"(4절 중).

비 온 후에 비치는 광선은 땅에 새움을 돋게 한다. 새 사람과 새 역사를 만들어 간다는 힘을 상징한다. 봄은 파종의 계절이다. 여름은 성장의 계절이요, 가을은 추수의 계절이다. 여름은 비와 햇빛이 서로 관계를 가지고 있다. 비 온 뒤에는 이글거리는 태양이 이 땅을 사정없이 비춰 줌으로 모든 생명이 활기를 띄고 쑥쑥 성장한다. "예수께서 또 일러 가라사대 나는 세상의 빛이니 나를 따르는 자는 어둠에 다니지 아니하고 생명의 빛을 얻었느니라"(요 8:12).

쿼버(Quiver)는 "밤새껏 매몰차게 비가 사정없이 내림으로 연약한 들풀들에게는 참으로 잔인하고 파괴적인 것 같으나 비가 그친 후에 구름을 몰아내고 찬란한 빛으로 하늘에 뜬 태양을 풀에 묻는 물기를 모두 말리우고 힘차게 성장할 수 있도록 탄소동화작용을 도와 죽은 줄로 알았던 들풀들이 고개를 들고 생애 희열을 느끼게 한다"고 했다.

그러므로 힘들고 괴로운 상황 속에서도 잘 인내한다면 성령의 뜨거운 불이 저들의 영혼에 크게 역사하여 그리스도인들이 자신도 모르게 영적으로 무한히 성장하게 된다. 그래서 비와 광선은 서로 조화를 잘 이루는 것이다.

"비 온 뒤에 땅이 더 굳어진다"는 말이 있듯이 시편을 통해서 더욱 성숙해진다. 그것은 반드시 비 온 뒤에 의로운 태양이 그곳을 비춰 새 생명 창조와 성숙에 언제나 역사하시기 때문이다. 그러므로 비를 보고 실망하지 말고 반드시 비 온 뒤에 태양이 떠오른다는 희망을 가지고 잘 참고 기다려야 한다. "잠자는 자여 깨어서 죽은 자들 가운데서 일어나라 그리스도께서 네게 비춰시리라"(엡 5:14). 생명의 빛이신 그리스도께서 죄악으로 인하여 좌절하고 잠자고 있는 자들을 깨우신다. 깨어 일어나서 다시 모든 것을 시작하면 못 이룰 일이 없다.

미국 경제가 심히 어려워서 모든 국민이 절망하고 있을 때 날은 계속 흐리고 침울하게 비는 계속 내려서 사람들이 절망하고 있을 때 맨체스터 교회가 보스턴 신문 문화면을 사서 필립스 부룩스 목사님이 희망의 칼럼을 시작했다. 그런데 그것이 국민을 살리는 영적인 빛이 되었다고 한다.

치료하는 광선

"새 풀 같으리라 하시도다"(4절 하).

새 풀은 새싹으로 질병에서 치료를 받고 힘차게 도약하는 모습을 상징한다. "내 이름을 경외하는 너희에게는 의로운 해가 떠올라서 치료하는 광선을 발하리니 너희가 나가서 외양간에서 나온 송아지같이 뛰리라"(말 4:2). '치료하는 광선' 속에 치료의 능력이 있다는 것이다. 영적으로는 성령의 불을 받으면 죄를 태워 버리신다. 그래서 그 후에는 죄의 종이 아니라 의의 종이 되어 언제나 밝고 맑고 깨끗하게 살아감으로 사단의 유혹에서 벗어 날 수가 있다.

"예수께서 아시고 거기를 떠나가시니 사람들이 많이 좇는지라 예수께서 저희 병을 다 고치니라"(마 12:15). 태양 광선 속에도 치료의 힘이 있어 모든 병균을 살상한다. 그래서 자주 태양 빛에 침구를 소독할 필요가 있다. 예수님은 각색 병 든 자 특히, 현대의 의술로 치료가 불가능한 것을 담당해 주셨다. 그러므로 우리들이 예수님의 의로운 광선으로 치료를 받아 새 풀같이 소생해야 한다.

노벨 평화상을 받은 엘리위젤은 루마니아에 살던 유대소년으로 16세 때 나치 독일의 수용소에서 아버지가 매를 너무 많이 맞아 죽는 것을 친히 목격하였다. 그곳에서 수많은 유대인들이 아버지와 같이 비참하게 죽는 것을 가슴 속에 깊이 간직하였다가 소설로 써서 세계에 고발했다. 그는 책에서 이렇게 밝히고 있다.

"세상에는 두개의 빛이 있는데, 그 하나는 평화의 빛이고 다른 하나는 인간 존엄의 빛이다. 나의 사명은 암흑의 세계 속에서 평화의 빛을 찾게 하는 데 있다. 그 평화의 빛은 구원의 빛이며 모든 인간을 살려내는 것이다."

"의인의 길은 돋는 햇볕 같아서 점점 빛나서 원만한 광명에 이르거니와"(잠 4:18). 다윗의 생애는 아침 해와 같이 수많은 축복을 받았다. 우리의 삶도 그와 같이 되기 위하여 빛 속에 역사하시는 하나님을 믿고 힘차게 살아가자.

생명, 은혜로 받은 선물

누구든지 제 목숨을 구원코자 하면 잃을 것이요 누구든지 나를 위하여 제 목숨을 잃으면 찾으리라 사람이 만일 온 천하를 얻고도 제 목숨을 잃으면 무엇이 유익하리요 사람이 무엇을 주고 제 목숨을 바꾸겠느냐 인자가 아버지의 영광으로 그 천사들과 함께 오리니 그 때에 각 사람의 행한 대로 갚으리라(마태복음 16:25-27).

우리는 현대아산 이사회 정몽헌 회장의 갑작스런 자살로 큰 충격을 받으면서 부도 명예도 권력도 참으로 허무함을 절감했다. 전도서 기자는 1장 2절에서 "헛되고 헛되며 헛되고 헛되니 모든 것이 헛되도다 사람이 해아래서 수고하는 모든 수고가 자기에게 무엇이 유익한고" 하고 노래했다. 언제부터인가 우리 사회에 생명경시 풍조가 물 흐르듯이 흘러 들어와서 가정불화, 생활고, 성적비관 등으로 자살이 늘어나고 있다.

경찰청 통계를 보면 2001년에 12,277건인 것이 2002년에는 13,055건으로 6.3퍼센트 증가되고, 하루 평균 36명, 시간당 1.5명이 스스로 생명을 끊는다고 한다. 특히 가슴 아픈 것은 그중에 그리스도인도 다소 있다는 것이다. 뿐만 아니라, 자살 미수자와 자살자가 그 가족들에게 미치는 엄청난 고통을 생각한다면 자살은 개인적인 문제가 아닌 사회 전체의 문제다.

성서적으로 보면 생명은 사람들이 가지고 있지만, 그것은 인간의 소유가 아니다. 하나님께서 우리 인간들에게 위탁한 선물이기 때문에 그 소유권은 하나님께 있다. 그러므로 우리에게는 잘 보존하고 소유할 권리밖에 없다. 가장 큰 죄가 생명을 경시하는 죄다. 10계명 중에 제6계명은 "살인하지 말라"다. 이 말씀은 타인의 생명뿐 아니라 자기 개인의 생명까지 포함되어 있다.

늦은 감이 없지 않지만 우리들은 지금부터라도 생명을 사랑하고, 존경하고 소중히 여기는 운동을 전개하고, 또한 자살로 모든 책임을 허무하게 정리하고자 하는 모든 사람을 잘 계도하여 우리 모두가 함께 행복하게 사는 삶을 전개해야 할 것이다.

"생명을 사랑하고 좋은 날 보기를 원하는 자는 혀를 금하여 악한 말을 그치며 그 입술로 궤휼을 말하지 말고 악에서 떠나 선을 행하고 화평을 구하여 이를 좇으라"(벧전 3:10)고 했다. 본문을 묵상하며 삶의 지혜를 얻으시기 바란다.

생명을 얻는 법

"누구든지 나를 위하여 제 목숨을 잃으면 찾으리라"(25절 하).

본문은 기독교의 역설법이라고 한다. 기독교의 진리는 심오하여 자기 개인의 목숨 연명을 위하여 산다면, 그는 오히려 목숨을 잃게 될 것이나, 예수님의 참된 제자가 되어 십자가를 지고 예수님을 바르게 따라간다면 오히려 영원한 생명을 얻게 된다는 것이다. 자기 목숨만 구원코자 한다는 것은 자기 자신에 대한 지나친 애착을 가지고 육신적(욕구, 지성, 감정, 의지)인 것을 고수하는 것이다.

그런데 "제 목숨을 잃으면 찾으리라"는 말은 자아를 버리고 자신을 십자가에 못박으면 오히려 종말에 가서 영생을 얻게 된다는 의미로서 지상에서도 참 기쁨과 감격을 맛보게 된다. 그러나 현실에만 몰두하여 평안과 안전을 위하여 노력한다면 언젠가는 허무에 빠져서 자기 생명을 상실하게 된다. 그래서 극한 상황, 자살이라는 엄청난 결과를 가져온다. 프랑스의 사회학자 뒤르켐은 자살에는 세 가지 유형에 대하여 말하고 있다.

① 이기적 자살 : 개인과 사회의 결합력이 약할 때 과도한 개인화로 나타나는 자살
② 애타적 자살 : 과도한 집단화로 사회에 대한 지나친 의무화로 인한 자살
③ 아노미적 자살 : 사회 정세나 환경 차이, 또는 도덕적 통제가 결여될 때 나타난다고 했다. 지금 우리 사회는 생명을 얻는 방법으로 사람들을 몰아가는 것이 아니라, 스스로 생명을 끊고 죽게 만드는 것으로 몰아가고 있다.

부활의 능력이 없는 인간들은 하나밖에 없는 생명을 잘 보존하여 영생을 얻는 길로 나가게 해야 한다. 그러기 위해서 우리들은 예수님의 말씀에 귀를 기울여야 한다. 예수님은 육신의 소욕을 버리고 하나님의 영광을 위하여 보다 진실하게 살고자 할 때 참되게 살아갈 수 있다고 하셨다.

논어에 보면 노나라 계씨의 신하 중 양호라는 자는 난폭한 인물이었

다. 공자가 광이란 지방에 갔다가 오해를 받아 양호인 줄 알고 5일 간 체
포되었다. 이때 공자는 "문왕이 돌아가시고 그의 문화는 여기 있는데,
하늘이 없애고자 들면 사람들도 어찌할 수 없다. 하늘이 여기 남아 있고
자 하면 사람들이 어찌하랴. 생명은 재천인데, 광 사람도 나를 어떻게
할까보냐" 하며 당당하였다고 한다.

생명의 가치

"사람이 만일 온 천하를 얻고도 제 목숨을 잃으면 무엇이 유익하리요"(26
절).

　본문은 세상의 무가치성과 생명의 절대성을 대비하여 설명하고 있다.
온 천하는 세상적인 영화의 모든 것을 내포하고 있다. 그러나 생명에는
비교할 수 없다는 뜻이며, 또한 반대로 생각하면 온 천하의 모든 것을
얻고자 하면 반드시 제 목숨을 잃게 된다는 의미가 포함되어 있다. 원문
에 보면 '얻고도' ($\chi \epsilon \rho \delta \eta \sigma \eta$)는 능동태로, 이것은 사람들의 자발적인
노력을 강조하고 있다. 또한 '잃으면' ($\zeta \eta \mu \iota \omega \theta \eta$)은 수동태로, 하나님
께서 인간의 생명을 취하시면 인간의 힘으로 어찌할 수 없이 순종해야
한다는 깊은 뜻이 담겨 있다.
　그래서 온 천하와 같은 부귀영화도 자기 생명이 있고 난 뒤에 누려야
한다. 생명의 가치는 무한하여 세상의 모든 것으로도 채워지지 않는다.
예를 들어 어떤 사람이 월세나 전셋집에 살다가 한 15평 아파트를 구입
해서 자기 이름으로 소유권 등기를 마치고 깨끗하게 수리하여 이사를
가면 너무 좋아서 그날 밤에 잠을 잘 수 없다. 그리고 이것이 꿈인지 생
시인지 황홀지경에 빠진다.
　그러나 그 마음이 1년, 2년 계속되지는 않는다. 곧 불편해지면서 그 다

음 한 30평 아파트가 생각납니다. 최선을 다해서 30평짜리로 이사하면 순간은 만족하지만 또 얼마 못가서 곧 싫증이 나고 한 40평 아파트가 생각난다. 왜 그런가? 그것은 우리 생명을 온 천하로도 채울 수 없기 때문이다.

그러므로 생명은 절대적이며, 무한한 가치를 가지고 있으므로 절대 생명을 경시하거나 무시해서는 안 된다. 본문에서 사람이 무엇을 주고 제 목숨을 바꾸겠느냐? 생명보다 가치 있는 것은 이 세상에 존재하지 않는다는 말씀이다. 그러므로 우리는 온 천하를 선택하든지, 생명을 선택하든지 둘 중 하나를 선택해야 한다. 우선순위는 온 천하가 아니라 자기 생명이다. 우리들은 가치관을 확실히 해야 한다. 세상에 생명을 주고 바꿀 만한 가치 있는 것은 아무것도 없다.

생명의 보상

"그때에 각 사람의 행한 대로 갚으리라"(27절).

인자가 오는 때는 예수 그리스도의 재림 때를 의미한다. 이때가 바로 참 생명을 얻고, 잃을 때이기도 하다. 예수님께서 최후의 날에 재림하심으로 심판을 통해서 생명과 멸망으로 나누어진다. 예수님은 "양은 그 오른 편에 염소는 왼 편에 두니라 그 때에 임금이 그 오른 쪽 편에 있는 자들에게 이르시되 내 아버지께 복 받을 자들이여 나아와 창세로부터 너희를 위하여 예비된 나라를 상속하라"(마 25:31-46)고 말씀하셨다. 각 사람의 행한 대로 갚으리라는 말씀 가운데 '행한다'($\pi\rho\alpha\xi\iota s$) 프락시스는 기능, 활동 등을 의미하는 것으로 각 사람이 그리스도의 제자로서 생활했는지에 대한 정확한 평가의 근거가 되는 삶 전체를 뜻한다.

한편 구원은 전적으로 하나님의 은혜로 받는 선물이지만, 은혜 받은 성도들의 삶은 언제나 평가받아야 한다. "우리가 다 반드시 그리스도의 심판대 앞에 드러나 각각 선악 간에 그 몸으로 행한 것을 따라 받으려 함이라"(고후 5:10). 예수님께서는 형벌과 더불어 행위에 따른 적절한 상급을 주실 터인데, 이는 각 사람이 일한 대로 주어지는 차등적이며, 조건적인 것이다.

자살로 생을 마감하는 사람들의 원인을 분석해 보면 가슴을 짓누르고 아픔을 느끼게 하는 그만한 동기 등이 배후에 깊게 작용한 것이 사실이다. 그러나 그 어떤 이유에서든지 하나님이 부여해 주신 천하보다 귀한 생명을 인간 스스로 끊는 행위는 정당화될 수 없다. 하나님께서만 심판하실 일이므로 우리들은 죽은 사람들을 평가하기에 앞서 우리들 자신을 냉철히 돌아보는 동기로 삼아야 한다.

또 성서적으로 보면 자살은 참으로 애석하지만 구원받을 수 없다. 그러므로 아무리 억울하고 답답해도 자살로 생을 마감할 수 없다. 하나님의 도우심으로 어떻게 하든지 살아남아야 한다. 개 같다는 소리를 듣더라도 살아서 회개하고 참으로 올바르게 살도록 최선을 다해야 한다. 왜냐하면 생명은 천하보다 귀하고 가치가 있기 때문이다.

그러므로 하나님이 주신 생명을 사랑하고 잘 보존하여 이 세상에서 존귀한 자의 삶을 살아감으로 행복하고 즐거운 삶을 누리고, 또한 영원한 하늘나라를 유업으로 받음으로 천국 백성의 삶을 누릴 수 있기를 간절히 바란다.

용기, 성도의 삶의 특징

너는 마음을 강하게 하고 담대히 하라 그들을 두려워 말라 그들 앞에
서 떨지 말라 이는 네 하나님 여호와 그가 너와 함께 행하실 것임이라
반드시 너를 떠나지 아니하시며 버리지 아니하시리라(신 31:6).

L.A 세네카는 "운명은 우리에게 부귀를 빼앗을 수 있어도 용기는 빼
앗을 수 없다"고 했다. 성도의 삶의 특징은 용기다. 날개 꺾인 새처
럼 힘없고 나약한 삶은 하나님께서 원하시는 삶이 아니다. 성도들은 성
서를 통해서 들려주시는 하나님의 거룩한 말씀으로 얻어지는 용기로
살아간다. "하나님이 우리에게 주신 것은 두려워하는 마음이 아니요 오
직 능력과 사랑과 근신하는 마음이라"(딤후 1:7)고 했다. 용기는 언제

어디서나 누구에게나 꼭 필요하지만 특히 현대사를 사는 성도들에게는 반드시 가져야 하는 필수 요건이다.

그 이유는 그만큼 신앙으로 살아가기가 어려운 시대를 우리들이 맞이하고 있기 때문이다. 본문은 모세가 120년의 긴 세월을 하나님과 동행하면서 파란만장한 생애를 살아오다가 이제 마지막 유언을 남긴 내용이다. 모세는 온갖 고생을 잘 감수하면서 이스라엘 백성들을 약속의 땅까지 인도하여 목적지를 바로 눈앞에서 바라볼 때 자신은 그곳에 들어갈 수 없음으로 후계자인 여호수아와 이스라엘백성들에게 새 용기를 부여하면서 반드시 하나님의 구속의 성업을 성취하기 위해 잘 협력할 것을 당부한다.

마음과 몸을 무장하라

"너는 마음을 강하게 하고 담대히 하라"(6절 상).

'마음을 강하게 하라' 는 말은 '꼭 잡다, 달라 붙다' 는 뜻으로 손에 힘이 있어서 무엇이든지 한 번 잡으면 절대로 놓치지 않는 것을 가리킨다. 여기서는 심리적인 의미도 강하게 내포되어 있어서 사람의 심리 상태가 어떠한가를 말한다. 그러므로 마음이 어떤 상태에 있느냐에 따라서 그 사람의 삶이 결정된다. '담대하다' 의 뜻은 사람의 무릎이나 허리에 있는 힘이 있는 것을 가리킨다. "넘어져 가는 자를 말로 붙들어 주었고 무릎이 약한 자를 강하게 하였거늘"(욥 4:4). 하나님의 말씀이 무릎이 약한 자에게 힘을 주셔서 스스로 자기가 일어나게 하였다는 뜻이다.

그래서 '담대하라' 는 건강을 가리킨다. 가나안을 정복하려면 영혼과 육체가 강건해야 한다는 의미가 그 말씀 속에 포함되어 있다. 이스라엘 사람들이 출애굽하여 가데스바네아 광야를 거쳐 이제 요단을 건너 젖과 꿀이 흐르는 가나안 복지에 들어가려는 순간 정탐꾼들의 보고를 받고 실망한다. 그래서 모세를 원망할 뿐만 아니라 모세를 죽이고 다시 애굽으로 돌아가려는 잘못된 생각을 가짐으로 출애굽 1세대들은 여호수아와 갈렙을 제외하고는 전부 광야에서 죽고 말았다.

그래서 지금 모세는 여호수아와 이스라엘 민족 전체의 심신을 무장시키고 있다. 오늘 우리들도 주님을 믿고 힘차게 살고 싶은데 마음이 연약하거나 육체가 부실하면 꿈은 아름다운데 현실로 옮길 수가 없다. 때문에 지금도 하나님께서는 사랑하시는 당신의 백성을 향하셔서 "너는 마음을 강하게 하고 담대히 하라"고 명령하고 계신다. 어떻게 강하고 담대할 수 있는가? "모세가 네가 명한 율법을 다 지켜 행하고 좌로나 우로나 치우치지 말라 그리하면 형통하리라"(수 1:7)고 했다.

말씀에 붙들려서 좌로나 우로나 치우치지 아니할 때 가능하다. 병들어 죽음이 가까웠을 때 "저가 말씀을 보내어 저희를 고치사 위경에서 건지시는도다"(시 107:20). 위태로운 지경에서 건져내셨다는 뜻이다. 시편 기자는 몸이 아플 때 간절히 기도하니 말씀을 보내어 고쳐 주심으로 고쳐서 쓰시는 하나님을 찬양했다.

신인동행

"네 하나님 여호와 그가 너와 함께 행하실 것이라"(6절 중).

이 약속은 영원불변한 약속이기에 모든 인류에게 주신 가장 확실하고 안전한 보장책이다. 여호수아는 모세의 믿음직스러운 참모로서 오랜 세월동안 모세와 함께하시는 하나님을 수 없이 모세 옆에서 생생하게 체험했다. 그뿐만 아니라 모세가 수많은 전쟁을 치를 때마다 언제나 동행하시며 굳건한 믿음 위에 세우신 사실을 너무나 잘 알고 있었기 때문에 여호와 그가 너와 함께 행하실 것이라는 모세의 말을 들을 때 여호수아의 가슴은 걷잡을 수 없이 막 뛰었을 것이다.

예수님의 다른 이름은 임마누엘이다(마 1:23). '엘'은 하나님, '임'은 함께, '마누'는 우리라는 뜻의 합성어다. 하나님께서 언제나 우리와 함께 계신다는 뜻이다. 하나님께서 인간의 몸을 입고 이 땅에 오셔서 인간들과 함께 하셨다. 십자가 사건 후에는 약속대로 부활하시고 승천하신 뒤에는 성령으로 강림하셔서 지금도 우리와 함께 하고 계신다.

그래서 "내가 너희를 고아와 같이 버려 두지 아니하고 너희에게로 오리라"(요 14:18). 하신 약속의 말씀이 성령강림으로 응하게 되었다. 임마누엘의 신앙은 참으로 귀하고 아름다우며, 우리들도 이 세상을 살아갈 때 수없이 체험한다.

"이스라엘을 지키시는 자는 졸지도 아니하시고 주무시지도 아니하심이로다 여호와께서 너희 출입을 지금부터 영원까지 지키시리로다"(시 122:4, 8) "풀무불 가운데 던지움을 받은 자들은 다니엘 세 친구, 사드락, 메삭, 아벳느고였는데, 풀무불속에는 네 사람이 있었다" (단 3:25). 임마누엘의 역사다.

오늘도 하나님께서 우리와 함께 하시지 아니하시면 우리들은 하루도 살 수 없다. 세상이 너무 악하고 음란하여 사탄의 지배 아래 있기에 언제나 하나님의 도움이 절대로 필요하다. 하나님이 함께 계심을 느낄 때 용기가 생긴다.

스코틀랜드 종교 개혁가 존 낙스는 국왕이 하나님을 거역하고 악을 행하였다는 설교 때문에 체포되어 신문을 받았다. 신문 가운데 "설교를 취소할 수 없겠느냐"라고 했을 때 존 낙스는 "성령의 감동으로 마음에 느끼고 손으로 쓰고 입으로 증거했으며, 지금도 성령님은 옳다고 인정하시니 성령의 능력을 힘입어 피로서 그것을 증거하겠다"고 말했다. 그리고 그 후에 그는 종교개혁을 완성했다.

언약에 성실하신 하나님

"반드시 너를 떠나지 아니하시며 버리지 아니하시리라"(6절 하).

'떠나다' 라는 말은 '실패하다, 버리다, 버리고 돌보지 않는다' 는 뜻이다. 하나님은 당신의 백성들이 실패하게 방치하시거나 절대로 버리지 아니하신다는 것이다. 즉 이 뜻은 약속의 성실성을 말씀해 주시면서 새로운 용기와 희망을 주시는 것이다. "여호와의 자비와 긍휼이 무궁하시므로 우리가 진멸되지 아니함이니이다 이것이 아침마다 새로우니 주의 성실이 크도소이다"(애 3:22,23)라고 노래했다.

"저는 넘어지나 아주 엎드러지지 아니함은 여호와께서 손으로 붙드심이로다 내가 어려서부터 늙기까지 의인이 버림을 당하거나 그 자손이 걸식함을 보지 못하였도다 여호와께서 공의를 사랑하시고 그 성도를 버리지 아니하심이로다 저희는 영영히 보호를 받으나 악인의 자손은 끊어지리로다"(시 37:24-25, 28). 왜 의인의 자손은 번성하는데, 악인의 자손은 멸망당하는가 하면, 의인의 자손은 여호와의 손이 붙들고 있는데 악인의 자손은 붙들고 있는 분이 없기 때문이다.

세계적인 유명한 동화작가 안데르센은 어린 시절 몹시 가난하여서 추수 때가 되면 어머니와 함께 들판에 가서 추수한 후에 떨어진 이삭을 줍곤 했다. 하루는 안데르센이 친구들과 멀리 떨어진 다른 마을의 들로 가서 이삭을 줍는데 '네 이놈들' 하고 누군가 소리치며 달려오는 사람이 있었다. 친구들은 혼비백산하여 주웠던 이삭바구니를 버리고 다 도망쳤는데, 안데르센은 넘어지는 바람에 그 집 관리인에게 붙잡혀서 끌려 농장 주인에게 갔다.

무정한 주인은 큰 눈을 부라리면서 누구의 허락을 받고 이삭을 주었느냐고 하고 사정없이 꾸중할 때 안데르센은 겁에 질려서 아주 작은 목소리로 이렇게 말했다. "아저씨도 하나님을 믿으세요? 하나님께서는 가난한 이웃은 밭에 떨어진 이삭을 주워 먹고 굶어 죽지 말라고 하셨어요(신 24:19) 하나님은 지금도 가난하지만 정직하게 사는 자들을 손으로 붙들고 계십니다." 이 말을 들은 주인은 그만 안데르센에게 "내가 잘못했다"고 하며 긍휼을 베풀었다고 한다.

하나님의 언약은 영원불변하심을 확실히 믿을 때 용기가 생긴다. "모든 육체는 풀과 같고 그 모든 영광이 풀의 꽃과 같으니 풀은 마르고 꽃은 떨어지되 오직 주의 말씀은 세세토록 있도다"(벧전 1:24 -25). "진실로 너희에게 이르노니 천지가 없어지기 전에는 율법의 일점일획이라도 반드시 없어지지 아니하고 다 이루리라"(마 5:18).

그러므로 우리는 심신을 무장하고 하나님과 동행하면서 변치 않는 언약으로 우리에게 다가오시는 하나님을 의지함으로 용기를 얻어야 하겠다.

악을 선으로 바꾸시는 하나님

요셉이 그들에게 이르되 두려워 마소서 내가 하나님을 대신하리이
까 당신들은 나를 해하려 하였으나 하나님은 그것을 선으로 바꾸
사 오늘과 같이 만민의 생명을 구원하게 하시려 하셨나니 당신들
은 두려워 마소서 내가 당신들과 당신들의 자녀를 기르리이다 하
고 그들을 간곡한 말로 위로하였더라(창세기 50:19-21).

위기는 인물 부재의 시대를 말한다. 한 아버지 밑에서 12형제가 있
었다. 서로 어머니가 다른 사람들끼리 한 집에 살고 있는 대가족
제도에서 아버지 야곱이 가정을 든든히 지켜왔다. 다소 형제들끼리 다
툼이나 시기가 없는 것은 아니었지만 그래도 그런대로 행복하게 살아
왔다. 그런데 그 집을 지켜주고 위해서 늘 축복해 주시던 아버지가 죽고

난 뒤 형들은 요셉이 자기들에게 보복할까 두려웠다. 그래서 요셉에게
사람을 보내어 아버지가 돌아가시기 전에 '악을 악으로 갚지 말고 용서
해 주라'고 했다는 약속을 상기시키면서 요셉에게 용서를 구하자 요셉
이 그 말을 듣고 울었다고 본문은 기록하고 있다.

위기를 느끼고 먼저 그 해결책을 찾은 것은 참으로 지혜 있는 행동이
다. 신앙에도 위기가 있다. 하나님을 죽이고 사람들이 마치 하나님이 된
것같이 모든 것을 자기 뜻대로 하면서 그것이 하나님의 뜻이라고 생각
할 때 위기가 온다. 또한 법을 만들 때 자기 입장에서 법을 만들어 자기
를 재어 보고 무죄라고 하고 타인을 재어보고 죄인이라고 규정한다. 그
러나 그것은 역사 속에 공정하지 못하기에 먼 훗날 역사는 잘못되었다
고 반드시 평가한다.

요셉도 가정에 위기가 온 것을 느끼고 운다. 그 다음 요셉은 위기를 잘
극복하면서 가정에 평화와 행복을 주고 모든 사람들의 마음을 치유하
여 상처를 싸매 준다.

"그때 그 시절은 모두 미숙했고 형들도 실수했습니다. 하지만 저도 꿈
을 꾸고 아버지의 사랑을 독차지 한다고 철없이 날뛰면서 형들에게 범
죄할 수밖에 없는 원인 제공자였습니다. 그러니 우리 서로 과거의 잘못
은 하나님께 용서받고 이제 아버지가 안 계신 위기 속에서 서로 위로하
면서 힘차게 살아갑시다" 하고 권면하면서 형제들의 상한 마음을 치유
한다. 요셉은 가해자는 없고 우리 모두 피해자들이니 서로 위로하자고
말한다.

정죄하지 말라

"내가 하나님을 대신 하리이까" (19절 하).

그 형제들이 그들이 보낸 사람들에게 요셉이 울었다는 말을 듣고 요셉을 친히 찾아온다(18절). 그리고 형제들이 요셉에게 "우리들은 당신의 종입니다"라고 한 말은 요셉이 어린 시절 꿈을 꾸었을 때 요셉의 곡식 단은 일어서고 다른 형제의 단들은 요셉의 단을 둘러서서 절하던 것이 이제 현실로 나타났다는 뜻도 되지만, 요셉에게 범죄하여 죄책감에서 우러나오는 비열한 마음의 고백이다. 물론 요셉에게 용서받고 싶은 간절한 마음도 있었겠지만 그 누구도 죄를 지으면 자유로울 수 없다(창 37:5-11).

요셉은 "두려워 마소서. 내가 어떻게 하나님을 대신 할 수 있겠습니까?"라고 하는데 여기서 '대신'이라는 말은 어떤 사람의 권세에 속하거나, 손에 잡힌 것을 말하는데, 하나님을 대신한다는 것은 권세를 휘두르기 위하여 하나님의 밑에 들어가는 것을 의미하지만, 하나님께서는 주시지도 아니할 권리를 내가 마음대로 사용할 수 없다는 겸손의 의미가 표현되고 있다.

그런데 오늘날 사람들은 다른 사람이 범죄하는 것을 보면 자기가 마치 의인인 것처럼 함부로 정죄해 버리는 결례를 행할 때가 많다. 예수님은 이렇게 말씀하셨다. "비판을 받지 아니하려거든 비판하지 말라 2절 너희는 비판하는 그 비판으로 너희가 비판을 받을 것이요 너희의 헤아리는 그 헤아림으로 너희가 헤아림을 받을 것이니라"(마 7:1).

요셉은 분명히 형제들이 참으로 잘못했지만 그 잘못된 형제들의 범죄 행위를 정죄하기보다는 용서하고 싶은 간절한 마음을 가지고 있었다. 죄의 문제는 하나님과의 관계다. 그러나 위로하고 사랑하면서 서로 격려해야 할 일은 인간의 문제다. 요셉은 인간으로서 최선을 다하여 형제들을 위로하고 용기를 주려고 했다.

위기를 극복하라

"당신들은 나를 해하려 하였으나 하나님은 그것을 선으로 바꾸사"(20절 하).

'바꾸다' 라는 말은 '만들다' (출 25:13), '갖추다' (느 13:5)는 뜻으로 이 것은 세상의 모든 일을 하나님이 주관하고 계신다는 것이다. 요셉은 아버지 야곱의 편애함에 힘입어 어릴 때 특별한 채색 옷을 입었다. 형들이 볼 때는 불가능한 꿈을 꾸고 또 형제들의 비행을 아버지께 고발하여 아버지께 꾸중 듣게 함으로 미움을 산 요셉은 물 없는 우물에 가두어 죽임을 당할 뻔하기도 하고, 애굽 상인들에게 팔려갔다. 또한 형들은 요셉의 옷을 찢어 숫염소 피를 묻혀서 아버지께 요셉이 죽었다고 거짓 보고를 했다. 그것은 실제로 요셉을 죽인 것과 동일한 것이었다.

그런데 하나님은 그것을 선으로 바꾸셨다. 생명의 구원자로 바꾸셨다는 것이다. 요셉이 애굽에서 총리가 되어 풍년 때, 양식을 비축해 두었다가 흉년 때 백성들을 살리는 것뿐만 아니라, 자기를 죽이려던 형제의 가족을 애굽에 초청하여 함께 살아가게 하시는 하나님의 역사는 참으로 귀하고 아름답다.

"내 부모는 나를 버렸으나 여호와는 나를 영접하시니이다"(시 27:10). "여인이 어찌 그 젖먹이 자식을 잊겠으며 자기 태에서 난 아들을 긍휼히 여기지 않겠느냐 그들은 혹시 잊을지라도 나는 너를 잊지 아니할 것이라"(사 29:15). 인간의 사랑의 극치가 모성애, 부성애인데 그것도 불안전하고 일시적이며, 불충분하다는 것이다.

그러므로 우리는 요셉처럼 참된 신앙생활을 하다가 어떤 어려운 일을 당해도 하나님이 모든 것이 합력하여 선을 이루실 것을 믿을 때 자신도 위로 받을 수 있을 뿐만 아니라 모든 사람을 또한 위로할 수 있다. 우리가 살다 보면 전화위복의 삶, 즉 하나님께서 선으로 바꾸시는 일을 수없이 경험할 수 있다.

유대 랍비가 손에 등잔과 토라를 들고 여행을 하는 중에 어느 낯선 마을에 들어가서 하루 쉬어가기를 청하니 유대인이란 이유로 거절을 당했다. 할 수 없이 숲으로 들어가 등잔에 불을 켜고 율법을 연구하고자 하는데 바람이 몹시 불어 불이 꺼지고 말았다. 랍비는 혼잣말로 '모든 것이 하나님이 하시는 일인데 어련히 알아서 하시겠지' 라고 생각하고, 기도하고 깊이 잠을 자고 아침에 일찍 마을에 들어가니 간밤에 산적들이 내려와서 마을 사람들을 다 죽이고 양식을 빼앗아 갔다.

치유해야 한다

"당신들은 두려워 마소서 내가 당신들과 당신들의 자녀를 기르리이다"(21절).

'도적이 제 발 저리다' 라는 속담이 있듯이 형제들은 자신들이 범한 범죄에 대해 얼마나 공포에 사로잡혀 있는가 보여 준다. "악인은·좇아오는 자가 없어도 도망가는 법이다"(잠 28:1). 요셉은 자신이 하나님께 용서받은 경험이 있기에 평안한 마음으로 형제들의 공포에 사로잡혀 있는 마음을 확실히 치유해 준다. 그것은 그들의 자녀들을 양육하며 그들의 생활이 안전하게 보장해 주겠다는 것이다. 이것은 악을 악으로 갚지 아니하고 선으로 악을 이기는 방법이다. 요셉은 은혜 받은 자다. 하나님의 사랑으로 치유 받은 자는 남을 치유할 수 있는 능력을 가지고 있는 것이다.

요셉은 17절을 보면 형들이 찾아와서 자신들의 죄를 용서해 달라고 했을 때 울었다고 기록한다. 이 뜻은 요셉은 분노하지 아니하고 울었다고 하는 것은 상처를 준 자들의 고통을 익히 알고, 그들의 치유 받지 못한 마음을 사랑으로 치유하여 고통에서 자유함을 받게 하는 최상의 방법이다. 용서할 뿐 아니라 더 나아가서 형제들을 축복해 준다. 상처에서 완전히 회복되어야 그 다음 형제들의 관계가 완전해진다. 그 관계가 완전해지지 아니하면 불안과 공포는 언제까지나 남게 된다. 그래서 요셉은 언제나 형제들과 올바른 관계 속에서 함께 기쁘게 살아가고 싶었다. 용서를 통해서 인간은 치유되어 간다. 치유되어야 인간은 완전히 회복된다. 그래서 요셉은 "당신들은 두려워 마소서" 하고 그들의 마음의 치유를 통해서 새로운 삶을 살아갈 수 있도록 계속해서 자비를 베풀어 준다.

우리들은 어떤가? "이러므로 내가 너희에게 말하노니 저희 많은 죄가 사하여졌도다 이는 저의 사랑함이 많음이라 사함을 받는 일이 적은 자는 적게 사랑하느니라"(눅 7:47). 용서받은 것이 많으면 더욱 사랑하게 된다. 즉 큰 자가 언제나 작은 자를 사랑하고 그 사랑이 많은 사람을 치유하게 된다. 위기에서는 병든 마음을 잘 치료해 주어야 여기에 소망이 있다.

미국에 남북 전쟁이 치열할 때 링컨이 부상병들이 수용된 야전 병원을 방문했다. 병원장이 자신이 의술이 뛰어났기에 수많은 사람이 생명을 구할 수 있었다고 자랑하자, 한 군의관이 찾아와서 어제 병원장이 집도하여 성공적으로 수술 받은 병사가 자살했다고 보고했다. 그러자 링컨은 "참 좋은 의사는 육체 치료만으로 부족하다. 마음까지 고쳐야 한다. 상처는 당신이 치료하지만 그 치료를 낫게 하시는 분은 하나님이신 것을 명심해야 한다"고 말했다.

그러므로 우리는 악을 선으로 바꾸시는 하나님을 의지함으로 서로 사랑하고 위로하고 격려하며 살아야 하겠다.

은혜를 받으려면

그러므로 모든 악독과 모든 궤휼과 외식과 시기와 모든 비방하는 말을 버리고 갓난아이들같이 순전하고 신령한 젖을 사모하라 이는 이로 말미암아 너희로 구원에 이르도록 자라게 하려 함이라 너희가 주의 인자하심을 맛보았으면 그리하라(베드로전서 2:1-3).

우리가 사모하고 기도로 준비해 오던 부흥성회가 오늘 밤으로 다가왔다. 모든 성도들이 어린아이같이 순진한 마음으로 진리의 젖을 사모해왔다. 오늘 본문을 통해서 '은혜를 받읍시다' 라는 제목으로 진리를 생각해 보려고 한다. 은혜가 무엇인가? 하나님께서 값없이 주시는 큰사랑이다.

〈탈무드〉에 보면 세상에서 가장 귀한 것이 무엇인가 잘 설명해 준다.

① 돌이다. 그러나 그 돌은
② 쇠에 의하여 갈라진다.
③ 쇠는 불에 의하여 녹는다.
④ 그러나 불은 물을 이기지 못한다.

⑤ 물은 구름 속에 흡수되어져서 구름으로 만들어진다.

⑥ 구름은 바람에 이끌려 다닌다.

⑦ 아무리 강한 바람도 사람을 이기지 못한다.

⑧ 하지만 인간도 공포(두려움)로 위축되어진다.

⑨ 그러나 공포는 술에 의하여 사라지고 만다.

⑩ 술은 잠을 자고 나면 깨 버린다.

⑪ 그러나 잠도 죽음만큼 강하지 못하다.

⑫ 그렇지만 죽음도 사랑 앞에서 무기력하다.

돌 → 쇠 → 불 → 물 → 구름 → 바람 → 사람 → 공포 → 술 → 잠 →
죽음 → 사랑

그래서 이 세상에서 가장 강한 것은 사랑이다.

그러므로 하나님은 사랑으로 인간을 구원하셨는데 그 사랑이 바로 은혜다.

1978년 노벨 문학상 수상자 〈아이작 싱어〉는 말하기를 "나의 모국어인 유대어에 상을 주어야 한다. 무기나 탄약이란 단어가 존재하지 않는다. 모든 사랑과 만남에 있어서 감사할줄 아는 언어로 가득 차 있다."

그래서 우리는 이번 성회에서 그 은혜를 반드시 받아야 한다. 그리고 이 사랑으로 구원받고 승리하고 행복할 수 있다. 그 은혜를 받고자 하면 오늘 베드로의 설교에 귀를 기울어야 한다.

그릇을 준비해야

"모든 악독과 궤휼과 외식과 시기와 모든 비방하는 말을 버리고"(1절).

은혜를 받으려고 하면 먼저 그 은혜를 담을 수 있는 그릇을 준비해야 한다. "엘리사 선지자의 생도가 빚을 지고 세상을 떠났고, 아내와 두 아들은 율법에 의하여 채주의 종이될 운명에 놓였을 때, 엘리사 선지자를 찾아가서 호소하니 엘리사 선지가는 빈그릇을 빌려서 기름을 채우라고 했다. 그리고 그릇에 가득 찬 기름을 가지고 가서, 팔아 빚을 갚고 나머지는 생활을 하라고 했다(왕하 4:1-7).

제일 중요한 것은 은혜를 담을 그릇이 준비되어야 한다.

베드로는 얻고자 하면 먼저 버려야 한다고 가르쳐 준다. '버리다' 는 새 옷을 입기 위하여 헌 옷, 낡고 때묻은 더러운 옷은 과감하게 벗어 버려야 한다는 것이다. 초대교회에서는 신앙의 새로운 공동체 속에 들어가려면 먼저 세례를 받아야 한다. 지금처럼 약식세례가 아니라 물속에 완전히 잠기는 침례를 받으려고 하면 옛 옷은 벗고 침례의 예봇을 입어야 한다. 이것은 회개를 뜻한다.

그러면 무엇을 벗어야 하는가? 악독, 궤휼, 외식, 시기, 비방 같은 인격적으로 성숙하지 못한 것들을 전부 벗어 버려야 한다. 악독은 남을 해치려는 심리 상태, 궤휼은 다른 사람을 기만하는 말, 외식은 겉과 속이 다른 것, 시기는 다른 사람이 잘되는 것을 바라지 않는 마음, 비방은 중상모략하는 언행을 뜻한다. 형제를 거짓 없이 사랑해야 하는데 이 다섯 가지 악덕은 아직까지 옛날의 생활에서 자유하지 못하고 있는 미숙한 상태를 뜻한다.

자신을 누구보다 잘 알고 있는 사람은 자기 자신이다. 그러므로 이번 기회에 큰 은혜를 받고자 하면 먼저 우리 자신이 철저히 회개하고 깨끗한 심령이 되어야 한다. 그래야 그릇 속에 큰 은혜를 가득히 담을 수 있다.

진리를 사모해야

"갓난아이들같이 순전하고 신령한 젖을 사모하라"(2절).

갓난아이는 아주 어린 유아다. 유아의 생명을 살리는 것은 순전한 젖밖에는 없다. 그러기 때문에 유아들이 젖을 사모하는 마음은 굉장하다. 왜냐하면 이 길이 아니면 살 길이 없기 때문이다. "사모한다"는 말은 강한 어감의 동사다.

그 이유를 벵겔은 '이 길이 생명을 유지하는 유일의 길' 이기 때문이라고 했다. 젖을 빠는 어린 친구들을 잘 보라. 한 손은 어머니의 다른 젖을 꼭 잡고 있다. 양보할 수 없다는 강한 의지의 표현이요, 젖을 빨 때 전심전력의 힘을 다해서 어머니의 젖을 자기 양식으로 삼는다.

그래서 언제나 최선을 다하는 것을 말할 때 '젖먹던 힘' 을 다한다고 한다. 본문을 잘 보시면 먼저 1절에서는 버리고, 2절에서는 갓난아이가 된다. 그 다음 갓난아이가 되면 영적으로 중생하는데, 거듭나면 그 다음 순전하고 신령한 젖을 사모하게 된다. '순전한' 은 '악의가 없는, 속임이 없는, 썩지 아니한 이란 뜻이고 '신령한' 은 '로고스' 즉 하나님의 말씀을 뜻한다. 이런 젖은 영양이 풍부하여 구원에 이르도록 자라게 한다.

유아들은 대소변을 구별하지 못하기 때문에 자기들의 어떤 의지 표현도 못한다. 그러나 배가 고프면 운다. 젖을 배불리 먹으면 잠을 자거나 그냥 재미있게 놀면서 팔다리를 운동하여 소화시키면서 자신도 모르게 쑥쑥 자라난다. 아직도 우리가 신령한 젖, 순전한 젖을 사모하지 못하는 것은 우리들이 갓난아이로 그리스도 예수 안에서 거듭 태어나지 못했기 때문이다. 우리도 이번 성회를 통해 갓난 어린아이가 되어 순전하고 신령한 젖을 사모하여, 참 은혜의 바다에서 마음껏 헤엄칠 수 있기를 바란다.

"하나님이여 사슴이 시냇물을 찾기에 갈급함같이 내 영혼이 주를 찾기에 갈급하나이다"(시 42:1)라고 시인은 고백하고 있다. 사슴은 다혈질적이고, 열이 많은 동물로서 고온 다습한 팔레스틴지역에서 갈증을 가장 잘 느끼는 동물이다. 시냇물은 고여 있는 물이 아니라 생수가 항상 흐르는 물이다. 이 시냇물은 하나님의 은혜의 샘인데, 갈급하는 짐승이 찾아낸다. 이것은 열심히 찾아 헤매야 시냇물을 만날 수 있다는 것이다.

맛을 알아야

"너희가 주의 인자하심을 맛보았으면 그리하라"(3절).

　"너희는 여호와의 선하심을 맛보아 알지어다 그에게 피하는 자는 복이 있도다"(시 34:8)는 말씀을 자유롭게 인용한 말씀이다. '맛보다' 는 음식 맛을 알아보기 위하여 음식을 먹어 보는 것을 말한다. "받은 자밖에는 알 사람이 없느니라"(계 2:17). 먹어 본 사람만이 알 수 있다는 것이다. 시편기자는 119편 103절에 "주의 말씀의 맛이 내게 어찌 그리 단지요 내 입의 꿀보다 더하니이다"라고 고백하고 있다. 여기서 꿀은 모든 음식물 가운데 당도와 영양가가 최고로 높은 음식물이다. 시편기자는 하나님의 말씀의 맛을 보았던 것을 여기서 고백하고 있다.

　맛을 아는 것은 신앙생활을 통해서 체험되어야 한다. 하나님께서는 가끔 큰 성회를 통해서 성도들에게 하나님의 인자하심을 경험케 하신다. 은혜의 말씀을 통해서 심령의 변화가 일어나 지금까지는 귀로만 듣던 것을 눈으로 보게 하신다. 그리고 영적 신령한 경험을 통해서 참으로 진실한 성도로 바뀌어지는 역사가 나타나게도 하신다. 또 각양 은사가 임재하여 방언이 터지고 병이 낫기도 하고, 예언의 능을 받아 하늘의 신령한 비밀을 알게도 된다.

　시인 박의상의 "사람은 무엇으로 사는가?" 에서 남자의 도락엔 다섯 단계가 있는데 ① 30대는 돈 ② 40대는 사랑 ③ 50대는 권력 ④ 60대는 도박 ⑤ 70대는 식도락이다. '일미회란 모임까지 만들어 유명하다는 음식

점을 찾아서 전국을 누빈다고 했다. 식도락이 최후의 도락이다. 음식 맛을 모르면 그것은 바로 죽음이다.

어쨌든 이번 성회는 반드시 우리 성도들이 각자 각자에게 필요한 영적 맛을 알아내는 좋은 기회로 삼아야 한다. 그러기 위해서 정한 시간에는 어김없이 꼭 참석하시되 30분 전에 오셔서 간절히 기도하고 열심히 찬송 부르면서 큰 은혜를 사모해야 한다. 반드시 이웃과 일가 친척들에게 이 좋은 성회를 알려 같이 참석하셔야 한다. 이번 기회에 사랑을 맛보시면 우리는 주님을 떠날 수 없다. "시몬 베드로가 대답하되 주여 영생의 말씀이 계시매 우리가 뉘게로 가오리까?"(요 6:68) 진리를 발견한 자의 최후의 고백이다.

받은 은혜, 무엇으로 보답할까

여호와께서 내게 주신 모든 은혜를 무엇으로 보답할꼬 내가 구원의 잔을 들고 여호와의 이름을 부르며 여호와의 모든 백성 앞에서 나의 서원을 여호와께 갚으리로다(시편116:12-14).

다음 주일은 전통적으로 우리 교회가 추수감사절로 하나님께 예배를 드리는 주일이다. 추수감사란 1년 농사를 잘 지어서 추수한 뒤에 1년 동안 보호하시고 지켜 주신 하나님께 감사드리는 농경사회에서 즐겨 행하던 행사다. 우리는 농사 지어 얻은 곡식은 없지만 1년 간 삶을 한번 반성해 보고, 때마다 함께 해주신 은혜를 모두 다 모아서 감사해야 한다. 루소는 "감사는 인간들의 의무다. 그러나 감사는 그 어느 누구도 받으려고 기대할 권리는 없다"고 말했다.

다시 말해서 감사는 어디까지나 해야 할 의무이지 받을 권리는 없다는 것이다. 진심으로 감사를 받을 권리를 소유하신 분은 하나님 한 분밖에는 없다. 참으로 귀한 것은 히브리어로 '감사드린다' 는 동사의 뜻은 '던진다' 는 의미가 있다. 벽에 공을 힘 있게 던지면 언제나 그 공은 던진 사람에게 어김없이 돌아오듯이 감사는 되돌아온다. 하나님을 진심으로 사랑하면서 사는 사람치고 복을 받지 못한 사람은 없다. 그래서 감사의 의무를 다할 때 크신 은혜를 받게 되고 또 은혜 받은 사람은 반드시 감사의 의무를 잘 감당하게 됨으로 감사와 은혜는 서로 상관관계에 놓여 있다.

우리가 어릴 때는 부모님의 은혜를 깨닫지 못하다가 성숙한 뒤에는 깨달아 아는 것같이 신앙의 세계도 미숙할 때 하나님의 은혜를 알지 못하지만 신앙이 성숙하면 깨달아 알고 감사의 생활을 즐겁게 하게 된다. 시편 기자는 그 은혜를 깨닫고 무엇으로 보답할꼬 고민하고 있다. 오늘 본문을 통해서 은혜를 깨닫고 다음 주일인 추수감사절에 감사가 넘치시기 바란다.

마음으로 기억하라

"내게 주신 모든 은혜를 무엇을 보답할꼬?" (12절)

시인은 여호와께로부터 받은 무한 사랑(값없이 받은 사랑)을 무엇으로 갚을 수 있을까 고민하고 있다. 고민한다는 것은 사람의 생각으로 기억해 본다는 것이다. 우리들은 언제나 두 가지를 기억해야 한다. 하나는 잃은 것에 대한 기억이고, 다른 하나는 얻은 것에 대한 기억이다. 잃은 것에 대한 기억은 돈을 잃은 기억, 친구를 잃은 기억, 사랑을 잃은 기억들은 우리의 마음을 상하게 하고, 불평하게 만든다. 그러나 얻은 것에 대한 기억들은 건강을 얻은 기억, 지식을 얻은 기억, 직장을 얻은 기억, 신앙을 얻은 기억들은 받은 것에 관한 고마운 마음과 감사한 마음으로 언제나 나타난다.

그런데 본 시편기자는 무엇으로 보답할까 내가 무엇을 해야 할까 고민하고 있다. 여기서 무엇에 해당하는 '무엇' 이란 의문부사로 쓰이게 될 때 이것은 어떤 일을 하는 것이 불가능함을 나타낸다.

그러므로 하나님의 은혜를 갚는다는 것은 인간의 힘으로 불가능하다는 것이다. 그러나 우리가 하나님의 은혜를 늘 마음속에 생각하면서 빚진 마음으로 살아갈 때 하나님은 기뻐하시고 즐거워하신다는 것이다. 그래서 감사하는 마음은 바로 크신 사랑을 언제나 기억하면서 살아가는 것이다. "너는 애굽 땅에서 종되었던 것과 네 하나님 여호와께서 너를 속하였음을 기억하라 그를 인하여 내가 오늘날 이같이 네게 명하노라"(신 15:15).

이스라엘 민족들이 애굽에서 해방시켜 주신 하나님의 크신 사랑을 기억할 때 저들은 겸손하고 진실한 신앙을 소유하고, 잊어버릴 때 교만하고 불신앙적이었다. 그래서 하나님은 기억하라고 하신다.

S.존스이란 철학자는 "좋은 생각은 행동으로 나타나고 행동이 되풀이되면 습관이 되고 그것이 다시 성격이 되고, 더 나아가서 운명을 결정하게 된다"고 했다. 그러므로 생각이 참으로 귀한 것이라고 했다. "위엣 것을 생각하고 땅엣 것을 생각하지 말라"(골 3:2). 그래서 하나님의 은혜를 먼저 생각해 보아야 감사가 나온다.

찬송으로 감사하라

"내가 구원의 잔을 들고 여호와의 이름을 부르며"(13절).

구원의 잔(민 28:7)의 전제는 어린 양 하나에 힌 사분지 일을 드리되 거룩한 곳에서 여호와께 독주의 전제를 부어 드릴 것이며, 소제를 드리는 고운 가루는 희생을 상징하고, 기름은 성령을 상징하며, 전제로 드리는 독주는 완전 헌신을 상징한다. 그래서 앤더슨은 "이 잔은 감사의 표시로서 여호와께 드려지는 헌물을 뜻한다"고 했다. '여호와의 이름을 부르며' 이것은 본서 기자가 하나님의 은혜에 보답하는 길은 하나님의 성호를 가슴 깊은데서 찬양드리므로 가능하다는 것을 말하고 있다.

"아버지께 참으로 예배하는 자들은 신령과 진정으로 예배할 때가 오나니 곧 이때라 아버지께서는 이렇게 자기에게 예배하는 자들을 찾으시느니라 하나님은 영이시니 예배하는 자가 신령과 진정으로 예배할지니라"(요 4:23-24)에서 예수님은 말씀하셨다. 하나님은 영이시니에서 '영'(Spirit)은 무형의 감각과 지각을 갖는 인식의 주체이며, 생명을 가진 존재다. 하나님은 영 그 자체다.

타락한 인간들은 영적 존재를 바로 깨달을 수 없지만 하나님이 계시해 주시므로 어느 정도 감지할 수 있다. 그러므로 인간들이 물로 씻고(회개하고), 성령의 충만함을 받는다면 영이 밝아져서 하나님과 교제가 가능해지는데 하나는 기도를 통해서 또 하나는 찬송을 통해서 가능하다. 그래서 찬송은 곡조 있는 기도라고 한다. 그러므로 귀한 예배는 찬송을 어떻게 부르느냐에 달려 있다. 살아 있는 예배는 찬송이 힘이 있다. 그 속에 구속의 은총을 감사하는 감격의 심령이 가득 담겨져 있기 때문이다.

하나님은 감사의 찬송을 제일 기뻐하시면서 열납하신다. 우리들은 정성을 다하여서 감사의 찬송으로 하나님께 보답해야 한다. "새 노래로 여호와께 노래하라"(시 96:1). 여기서 새 노래는 새 가사나 새 곡조로 지어서 찬송을 뜻함이 아니라 찬송 부르는 자의 마음의 자세가 새롭게 되었다는 뜻이다. 또 찬송을 계속 부르면 마음이 새롭게 되어진다는 것이다. 그래서 같은 찬송이라도 계속 부르면 마음에 큰 은혜가 된다. "감사함으로 그앞에 나아가며"(시 95:2) 감사하면서계속해서 찬송 부르면 자연히 그 몸과 마음을 점점 하나님 앞으로 가까이 가게 된다는 것이다.

몸으로 봉사하라

"여호와 이 모든 백성 앞에서 나의 서원을 여호와께 갚으리로다"(14절).

서원은 히브리어로 '네데르'는 원래 "이렇게 해주시면 저렇게 하겠다"고 약속하는 것을 뜻한다. "종이 아람 그술에 있을 때에 서원하기를 만일 여호와께서 나를 예루살렘으로 돌아가게 하시면 내가 여호와를 섬기리이다"(삼하 15:8) '갚다' 쇨렘은 '완수하다. 끝맺다. 보답하다'의 뜻을 가지고 있다. "솔로몬 왕이 여호와의 전을 위하여 만든 모든 것을 마친지라 이에 솔로몬이 그 부친 다윗의 드린 물건 곧 은과 금과 기구들을 가져다가 여호와의 곳간에 두었더라"(왕상 7:51). 사람들은 다급할 때 하나님께 간구하면서 도움을 요청할 때 주로 서원의 방법을 사용한다. 그러나 그 후에 진실로 서원을 여호와 앞에서 갚는 사람들은 많지 않다.

본 시편기자도 다급할 때 하나님의 도움을 요청해 놓고 그 다음에 그 서원을 행동으로 갚으면서 성실히 산 것을 보여주면서 이것을 우리들에게 강하게 요구하고 있다. 하나님은 어떤 경우라도 약속을 반드시 지키시는데 문제는 우리다. 그러나 우리도 은혜를 받으면 성실하게 변한다.

은혜 보답의 길은 서원을 여호와께 갚는 데 있다. 우리들은 하나님과 양심적으로 약속하고 그 약속을 얼마나 지켰는가 깊이 반성해 보고 이것을 행동으로 옮길 때 하나님의 크신 은혜를 다소나마 보답할 수 있을 것으로 믿는다.

도산 안창호 선생님은 독립운동에 가담했다는 이유로 대전 감옥에서

10년 간 투옥생활을 하다가 만기로 석방 되었을 때에 일본 순사를 수소
문하여 찾아가서 선물을 드리며 감사했다. 그분은 대전 감옥에 있을 때
가끔 별미를 시켜 주고 밖에 산보를 시키며 운동을 하게끔 도와주었다.
도산 안창호 선생이 그분을 찾아 갔을 때 그분이 하는 말이 "내가 수많
은 죄수들에게 자비를 베풀었는데 찾아온 사람은 당신뿐이다"라고 했
다. 그때 도산은 서원을 갚으라는 성서를 기억하고 행하였다고 하니 그
일본 순사가 자기도 크리스천이 되겠다고 약속했다고 한다.
  한해를 결산하는 결실의 계절이다. 나에게 주어진 삶의 자리에서 하나
님의 은혜에 감사하는 삶을 살아가시기 바란다.

기다림의 신앙

그리스도 예수 안에서 너희에게 주신 하나님의 은혜를 인하여 내가 너희를 위하여 항상 하나님께 감사하노니 이는 너희가 그의 안에서 모든 일 곧 모든 구변과 모든 지식에 풍족하므로 그리스도의 증거가 너희 중에 견고케 되어 너희가 모든 은사에 부족함이 없이 우리 주 예수 그리스도의 나타나심을 기다림이라 주께서 너희를 우리 주 예수 그리스도의 날에 책망할 것이 없는 자로 끝까지 견고케 하시리라(고린도전서 1:4-8).

세월이 유수와 같이 흘러 벌써 대림절을 맞이하게 되었다. 대림절은 서구의 상업주의가 유도하여 온 것처럼 성탄절과 부속되어 즐기며 기뻐하는 기간이 아니라 예수 그리스도의 심판을 상징하는 인류의 종말과 깊은 관계가 있는 긴장의 기간이다.

그러므로 대림절에는 초림의 주님이 인류를 구원하시기 위하여 오신 것같이 재림의 주님이 심판하려 오실 것에 대한 철저한 대비책으로 회개하며 깨어 준비해야 한다. 이것은 초림 때 구속을 시작으로 예수님이 오신 뒤 재림 때 모든 것이 완성될 것에 대한 사이의 긴장으로 이어져야 하므로 대림절도 재림시에 일어날 인류구속의 전 과정을 묵상하고 기도하는 참 귀한 절기다.

또한 예수 그리스도께서 통치하시고 심판하셔서 구원을 완성하시기 위하여 오실 것을 기대하고 인식하기 위하여 예배를 시작할 때 사도신경 대신 주님이 가르쳐 주신 기도를 드린다. "당신의 나라가 임하옵시며 땅에서도 당신의 뜻이 이루어지이다" 하고 기도드리기 위함이다.

그리고 예전색도 참회와 침묵 그리고 경건을 상징하는 보라색을 사용하고, 제단에는 보라색 촛불을 켜서 온 성도가 함께 경건에 참여하게 한다. 교회에서나 가정에서도 어떤 축제 같은 것은 될 수 있으면 금지하고 신앙을 더 돈독히 하기 위하여 서로가 말을 삼가며 격려하여 신앙의 깊은 경지로 나아가야 한다.

오늘 본문은 사도 바울이 고린도교회 성도가 하나님이 주신 은혜를 헛되이 여기지 아니하고 우리 주 예수 그리스도의 나타나심을 기다리는 것이 너무 아름다워 하나님께 감사하게 된 것을 서술한다. 그렇다면 기다림(재림)의 신앙은 어떠해야 하는지 본문을 통해서 같이 찾아보면서 은혜를 받고자 한다.

"너희가 모든 은사에 부족함에 없이 우리 주 예수 그리스도의 나타나심을 기다림이라"(7절).

은혜를 감사한다

"하나님의 은혜를 인하여 항상 감사하노니"(4절).

사도 바울이 설립한 교회 중에서 고린도 교회는 항상 문제가 많은 교회였기에 설립자 바울을 늘 가슴 아프게 했다. ① 당파문제 ② 근친상간 ③ 송사 ④ 우상제물 ⑤ 성령의 은사 등 수많은 문제가 계속 꼬리를 물고 일어났다.

그럼에도 불구하고 바울은 그리스도 안에서 감사한다고 한다. 그 이유는 "모든 구변과 지식"(5절) 때문이다. 구변은 말재주와 지식을 말하는데 고린도는 헬라 철학의 중심도시였으므로 우주의 원리와 삶의 근원을 규명하는 지식이 풍부했다. 그래서 복음을 받아들인 뒤에는 이 구변과 지식이 다른 교회보다 뛰어나서 복음 선교의 중심적인 역할을 잘 감당했다. 예수 믿기 전에는 쓸모없던 것도 진리 안에서 순화되면 그것들이 참으로 가치 있게 사용되는데 이런 것을 합력하여 선을 이룬다고 한다.

그리고 더 나아가서 감사한 것은 은사에 부족함이 없었다고 한다(7절). 은사는 하나님께서 성령을 통해서 교회에 유익하게 쓰이기 위하여 주시는 다양한 기능들이다. 고린도 교회에는 예언, 지식의 말씀, 믿음, 병 고치는 은사, 영분별의 힘, 방언, 통역 같은 다양한 은사를 특별히 하나님께서 풍성하게 주셨다. 그러나 이것이 오히려 고린도 교회의 질서를 무너지게 하는 원인이 되기도 했다. 하지만 이 은사가 그들의 영적 성숙에 이바지한 것은 사실이다.

그 다음에 가장 큰 은혜는 구원의 확신이다. 만약에 구원의 확신이 없으면 사람들은 기초가 없기 때문에 아주 위험하다. 고린도 교회는 문제가 많고, 말도 탈도 참으로 많은 교회다. 하지만 그래도 교회가 흔들리지 아니하고 계속 부흥하면서 아가야 지방의 구원의 요람역할을 잘 감당한 까닭은 고린도 교회 성도들에게는 구원의 확신이 있었기 때문이다.

그래서 바울은 지금도 고린도 교회를 생각하면서 감사하고 있다. 바울은 이 모든 것이 하나님의 은혜로 되었기 때문에 주 안에서 하나님의 은혜를 인하여 항상 감사한다고 말하고 있다. 신앙의 우선순위는 감사하는 신앙이다. 그래서 바울은 범사에 감사했다. 우리도 어려운 상황에 처해 있다면 감사할 조건을 찾아서 감사해야 한다.

사도 바울은 고린도 교회 성도가 지금은 미숙하지만, 예수 그리스도의 재림의 날에는 모두 성숙하고 완전해 질 것을 확신했다. 때문에 진심으로 감사할 수 있었다. 우리들의 신앙이 지금은 미숙하나 예수 그리스도의 날에 완성될 것이기 때문에 감사해야 한다.

증거가 견고하다

"그리스도의 증거가 너희 중에 견고케 되어"(6절).

그리스도의 증거는 그리스도께서 가르쳐 주신 구속의 원리 즉 진리를 말한다. 그 진리가 고린도 교회까지 온 통로는 제자들이 먼저 예수님께 듣고 배운 다음, 그것을 유대인들에게 전하였다. 그리고 이어 유대인들이 이방인들에게 전하였다. 사도 바울은 다메섹 도상에서 소명을 받고 이방사도가 되었다(행 9:15). 그리고 그 사명을 잘 감당한 결과 고린도 교회가 이 땅에 생겨나게 되었다(행 15:26).

그런데 중요한 것은 바울이 전해 준 그 진리가 고린도 교회에 깊이 각인되어 뿌리를 내리므로 흔들리지 않고 견고케 되었다고 한다. '견고케 되었다' 는 뜻은 이방문화에서 벗어나 기독교 문화가 확립되었다는 뜻이다. 고린도 교회가 아직은 미숙하여 교리적으로 문제가 많이 있다. 하지만 하나님의 크신 은혜로 구원의 확신을 가지고 있으므로 어떤 외부 유혹이나 내부갈등에도 흔들리지 않고 교회로서의 사명을 잘 감당하고 있다는 것이다.

기다림의 신앙은 말세가 되면 성도가 변질된다는 가장 큰 문제를 안고 있다. 그것은 진리위에 신앙의 뿌리를 내리지 못하였기 때문이다.

"데마는 이 세상을 사랑하여 나를 버리고 데살로니가로 갔고"(딤후

4:10). 말세가 되면 신앙의 사람도 변한다는 것을 보여 준다. 데마가 바울을 버린 것은 바울이 감옥에 있으니 자신도 위험을 빠질까 봐 겁이 나서 도망갔다고 칼빈(Calvin)은 주석했다. 또 바울을 버린 것은 그 당시 세상(데살로니가)에 금광이 발견되어 노다지를 캘 수 있었기 때문이라고 렌스키(Lenski)는 말했다. 어쨌든 주님의 나라보다 세상 나라에 관심이 더욱 있었던 것은 사실이다. 이것은 말세가 되면 심지가 굳지 못한 사람은 흔들린다는 것을 보여 준다. "주께서 심지가 견고한 자를 평강에 평강으로 지키시리니 이는 그가 주를 의뢰함이니이다"(사 26:3). 심지가 견고해야 변질되지 않는다.

어떤 사람이 고등학교 2학년 때 세례를 받았다. 집례 목사님이 "이는 내 사랑하는 아들이요 내 기뻐하는 자라"(마 3:17)는 말씀을 읽어 주었다. 그런데 이 말씀이 가슴에 잘 박힌 못 같아서 그 말씀에 붙들리어 열심히 살아오다 보니 하나님께서 미국의 국무장관이 되었다고 간증했다. 그 장관이 바로 콜린파월 장관이다. 하나님은 지금도 심지가 견고한 자를 평강으로 지켜 주신다.

책망할 것이 없다

"주께서 너희를 우리 주 예수 그리스도의 날에 책망할 것이 없는 자"(8절).

복음의 위력은 심판의 날(예수 그리스도의 날)에 책망할 것이 없게 한다. 그리스도의 날은 현세가 끝나는 종국의 날이다. "인자가 자기 영광으로 모든 천사와 함께 올 때에 자기 영광의 보좌에 앉으리니 모든 민족을 그 앞에 모으고 각각 분별하기를 목자가 양과 염소를 분별하는 것 같이 하여 양은 그 오른편에 염소는 왼편에 두리라"(마 25:31-33). 예수 그리스도께서 십자가의 사랑으로 구속을 완성하셨기 때문에 인생의 종말의 심판도 예수 그리스도께서 하신다. 그전까지는 어떤 것이 양인지 염소인지 알 수 없지만, 예수님께서는 먼저 확실하게 가려 내서서 양은 오른편에(구원), 염소는 왼편에 두신다.

책망할 것이 없다, 흠이 없다는 뜻은 인간이 스스로 깨끗하다는 것이 아니라 예수 그리스도의 거룩한 피로 씻어 죄 값을 받지 아니한다는 뜻이다. 우리를 그분의 뜻 안에서 정하시고 부르시고 의롭다 하시고 영화롭게 하셨다(롬 8:30). 세상에 인간은 의로운 자가 하나도 없다. 그렇다면 어떻게 의롭게 되는가? 예수 그리스도가 값없이 주신 사랑으로 주신 그 믿음을 자신의 것으로 받아들이는 것이다. '믿느냐, 믿지 아니하느냐?' 하는 기로에서 어떤 길을 선택하느냐가 중요하다. 그 믿음을 아무도 평가할 수 없다.

다만 믿음의 주인이신 예수님께서 판단하신다. 말세가 되면 가짜가 많다. 그래서 우리도 속을 수밖에 없다. 세상에서는 가짜일수록 포장은 더 아름답다. 그래서 예수님은 "나더러 주여 주여 하는 자마다 천국에 다 들어갈 것이 아니요 다만 하늘에 계신 내 아버지의 뜻대로 행하는 자라야 들어가리라"(마 7:21)고 경고하셨다. 우리들은 가끔 자신의 연약과 범죄가 숨겨지면 다행이라고 생각하고 기뻐할 때가 있는데 이것은 참으로 위태로운 현상이다.

왜냐하면 이 땅에 숨길 것이 하나도 없기 때문이다. 참 용기는 하늘을 향하여 한 점 부끄러움이 없는 것이다. 세계적 신경외과 의사인 월더펜필드 박사는 "인간 두뇌에는 120억 개의 뇌세포가 있어 인식 속에 들어온 것은 무엇이든지 상세히 기억하고 언제라도 재생 가능하므로 인간은 마지막 심판 때 스스로 직고하게 된다"고 했다. 베드로후서 2장 9절에 주께서는 경건한 자를 시험에서 건지시고 불의한 자는 형벌 아래 두어 심판 날까지 지킨다고 했다. 지옥은 인간이 스스로 선택하게 되는 것이다.

범죄의 대가, 형벌

여호와 하나님이 뱀에게 이르시되 네가 이렇게 하였으니 네가 모든 육축과 들의 모든 짐승보다 더욱 저주를 받아 배로 다니고 종신토록 흙을 먹을지니라 내가 너로 여자와 원수가 되게 하고 너의 후손도 여자의 후손과 원수가 되게 하리니 여자의 후손은 네 머리를 상하게 할 것이요 너는 그의 발꿈치를 상하게 할 것이니라 하시고 또 여자에게 이르시되 내가 네게 잉태하는 고통을 크게 더하리니 네가 수고하고 자식을 낳을 것이며 너는 남편을 사모하고 남편은 너를 다스릴 것이니라 하시고 아담에게 이르시되 네가 네 아내의 말을 듣고 내가 너더러 먹지 말라한 나무 실과를 먹었은즉 땅은 너로 인하여 저주를 받고 너는 종신토록 수고하여야 그 소산을 먹으리라 땅이 네게 가시덤불과 엉겅퀴를 낼 것이라 너의 먹을 것은 밭의 채소인즉 네가 얼굴에 땀이 흘러야 식물을 먹고 필경은 흙으로 돌아가리니 그 속에서 네가 취함을 입었음이라 너는 흙이니 흙으로 돌아갈 것이니라 하시니라 (창세기 3:14-19).

범죄하여 숨어 버린 인간에게 하나님이 찾아가셔서 회개의 기회를 주셨지만, 인간은 자신의 범죄를 다른 사람에게 전가함으로 범죄의 대가, 형벌을 받게 되었다.

토마스 아퀴나스는 형벌의 의미를 '보복과 공리' 두 가지 의미로 보았다. 이미 저질러진 과오에 대한 보복과 교정을 위해서 벌은 가해져야 하고, 또 다른 사람들에게 경고하여 범죄하지 않도록 하는 효과로 벌이 가해져야 한다고 했다.

정약용은 목민심서에서 "형벌은 요순도 감히 폐지하지 못하였다. 형벌은 어찌 쓰지 아니할 수 있겠는가? 다만 어진 사람이 형벌을 쓸 때 슬퍼하며 불쌍히 여겨야 한다. 법에 정해진 것을 개인이 가감할 수는 없다고 해도 우선 가르쳐서 고쳐 행하게 할 수 있을 때 형벌은 사용해야" 한다고 했다.

일본의 성서학자인 내촌감삼은 "나는 사랑의 하나님께는 형벌이 없다고 본다. 생활의 곤란, 육체의 질병, 가정의 불화, 사고의 죽음 등을 하나님의 형벌로 보는 사람들이 많다. 하지만 그것은 하나님이 우리 인간들의 가는 길을 섭리하고 계시는, 우리가 알지 못하는 하나의 방법이다. 만약 하나님께서 우리 인간들에게 형벌을 주셨다면 그것은 하나님을 알지 못하고 함부로 살아가는 것이다"라고 했다.

하나님은 범죄한 인간들을 사랑하셔서 구원하시기 위하여 형벌을 주셔서 그 대가를 지불하게 하셨다. 그러나 인간은 스스로 구원할 수 없기 때문에 예수님을 보내사 십자가에서 죽으심으로 우리로 하여금 무서운 형벌에서 구원받게 하셨다. 이것이 복음이다. 본문을 깊이 이해하면서 범죄의 형벌을 생각하며 죄를 철저히 회개하여 하나님께 용서받는 시간이 되어야 한다.

"슬프다 범죄한 나라여 부패하고 악한 백성이여 너희가 여호와를 저버리고 이스라엘의 거룩하신 하나님을 배신하였다"(사 1:4)고 했다. 너희가 벌을 더 받고 싶은가 어째서 계속 거역하는가? 너희 머리는 병들었고 마음은 약해졌으며 발바닥에서 머리 끝까지 하나도 성한 곳이 없이 온통 상하고 터지고 맞은 자국뿐이다. 하나님께서 범죄한 그들을 어떻게 징계하시는지 구체적으로 살펴보고자 한다.

뱀의 형벌

"더욱 저주를 받아 배로 다니고 종신토록 흙을 먹을지니라"(14절 하).

뱀에게 내린 것은 형벌이 아니라 저주다. 뱀은 더욱 더 저주를 받는다고 했다. 메튜 헨리는 뱀은 사단의 도구로 사단과 동일한 형벌을 받는다는 뜻으로 해석했다. 칼빈은 사단에게 회개의 기회가 없음으로 저주를 선언한 것이라고 했다. 그렇다면 어떤 저주를 받았는가?

첫째, 배로 다닌다. 모든 짐승들은 발로 다니는데 뱀이 저주를 받는 순간부터 그는 걷는 기능을 상실하고 배로 땅에 기어 다니게 되었던 것이다. 이 사건을 바클레이는 '저주와 멸시' 로, 베이커는 '천박하고 비천함' 을 뜻한다고 해석했다.

둘째, 종신토록 흙을 먹을지니라. 뱀은 실제로 흙을 먹지 않는다. 배로 땅에 기어 다니면 자연스럽게 흙먼지를 먹게 되는 것이다. 매튜헨리는 뱀이 선악과로 인간을 유혹했기에 그는 평생 먹거리가 비참하게 되었다는 뜻이라고 했다. 범죄함으로 자연의 질서가 무너졌고, 이로써 양육강식과 적자생존이란 두 가지 현상이 나타났다.

우주의 질서가 무너지자 양육강식의 법칙이 생겼다. 양육강식이란 강한 자가 약한 자를 잡아먹고 사는 것을 의미한다. 뱀은 이제 저주를 받아 사람과 원수 관계가 되었고, 독을 품고 살게 되었다.

그리고 적자생존의 법칙이 생겼다. 적자생존이란 우주 안에 있는 환경에 잘 적응하면 번성하고, 부적응하면 도태한다는 것이다. 우주의 질서가 무너져서 양육강식과 적자생존의 법칙이 생기게 된 것이다.

그러나 예수 그리스도를 통해서 회복되어지면 약한 자가 강한 자의 먹이가 되지 않고, 강한 자와 약한 자가 함께 공존하게 되는 것이다. 이것이 그리스도의 재림이다. 뱀이 저주를 받아 땅에 기어 다니는 것은 바로 우주의 질서가 무너졌다는 뜻이다.

여자의 형벌

"잉태하는 고통을 크게 더하리니 네가 수고하고 자식을 낳을 것이며"(16절 상).

첫째, 잉태의 고통과 해산의 수고는 '생육하고 번성하는 것' (창 11:28) 이 하나님이 주신 축복이다. 이 축복은 자녀를 출산하고 양육하는 것이었다. 그러나 인간이 범죄함으로 잉태와 해산이 큰 짐이요 고통으로 변한 것이다.

잉태의 고통은 입덧이다. 생명을 잉태하면 여성들의 체질이 변해서 고통을 겪는다. 해산의 수고는 자녀를 출산하는 고통이다. 생명을 해산하는 것은 여자에게 엄청난 고통의 순간이다. 수많은 젊은이들의 결혼식에 주례를 하고, 그들이 자녀를 낳을 때 나는 마음으로 축복해 준다. "이 여자가 아들이 배어 해산하게 되매 아파서 애써 부르짖더라"(계 12:2). 엄마가 아이를 해산할 때는 큰 고통이 뒤따른다. 오늘날 사람들은 해산의 수고를 거부할 뿐만 아니라 자식을 양육하는 것을 부담으로 생각하는 사람들이 있다.

해산의 수고를 통해서 거룩한 생명을 얻게 되며 이 생명을 통해서 하나님을 찬양하고 영광을 돌려야 한다. 또한 아무리 과학이 발달해도 여인이 당하는 해산의 고통은 해결할 수 없다. 그것은 하나님의 징계다. 그 해산을 통해서 자녀를 더욱 사랑하게 되고 생명을 귀하게 여기기 때문이다.

해산의 수고는 하나님이 주신 것이므로 해산의 수고를 받아들여야 한다. 생명의 고귀함을 인정할 때 새 생명이 하나님을 섬기며 부모를 공경하며 나라에 귀하게 쓰임 받게 되는 것이다.

둘째, "너는 남편을 사모하고 남편은 너를 다스릴 것이니라"(16절 하).

하나님은 여자를 만들 때 남편의 갈비뼈로 만들었다. 소중한 갈비뼈로 만들어 동등하게 서로 돕고 살게 했다. 그런데 범죄 후 아내가 남편을 사모하고 남편을 따르게 했다. 또한 남편은 아내의 머리이기 때문에 그리스도가 교회를 사랑한 것처럼 사랑해야 한다.

최근 호적법 폐지가 국회에서 통과되었다. 호적법을 찬성했던 국회의 원들의 과반수가 그리스도인이다. 호적법이 바뀐다고 이혼이 적어지고, 행복해질 수 있는 것은 아니다. 성서적으로 살 때 행복을 유지할 수 있다 호적법이 폐지되어도 하나님의 법을 따르며 살아야 승리하는 길이 열리는 것이다.

"여자의 가르치는 것과 남자를 주관하는 것을 허락지 아니하노니 오직 종용할지니라"(딤전 2:12)고 했다. 교회에서 여자에게 언권을 주지 아니했다. 아담이 먼저 지음 받고 후에 하와가 지음받았다. 여자를 무시하는 것이 아니라 남자에게 나온 것이 여자다. 하와가 먼저 죄를 범했기 때문에 남자를 사모하고 남편이 다스릴 것이라는 것이 성서의 법이다.

"여자들이 만일 정절로써 믿음과 사랑과 거룩함에 거하면 그 해산함으로 구원을 얻으리라"(딤전 2:15). 여자가 해산함으로 구원받는다고 했다. 해산의 수고는 하나님의 주신 거룩한 징계이며 하나님께로부터 왔다. 그러므로 하나님의 뜻에 순종할 때에 하나님의 자비가 임하는 것이다.

힘들다고 해도 해산의 고통을 감내해야 한다. "여자는 약하지만 어머니는 강하다"고 했다. 어머니가 강한 이유는 생명을 걸고 낳았기 때문이다. 그 자녀를 두고 죽을 수 없다. 그 자녀를 키워야 하고, 잘되게 해야 하기 때문에 생명을 걸고 키우는 것이다. 여자는 남편에게 순종해야 하며 남편은 아내를 진심으로 사랑해야 한다. 그렇게 할 때 믿음 안에서 우리의 위치가 든든히 세워진다. 예수님이 십자가에서 새 생명을 낳기 위한 해산의 고통으로 우리를 낳았고, 천국 시민이 되게 했다.

남자의 형벌

"종신토록 수고하여야 소산을 먹으리라"(17절 하)

인간의 범죄로 땅도 저주를 받는다. 그래서 모든 자연이 탄식하게 되었다. 저주를 받아 그 땅에 가시덤불과 엉겅퀴가 무성하게 되어 땀을 흘려 개간해야 했다. 저주받은 땅에는 채소와 곡식은 자라기 어렵고 가시덤불과 엉겅퀴는 강하게 번식한다. 그러므로 김을 매고 잡초를 뽑고 곡식을 보호하려면 얼굴에 땀을 흘려야 한다.

얼굴(히브리어, 아프)의 뜻은 콧구멍 또는 코다. 소나 나귀가 고되게 일할 때 코에서 콧김을 내뿜는 것을 연상해 보라. 속담에도 '코에서 단내가 난다' 고 한다. 남구십력(男口十力)이란 한자 성어는 '열 사람의 입을 먹여 살려야 남자' 라는 뜻이다.

J. Parker는 노역(勞役)의 필요성을 강조했다.

① 땅은 언제나 끈질긴 노고에 따라 적당하게 응답한다고 했다. ② 자연은 인간의 요구대로 움직이지 아니하고 자연의 고유한 질서에 따라 움직이기 때문에 인간은 그 자연의 질서에 순응할 때 자연은 인간을 포용한다. ③ 자연은 언제나 심은 만큼 거두게 한다. 그래서 인간들에게 땀 흘려 자연을 경작하라고 했다.

본넷(Bonnet)은 노동 자체가 저주만 내포하고 있는 것이 아니라 하나님의 축복이 숨겨져 있다고 했다. ① 노동은 자신의 마음을 사로잡아 주고, ② 자신의 욕정을 잠재워 주고 ③ 타락의 유혹에서 벗어나게 한다. 그래서 노동을 통해서 인간은 신체적, 정신적으로 건강하게 되며 행복을 찾게 된다고 했다.

"롯이 아브라함을 떠난 후에 여호와께서 아브라함에게 이르시되 너는 눈을 들어 너 있는 곳에서 동서남북을 바라보라 보이는 땅을 내가 너와 네 자손에게 주리니 영원히 이르리라"(창 13:14-15). 롯이 버린 저주의 땅, 척박하고 사람이 살 수 없는 땅을 아브라함에게 주었다. 아브라함은 열심히 개간해서 농사를 짓다 보니 백 세가 되었으나 육체적으로 강건하여 백 세에 아들을 낳았다. 죄로 인해 형벌을 받지만 주님의 뜻에 순종하며 살 때 구원과 복을 받게 된다.

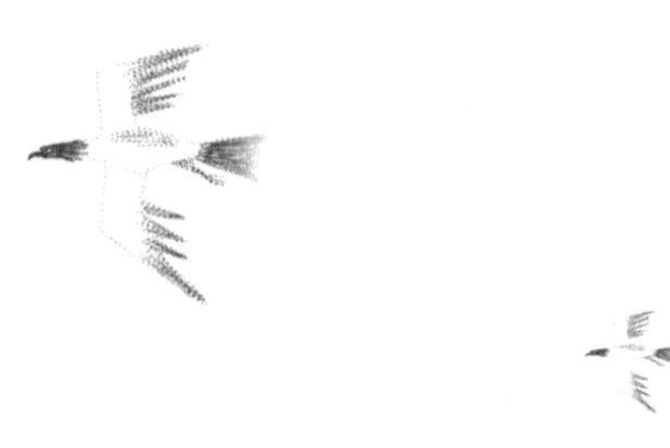

인과응보의 인생

생각하여 보라 죄 없이 망한 자가 누구인가 정직한 자의 끊어짐이 어디
있는가 내가 보건대 악을 밭 갈고 독을 뿌리는 자는 그대로 거두나니 다
하나님의 입 기운에 멸망하고 그 콧김에 사라지느니라(욥기 4:7-9)

사순절 기간에 인간의 고난의 문제를 잘 다루어 주고 있는 욥기를 읽
으면서 오늘은 인과응보(因果應報)의 인생이란 제목으로 은혜를
나누고자 한다.

인과응보란 결과는 반드시 어떤 원인에 의한 것으로서 선(善)은 선(善)에
대한 보상이, 악(惡)은 악(惡)에 대한 보상이 반드시 있다는 뜻이다. 잿더
미에 앉아서 그릇 깨어진 것으로 상한 피부를 긁고 그곳에 재를 뿌리면서

고통을 받고 있는 욥의 소식을 친구들이 들었다. 욥의 세 친구 데만 사람 엘리바스, 수아 사람 빌닷, 나아마 사람 소발이 각기 자기 고향을 떠나 욥을 찾아온다. 그들이 욥을 보고 겉옷을 찢고 머리에 재를 뒤집어쓰고 욥의 고난을 분석하고 욥에게 충고한다.

여기서 엘리바스는 지극히 현세적이고 기계적인 인과응보론에 의하여 현재의 욥의 고난의 원인은 죄에 있다고 결론을 내린다. 악인은 어떤 경우라도 끝내 멸망당하고 선인은 반드시 복을 받아 승리한다는 것을 내세우면서 욥을 설득시키려고 노력한다.

그러나 그것은 일반적인 논리에 불과하지 전체의 윤리는 아니다. 또한 하나님의 깊은 섭리와 뜻을 정확하게 파악하지 못한 것이다. 왜냐하면 하나님은 종국에는 악을 심판하여 멸하게 하시고 선을 심판하여 승리하게 하실지라도 세상을 섭리하실 때는 다양한 방법을 동원하시기 때문이다.

자연의 법칙

"생각하여 보라 죄 없이 망한 자가 누구인가 정직한 자의 끊어짐이 어디에 있는가"(7절).

욥의 친구 엘리바스의 주장은 죄의 결과는 멸망이며 사람은 반드시 심은 대로 거둔다는 것이다. 더 나아가서 의인들은 복을 받아 형통하고 악인들은 화를 받아 멸망한다는 것이다. 욥이 당하고 있는 고난은 죄 때문이니 반드시 회개하여 용서를 받아야 한다는 것을 강하게 주장한다. 갈라디아서 6장 7절에는 사람이 무엇을 심든지 그대로 거두리라고 말씀하셨다. 예수님도 "좋은 나무가 나쁜 열매를 맺을 수 없고, 나쁜 나무에서 아름다운 열매를 맺을 수 없다"(마 7:18)고 하셨다. 이것은 자연의 법칙을 성서 속에 도입한 부분이다. 그래서 콩심은 데 콩나고 팥 심은 데 팥 난다고 한다.

그런데 이것으로 모든 것을 평가할 수 없다. 왜냐하면 이것은 엘리바스의 입장이지 욥의 입장은 전혀 아니다. 욥 자신이 신앙 양심으로 정직히 생각해 보아도 자신이 이렇게 비참하게 설상가상의 고난을 당할 이유를 찾지 못했다.

우리들이 남을 충고할 때에 언제나 자신의 입장을 가지고 충고한다. 그때에 상대방에게 더 많은 상처만 안겨 주는 경우가 있으니 조심해야 한다. 코돈(A.J Cordon) 목사님이 보스톤 교회에 청빙 받을 때 인사위들이 그에게 "우리 교회는 보수 교단에 속해 있음으로 카드놀이, 세속적인 춤, 극장의 출입을 삼가라고 설교해야 한다"고 말하자 그렇게 하겠다고 약속하고 부임했다. 수개월이 지나도 약속한 설교를 하지 아니하므로 인사위원들이 다시 모여서 왜 약속대로 설교를 하지 아니하느냐고 따졌다. 목사님은 이렇게 답변했다. "저는 예수 그리스도의 복음을 전했습니다. 이 복음이 성도들 마음에 깊이 뿌리 내리면 자연히 카드놀이, 세속적인 춤, 극장출입 등을 하지 아니하게 될 것입니다."

부레이트(D.J Burreit)는 "죄인은 이 땅에서 반드시 형벌을 받는다. 그런데 가끔 그 형벌이 연기되는 수가 있다"고 했다. ① 회개하여 새로운 사람이 될 수 있는 기회를 주기 위하여 ② 판결이 이미 났지만 집행이 잠시 연기된 것뿐이다. ③ 하나님의 공정한 심판은 그 누구도 막을 수 없고, 회개하고 예수 그리스도를 구주로 영접하는 길 외에는 다른 길이 없다는 것을 가르쳐 주기 위함이다.

분명한 것은 하나님의 섭리는 단순히 자연 법칙 안에 한정하여 생각하지 말아야 한다.

사탄의 법칙

"악을 밭 갈고 독을 뿌리는 자는 그대로 거두나니"(8절).

　　악을 밭 갈고 독을 뿌리는 자는 사단이다. 그래서 뿌린 대로 사단은 거두어 멸망당하고 만다. 사람들은 어리석게도 눈이 어두워 사단이 뿌리는 것이 독인 줄도 모르는 경우가 있다. 사단은 자신의 악을 감추고 있기 때문에 선하게 보일 수 있다. 마태복음 13:24-30절에 가라지 비유가 나온다. 좋은 씨를 뿌렸는데 사람들이 잠 잘 때 원수가 와서 가라지를 뿌리고 간다. 밀이 자랄 때 가라지도 자라서 일꾼들이 알아보고 이것을 뽑을까요하고 주인에게 여쭈어 보니 주인께서 말씀하시기를 가라지도 가만두어라 가라지 뽑다가 밀까지 뽑을가 염려된다고 했다. 추수 때에 가면 가라지를 먼저 거두어 불에 사르고 그 다음 곡식을 거두어 곡간에 드리라 했다.

　가라지는 아무리 잘 가꾸고 거름을 주고 사랑한다고 해도 끝까지 가라지로 남지 결코 밀이 되지 못한다. 가라지는 불타게 하기 위해서 사탄이 심어 두었다. 그런데 처음에는 그 가라지가 꼭 밀같이 생겼으므로 아주 전문가 아니면 식별 할 수 없다. 그래서 추수 주인이신 하나님만이 밀과 가라지를 식별하여 가라지는 먼저 불에 태우고 그 다음 밀을 거두어 곡간에 간직한다.

　또 사탄의 원리는 언제나 처음보다 나중이 더욱 나빠진다는 것이다. 마 12:45절에 "이에 가서 저보다 더 악한 귀신 일곱을 데리고 들어가서 거하니 그 사람의 나중 형편이 전보다 더욱 심하게 되느니라" 사단은 엡 6:11절에 하나님의 계획을 방해하고 딤전4:11절에 헛된 가르침으로 세상을 유혹하며, 마4:24절에 사람과 짐승의 몸에 들어가서 고통을 주어서 처음보다 나중이 더욱 나쁘게 되게 한다. 그래서 사단의 원리는 처음에는 아주 쉽고 편리하나 나중에는 감당할 수 없는 고통으로 인간을 괴롭게 한다.

그래서 마귀에게 속지 말고 대적해서 이겨야 한다. 벧전5:8절에 "근신하라 깨어라 너희 대적 마귀가 우는 사자같이 두루 다니며 삼킬 자를 찾나니" 9절에 "너희는 믿음을 굳게 하여 저를 대적하라 이는 세상에 있는 너희 형제들도 동일한 고난을 당하는 줄을 앎이니라" 마귀의 속성은 강한 자는 피하고 약한 자는 업신여깁니다. 언제나 거짓을 참으로 속여 미혹한다. 그래서 사단의 결국은 멸망인 것이다.

하나님의 법칙

"다 하나님의 입 가운데 멸망하고 그 콧김에 사라지느니라"(9절).

하나님의 법칙에는 일반법칙, 자연법칙, 율법의 법칙이 있는 반면에 특수의 법칙, 은혜의 법칙, 복음의 법칙이 있다. 일반법칙은 고난은 죄의 원인에 의한 것이다. 하지만 특수법칙은 고난이 반드시 죄의 원인에 의한 것이 아니고 하나님이 인간을 구원시키시는 다양한 방법이기도 하다. 은혜의 법칙은 처음에는 아주 어렵고 힘들지만 나중에는 보다 편하고 아름답다. 하나님의 입 기운 성령의 역사다. 하나님의 영은 생명을 탄생시키시는 원동력이 되기도 하지만(창 2:70), 악인은 오직 바람에 나는 겨와 같다(시 1:4). 그래서 하나님의 영이 악인은 멸망시키고 의인은 살리신다면 악의 멸망하는 불 가운데 의인들이 견디어야 하기 때문에 그 고통은 이루 말할 수가 없다.

"너희 믿음의 시련이 불로 연단하여도 없어질 금보다 더 귀하여 예수 그리스도의 나타나실 때에 칭찬과 영광과 존귀를 얻게 하려 함이라"(벧전 1:7). 연단이 강하면 강할수록 신앙은 더 깨끗하고 거룩하며 더 성숙해진다. 그래서 하나님의 시련(연단)을 받고 잘 견디기만 하면 언제나 처음보다 나중이 더 좋아진다.

"네 시작은 미약하였으나 네 나중은 심히 창대하리라"(욥 8:7). "내가 네 사업과 사랑과 믿음과 섬김과 인내를 아노니 네 나중 행위가 처음 것보다 많도다"(계 2:19). 하나님의 법칙에는 반드시 원인에 이유가 있다. 괜히 아무런 죄도 없는 욥에게 애매하게 욕을 보여 고생시키는 것이 아니다. 의로운 사람도 이 멸망의 세상에서는 고생이 수반된다는 것과 또 더 강한 훈련을 잘 견뎌내야 신앙이 더 성숙한다. 그리고 그 성숙한 사람에게 천국의 열쇠를 주어야 천국을 열고 닫을 때 음부의 권세가 침노할 수 없다는 것이다.

베이커는 "의인들도 때로는 강한 바람에 쓰러지는 경우가 있어도 멸망당하지 아니한다"고 했다. 바울은 "핍박을 받아도 버린바 되지 아니하며 꺼꾸러뜨림을 당하여도 망하지 아니한다"고 했다. 유대인으로 아우슈비츠 수용소서 살아난 한 의사는 중노동 중 흙 속에서 깨진 유리를 숨겨 와서 매일 면도를 하여 깨끗하게 단장하여 쓸 만한 인간으로 인정받아 살아났다. 하나님의 도움은 늦은 법이 없다. 다만 인간이 성급할 뿐이다.

4장

하나님은 사랑이라

성령 강림

내가 아버지께 구하겠으니 그가 또 다른 보혜사를 너희에게 주사 영
원토록 너희와 함께 있게 하시리니 저는 진리의 영이라 세상은 능히
저를 받지 못하나니 이는 저를 보지도 못하고 알지도 못함이라 그러
나 너희는 저를 아나니 저는 너희와 함께 거하심이요 또 너희 속에
계시겠음이라(요한복음 14:16-17).

오늘은 성령 강림절이다. 예수님께서 33년 지상의 생애를 마감하시
고 십자가에서 인류를 구원을 위하여 속죄의 제물이 되시어 돌아
가신 뒤 사흘 후 부활하셨다. 부활 후 주님은 40일 동안 제자들에게 재
차 소명을 주시고, 부활을 증거하신 뒤에 승천하시면서 약속하셨다. 예
수님의 사역을 돕기 위하여 제삼위이신 '성령께서 강림하신다' 고 말씀

하셨다. 유대인들에게는 유월절, 초막절, 오순절 3대 절기가 있다. 오순절은 칠칠절(출 34:22), 맥추절(출23:16), 초실절(출 34:22) 등 다양하게 표현되는데 오순절 날에 성령이 강림하셨다.

기독교는 다른 종교와 달리 인간들의 사고나 경험에 의해서 출발한 종교가 아니다. 하나님 아버지께서 계획을 세우셨고 그 아들 예수께서 속죄의 제물이 되셨으며 부활 승천하신 뒤에 성령께서 강림하셔서 구속의 성업을 완성해 가시면서 보혜사로 오셔서 역사하셨다. 성령이 오셔서 제일 먼저 이 땅에 교회를 세우시고 구약의 제사를 신령과 진정으로 예배드리게 하시면서 교회로 하여금 교회 되게 하셨다.

"날마다 마음을 같이 하여 성전에 모이기를 힘쓰고 집에서 떡을 떼며 기쁨과 순전한 마음으로 음식을 먹고 하나님을 찬미하며 또 온 백성에게 칭송을 받으니 주께서 구원받는 사람을 날마다 더하게 하시느라"(행 2:46-47). 우리 인간은 혼자서 스스로 의롭게 될 수도 없고, 의롭게 된다고 해도 의로움을 계속 유지할 수 없다. 그래서 유아에게 부모가 반드시 필요하듯이 하나님께서도 우리 인간들을 위하여 보혜사(保惠師)성령님을 보내 주셨다. 보혜사(保惠師)성령님은 제삼위의 하나님으로 참으로 친절하셔서 언제나 우리 곁에 계시면서 신앙생활을 잘할 수 있게 도와주신다.

다른 보혜사

"그가 다른 보혜사를 너희에게 주사"(16절).

본문에서 다른($\chi\alpha i\alpha\lambda\lambda o\nu$) 보혜사는 둘 이상 있다는 의미가 아니라 동일한 하나를 의미한다. 즉, 성령은 그리스도와 동일한 분이시며 하나의 인격체다. 보혜사($\pi\alpha\rho\alpha\chi\lambda\eta\tau o\varsigma$)는 '곁에($\pi\alpha\rho\alpha$), 부르다

($\chi\alpha\lambda\epsilon\omega$)' 의 합성어다. 보혜사 성령님은 우리 곁에서 도우며 보호하시고 변호해 주시는 분이라는 뜻이다. "아버지 앞에서 우리에게 대언자가 있으니 곧 의로우신 그리스도라"(요일 2:1 하). 스펄전은 "인간이 구원받기 위하여서는 언제나 먼저 성령께서 인간들의 마음속에 강하게 역사 하여야 한다"고 했다. "그가 와서 죄에 대하여 의에 대하여 심판에 대하여 세상을 책망하시리라"(요 16:8)고 예수님께서도 말씀하셨다.

미국의 침례교회 대부흥 운동가 조지 트루트(George W. Truett) 박사는 "너희가 항상 성령을 거스려"(행 7:51)라는 본문을 설교하면서 언제나 구원받지 못하는 사람들은 성령의 호소에 귀를 막고 있음으로 결국 성령의 음성을 들을 수가 없어 심각한 지경에 빠지고 만다고 했다. 그때에 나이 지극한 한 노신사가 손을 들고 앞으로 나오면서 "지금 하신 말씀은 바로 저를 보고하신 말씀입니다"라고 하자 투루엣 박사님은 그 노신사에게 이렇게 말했다.   "아닙니다. 형제여, 저의 이야기입니다. 제가 젊었을 때 성령께서 매번 저에게 죄에 대하여 책망하실 때 저는 수단 방법을 가리지 아니하고 변명하면서 그때마다 성령의 명령을 거절했습니다. 그랬더니 그 다음 성령의 영감은 점점 약해져서 그 후에는 다시 성령의 음성이 들려오지 아니했습니다. 그런데 마음이 편안한 것이 아니고 더욱 불안하고 초조했습니다. 그래서 그때부터 고민이 생겨서 어떻게 하면 성령의 음성을 들을까 하고 다시 성경을 열심히 읽고 교회에 꼭 참석하여 목사님의 설교를 열심히 들으려고 노력했습니다. 그랬더니 성령께서 다시 말씀하시는 음성을 들었고 철저하게 회개하였더니 사죄의 확신을 얻어 평안함과 감사의 세계에 들어가게 되었습니다."

"너희는 가서 모든 족속으로 제자를 삼아 아버지와 아들과 성령의 이름으로 세례를 주라"(마 28:19). 아버지 성부 아들 성자 그리고 성령 삼위일체의 신앙이다. 지금은 성령의 시대다. 성령의 역사에 의하여 신앙생활을 한다. 성령의 도우심을 겸허하게 받아야 한다.

진리의 영

"저는 진리의 영이라"(17절).

　브라운(Brown)은 "성령은 바로 진리"라고 주장하면서, "증거하시는 이는 성령이시니 성령은 진리이라"(요일 5:7)고 성경을 인용했다. 모리스(Morris)는 "성령의 사역으로 진리를 증거 하시는 분이라"고 했다.

　본문에서는 성령님이 예수님의 사역을 대체한다는 느낌이 있다. "모든 성경은 하나님의 감동으로 된 것으로 교훈과 책망과 바르게 함과 의로 교육하기에 유익하니"(딤후 3:16). 성경은 진리의 영이신 성령님의 감동으로 기록되었다.

　죄악이 이 세상에 들어오게 된 것은 거짓말에 의해서다. 거짓말은 사단의 도구로서 인간을 미혹하여 범죄케 했다. 이것은 온 세상에 널리 퍼지고 더 나아가서 이 세상에 뿌리를 내리게 되었으며, 또한 선과 악에 대한 그릇된 판단과 행복과 불행의 혼란을 가져오게 되었다. 이전 삶의 상황 속에서 진리의 영이 오셔서 우리로 진리를 알게 하고 또한 진리의 힘이 우리의 삶을 변화시켜 죄악에서 벗어나게 하시는 것은 하나님의 계획 속에서 이루어진 것이다.

　"진리의 성령이 오시면 그가 너희를 모든 진리 가운데로 인도하시리니 그가 자의로 말하지 않고 오직 듣는 것을 말하시며 장래 일을 너희에게 알리시리라"(요 16:13). 진리의 영은 진리를 알게 하여 사람이 자기 마음대로 살지 아니하고 진리에 따라 살게 하며 또 장래에 예수님의 재림심판을 통해서 인류 구속 완성까지 알게 하신다는 것이다.

　약속대로 성령이 강림하셔서 어떤 의미에서는 학문이 열악했던 제자들을 먼저 유식하게 했다. 그 후 사도들의 설교를 들은 자들이 모두 놀랐다. 뿐만 아니라 진리에 붙들려 사는 제자들은 진리를 분별할 수 있게 되었고, 자신들이 진리에 절대 순종하여 삶의 방향이 바르게 교정되어지니 그들의 삶을 통해서 기쁨과 감사가 넘쳐났다.

성령강림 후부터 제자들의 신앙생활이 억지가 아니라 자의로 되어지니 모든 수고가 참으로 가치 있게 되었다. 그러므로 진리의 영이신 성령이 우리들과 함께 하셔야 하나님의 말씀으로 성경이 믿어진다. 제자들은 진리를 발견한 뒤 "영생의 말씀이 계시오매 우리가 어디로 가오리까?" 하고 예수님을 떠나지 아니했다. 성령은 바로 진리의 영이다. 이 영을 받아야 성경이 하나님의 말씀으로 믿어진다. 성경이 하나님의 말씀으로 믿어지는가?

우리는 이미 성령을 받았다. 성령은 진리의 영인 동시에 지혜의 영이다(행 6:3). 무디 목사님이 어느 날 열심히 전도 설교하고 나니 한 젊은이가 무디 목사님의 설교를 듣는 중에 "무디에게 50달러를 달라고 하라"고 해서 예배 후에 무디를 찾아왔다. 그때 무디 목사님이 말씀하시기를 "참으로 성령께서 말씀하셨습니까? 내게 50달러가 없다는 것을 성령께서 알고 계시는데 당신은 잘못된 감동을 받았습니다." 성령님은 진리의 영이다. 우리는 영 분별의 은사를 받아야 하고, 진리의 영이신 성령님께서 말씀하시는 바른 음성을 듣는 성도가 되어야 한다.

우리 속에 계시는 영

"저는 너희와 함께 거하심이요. 또 너희 속에 계시겠음이라"(17절 하).

① '너희와 함께 계신다' (16절)는 것은 성령과 성도의 깊은 교제다. ② '함께 거하신다' (17절)는 것은 성령이 성도들에게 인격적으로 임재하신다는 것이다. ③ "너희 속에 계시겠음이라"(17절)는 말씀은 성령의 내재하심을 뜻한다.

성령의 역사는 삼 단계가 있다.

첫째는 감동이다. 감동은 성령의 초보단계로서 사람의 마음 밖에서 분을 두드리는 단계다. 죄의 책망을 느끼거나 진리를 통해서 사랑을 느끼는 정도다. "사무엘이 기름 뿔을 취하여 그 형제 중에서 그에게 부었더니 이날 후로 다윗이 여호와의 신에게 크게 감동되었다"(삼상 16:13).

둘째는 감화다. 성령의 사역으로 어떤 변화가 현실로 일어나는 것을 말한다. 주일을 지키고 헌금을 드리면서 교회를 위하여 봉사하고 싶어진다. '아니오, 예'가 분명하고 진리를 거역했을 때 양심에 가책을 받아 그곳에서 벗어나려고 힘쓰고 애쓰게 된다.

셋째는 충만이다. 성령께서 사람의 마음의 집에 들어오셔서 그 집의 주인이 되어 주신다. 그때 비로소 참 평안함과 기쁨이 가득하게 차게 되며 인간의 정욕이 성령의 힘에 지배당하고 만다. 이때 세상과 나는 간곳이 없고 구속하신 주님만 보인다.

다시 정리해 보면 다음과 같은 세 단계로 나눌 수 있다. ① 감동의 단계로 그 집은 빈집이다. ② 감화의 단계로 그 집은 성령이 필요할 때 오셨다 가는 별장 같은 것이다. ③ 성령의 내주 단계로 언제나 성령이 오셔서 그곳에 거주하심으로 이런 자의 신앙은 변함이 없다.

말세가 되면 가장 중요한 것은 성령 충만이다. "술 취하지 말라 이는 방탕한 것이니 오직 성령의 충만함을 받으라"(엡 5:18). 말세가 되면 모든 것이 너무 원통하여 맨 정신으로는 살 수가 없어 무엇엔가 취해 살게 된다. 특히 술 취함은 어리석은 짓이다. 왜냐하면 술에서 깨면 더욱 슬프기 때문이다. 그래서 성령의 충만함을 받아야 한다.

성령 충만하는 방법은 죄를 회개하고, 열심히 기도하며, 말씀을 듣고 그대로 실행하는 것이다. "평안을 너희에게 끼치노니 곧 나의 평안을 너희에게 주노라 내가 너희에게 주는 것은 세상이 주는 것 같지 아니 하니라 너희는 마음에 근심도 말고 두려워하지도 말라"(요 14:27). 보혜사 성령의 사역은 평안이다. 구원의 확신이다. 그러므로 성령 충만함을 받아야 한다. 성령이 우리 마음에 내주하셔서 우리의 주인이 되셔야 한다. 그래야 참 평안을 누릴 수 있다.

성령 강림의 사건은 교회사적으로 큰 획을 남겼다. 오순절 날 성령님이 주의 제자들에게 임하여 그들이 권능을 받고 예루살렘과 온 유대와 사마리아와 땅 끝까지 증인이 되었다. 성령강림은 폭발적인 복음 전파를 가능케 했고. 예수님께서 선포하신 하나님의 나라가 성령의 주도 아래 힘 있게 확장되었다. 성령 강림으로 인해 구원의 방주인 교회가 세워지는 계기가 된 것이다.

보혜사 성령님은 하나님의 영이요, 예수의 영이다. 승천하신 예수님이 하나님의 우편에 앉으셨고 그 후에 예수님의 사역은 끝난 것이 아닙니다. 주의 영, 예수의 영인 성령님이 선교를 주도하셨다. 복음이 폭발적으로 확장하는 도구로 쓰임 받은 제자들에게 주의 영, 보혜사 성령님이 함께 하신 것이다.

특히 보혜사 성령님은 우리 편에서 우리는 돕는 분이십니다. 사람은 혼자 살 수 없다. 서로 도움을 주고, 도움을 받으며 살아갑니다. 성도는 하나님의 도움을 받는 복된 사람이다. 언제나 우리 편에서 우리와 함께 우리를 돕는 분이 계십니다. 그 분이 바로 성령이십니다. 또한 성령님은 진리의 영이십니다. 성령님은 우리를 진리 가운데로 인도하시고, 진리를 깨닫게 하시고 진리 안에 거하게 하십니다.

성도 여러분! 성령 충만하여 성령의 인도하심을 받고, 성령님과 늘 동행하여 참된 평안을 누리고, 성령의 사람이 되시기 바란다.

성령님이 하시는 일

베드로와 사도들이 대답하여 가로되 사람보다 하나님을 순종하는 것이 마땅하니라 너희가 나무에 달아 죽인 예수를 우리 조상의 하나님이 살리시고 이스라엘로 회개케 하사 죄 사함을 얻게 하시려고 그를 오른손으로 높이사 임금과 구주를 삼으셨느니라 우리는 이 일에 증인이요 하나님이 자기를 순종하는 사람들에게 주신 성령도 그러하니라 하더라(사도행전 5:29-32)

사도행전을 기록한 누가는 성령의 사역을 매우 의미 있게 강조하였다. 그래서 사도행전은 성령행전이란 별명을 얻게 되었다. 이런 성령의 사역이 초대교회를 탄생시켰고 더 나아가서 크게 확장해 가는

데 원동력이 되었다. 아담이 범죄함으로 하나님과 인간의 교제가 단절되었다. 이로 인해 인간이 영멸하게 되었을 때 하나님은 예수 그리스도를 통해서 인간을 구원하실 계획을 세우셨다. 때가 차매 예수님이 성령으로 잉태하여 인간의 몸을 입고 이 땅에 오셨다.

그리고 십자가와 부활을 통해서 구속의 역사를 성취하신 뒤 승천하셨다. 인간이 구속의 사역을 믿고 더 확실하게 살아가게 하기 위하여 약속대로 보혜사 성령을 보내 주셨다. 성령을 보내신 때가 오순절 날이었다.

오순절은 유월절 후 첫 안식일 다음 날부터 50일 되는 날로서 가나안 땅에서 첫 번째 수확을 거둬 드리는 것을 기념하여 감사하는 절기다(민 9:11). 따라서 오순절은 이스라엘 백성들의 가나안 땅에서의 새로운 삶을 의미했다. 그러므로 오순절에 성령이 강림하신 것은 성령의 사역을 통해 성도들의 새로운 삶을 시작하게 하는 예표다.

성령의 상징과 영적 의미는 다음과 같이 다양한 의미가 있다.

① 비와 이슬(정결하심) 시72:6 ② 비둘기(순전하심) 마3:16 ③ 바람(능력이 많으심) 요 3:8 ④ 생수(생명이심) 요7:38 ⑤ (죄를 태우심)행 2:3 불 ⑥ 기름(윤택치유하심) 요일2:27 ⑦ 등불(길 인도자) 계4:5.

오늘 본문을 통해서 성령의 사역을 생각하면서 은혜 받고 우리도 성령의 도우심을 받아 성령의 사역에 적극 참여할 수 있기 바란다.

교육적 사역

"사람보다 하나님을 순종하는 것이 마땅하니라"(29절 하).

사도들이 1차 체포시나. 2차 체포 시에 공회에서 "예수의 이름으로 말하지도 말고 가르치지도 말라"(행 4:8)는 명령을 받았다. 그때 사도들의 대답이 "하나님 앞에서 너희 말 듣는 것이 하나님 말씀 듣는 것보다 옳은 가 판단하라"(행 4:19절)고 말했다. 성령의 충만함을 받은 사람들이 능력 있는 설교를 통해서 3,000명이나 회개하는 놀라운 역사가 일어났다(행 2:41절). 말씀을 듣고 믿는 남자의 수가 5,000명이 되었다고 한다(행 4:4절). 그렇게 교회가 급성장하니 유대교 지도자들이 바짝 긴장하여 저들에게 가르치지 말라, 교육하지 말라고 당부한다.

여기서 우리는 성령의 사역에 교육적 사역이 있음을 감지할 수 있다. 예수님도 그러나 진리의 성령이 오시면 그가 너희를 모든 진리 가운데로 인도하시리라고 말씀하셨다(요 16:13). J Morgan은 인간이 그리스도께 영광을 돌리려고 하면 ① 성령을 통해서 자극을 받아야 한다. ② 성령에 의하여 가르침을 받아야 한다. ③ 성령에 의하여 거룩하게 되어야 한다. ④ 성령에 의하여 보호받아야 한다고 한다.

성령은 우리들을 진리 안에서 깊이 인도하셔서 진리를 깨달아 알게 하신다. 그리고 믿게 하셔서 그렇게 살아가도록 역사해 주신다. 성도들 중에도 특별히 가르치는 은사를 받은 사람들은 언제나 성령이 충만한 사람들이다. 성령의 은사를 설명할 때 바울 사도는 첫째, 사도요 둘째, 선지자요 셋째, 교사라고 지적했다(고전 12:28).

오늘은 스승의 주일인데 교사 자신들은 성령 충만하여 참 좋은 교사로서 사명을 잘 감당하시고 우리 모두는 교사들이 그렇게 되도록 기도해 주셔야 한다. 노발리스가 지은 〈푸른 꽃〉에서 20세의 하인리히는 꿈에 푸른 꽃을 본다. 꽃에 가까이 다가가자 상냥한 소녀로 변한다. 꿈이 너무도 생생하여 그 꽃을 찾아 하인리히는 여행하다가 아우구스 부르크에서 할아버지 친구인 크링스오르를 만나고, 그곳에서 마릴데라는 꿈에 본 푸른 꽃을 발견하고 열심히 사랑하다가 다시 꿈을 꾼다. 마릴데가 나룻배에서 노 저을 때에 큰 풍랑이 와서 그 소녀를 덮치는데 그것이 현실이 되어서 마릴데는 죽고 만다. 그녀의 죽음이 하인리히를 세계적인 시인으로 만드는 데 결정적인 체험이 되었다. 그 시인은 후에 독일 청소년들에게 꿈을 주는 위대한 사람으로 거듭나게 되었다.

구원적 사역

"이스라엘로 회개케 하사 죄사함을 얻게 하시려고"(31절).

"그가 와서 죄에 대하여 의에 대하여 심판에 대하여 세상을 책망하시리라"(요 16:8). 책망한다는 '잘못을 드러내다. 꾸짖다. 개선하다' 는 뜻이다. 책망의 대상은 첫째, 죄에 대해서다. 죄는 예수님을 구주로 영접하지 아니하는 모든 행위이다. 구원받지 못하고 지옥에 가는 것은 죄 때문이라고 한다. 옳은 말이다. 그런데 구체적으로 죄 중에서 제일 큰 죄는 예수님을 믿지 아니하는 죄다. 둘째, 의에 대하여, 이것은 예수님의 탄생, 십자가, 부활, 승천, 재림에 5대 교리에 대한 몰이해다. 셋째, 심판에 대하여, 여기서 심판은 불순종의 영 〈사탄〉이 이미 심판을 받았다.

그런데 현세의 권력자들은 꼭 심판을 받은 사탄과 똑 같이 행동하다가 심판을 받게 된다는 사실을 성령이 구체적으로 알게 하셔서 이 모든 잘못에서 과감하게 탈출하여 구원 받을 수 있도록 옆에서 도와주신다는 것이다. 성령의 도움이 없으면 알고 있지만, 그곳에서 벗어나는 결단이 부족하다가 끝내는 멸망하고 만다. 성령께서는 어떻게 하든지 결단하여 뜻을 정하게 하시고 그곳에서 벗어나 구원받게 하신다.

보디발의 처가 요셉이 준수하고 젊음에 매력을 느껴 동침을 원했을 때에 그는 하나님이 생각났다(창 39:7). "내가 어찌 이 큰 악을 행하여 하나님께 득죄하리이까?"(창 39:9) 성령이 역사하면 사람은 범죄할 수 없다. 이것이 바로 성령이 하시는 구원적 사역이다.

구원은 죄에서 구원(요 3:14-17), 육체적 건강의 회복(마 9:22), 경제거인 회복(눅 3:6) 등을 의미한다. 구원의 조건은 마음으로 믿고 입술로 고백할 때 이루어진다(롬 10:9). 그리고 구원의 근거는 하나님의 능력으로 말미암는 것이다(사 46:17). 구원의 시간은 과거(엡2:8), 현재(고전 1:18), 미래(9:28)다.

증언적 사역

"우리는 이 일에 증인이요"(32절).

예수님께서 승천하시기 전에 이스라엘의 회복을 묻는 제자들에게 "오직 성령이 너희에게 임하시면 너희가 권능을 받고 예루살렘과 온 유대와 사마리아와 땅끝까지 이르러 내 증인이 되리라"(행 1:8)고 말씀하셨다. 증인에 대하여 독일의 주경가 렌스키(Lenski)는 "나에 의하여, 나를 위하여, 나에 관하여 증거하는 뜻이라"고 했다. 증인은 순교자란 의미가 있다. 그래서 증인은 반드시 보고 듣고 손으로 만진 체험이 있어야 한다. 그리고 이 일을 위하여 목숨을 내어 놓아야 한다는 것이다.

그래서 증인의 대원칙은 다음과 같다. 첫째, 하나님의 나라 임재의 시간은 하나님께 맡기고 언제나 충성해야 한다. 둘째, 증인은 반드시 성령이 함께 하시는 권능을 덧입어야 한다. 셋째, 증인은 언제나 가까운 데서부터 먼 데까지 계속 증거해야 한다. 넷째, 증인의 사명은 쉬운 것이 아니라 목숨까지 희생할 각오가 되어 있어야 한다. 초대교회에 예수님이 약속하신 대로 오순절날 성령께서 강하게 임재하셨다.

그래서 성령을 충만하게 받은 사도들은 수많은 핍박 중에서도 복음 선교적 사명을 잘 감당할 수 있었다. 오늘도 성령은 강하게 역사하시고 있다. 하지만 성령에 대한 오해와 무속적인 잘못된 바탕 속에서 성령을 받고 또 성령의 인도대로 사역을 감당하려고 하는 것이 아니라 인간이 성령을 도구로 사용하여 자기 욕심을 충족시키려고 하기 때문에 수많은 영적인 혼란이 온다. 성령이 교통하는 교회로서 우리 모두 철저하게 회개하고 성령 충만을 받아서 성령의 사역에 동참할 수 있기 바란다.

교회, 세상의 소망

사랑하는 자들아 나그네와 행인 같은 너희를 권하노니 영혼을 거스려 싸우는 육체의 정욕을 제어하라 너희가 이방인 중에서 행실을 선하게 가져 너희를 악행한다고 비방하는 자들로 하여금 너희 선한 일을 보고 권고하시는 날에 하나님께 영광을 돌리게 하려 함이라(베드로전서 2:11-12).

을유년 새해가 밝았다. 올해에도 하나님의 은혜 중에 승리하시기 바란다. 금년 표어가 '세상의 소망인 교회'로 정했다. 89회 총회 주제가 '교회, 세상의 소망'이다. 우리 말 중에 어제와 오늘은 있지만 내일은 없다. 내일(來日)이란 단어의 올 래(來), 날 일(日)은 한자다. 기독교 개념 중에도 믿음과 사랑은 우리말이지만 소망(所望)은 한자어다.

만약 내일이나 소망이 없이 살아가는 민족이 있다면 얼마나 불행하고 고통스럽겠습니까? 현 정치 판에는 내일이 보이지 않고 경제계는 소망이 없어 보인다. 교육계는 엉망이다. 해마다 입시기준이 달라 학생과 학부모는 혼란에 빠져 있다.

단테의 신곡 지옥 편을 보면 지옥문 입구에 이런 글귀가 있다. "이곳에 들어오는 자들은 희망이란 두 글자를 버릴지어다." 지옥은 절망만 있고 희망이 없는 곳이다. 지옥은 같은 고통이 영원히 계속되는 곳이다. 그러므로 지옥은 희망이 없는 곳이란 뜻이다.

우리들의 삶 속에 희망이 없다고 생각해 보라. 무슨 재미로 살며 어떤 힘으로 생을 유지할 수 있겠는가? "또 내가 들으니 하늘로서 다른 음성이 나서 가로되 내 백성아 거기서 나와 그의 죄에 참예하지 말고 그의 받을 재앙들을 받지 말라"(계 18:4)고 경고했다. 교회가 먼저 소망을 회복해야 한다. 말씀 중심의 신앙공동체로 변화되어 새 소망을 먼저 회복해야 한다. 그리고 민족에게 희망을 주고 함께 운명을 같이 해야 한다.

어느 곳에서도 희망이 없다면 교회는 반드시 그 희망을 찾아주어야 한다. 한국 기독교는 민족이 어려울 때 언제나 앞장서서 소망의 빛이 되었다. 3.1운동의 효시가 바로 교회였고, 8.15 해방의 배후에도 교회가 굳게 서 있었다. 6.25의 아픈 상처를 딛고 민족의 소망의 불씨가 된 것도 교회다. 언제나 교회는 민족의 고통과 함께 걸어왔고 소망이었다.

소망의 근거

"영혼을 거스려 싸우는 육체의 정욕을 제어하라"(11절 하).

육체의 정욕이 원하는 악한 일들은 멀리해야 한다. 육체는 일반적으로 인간의 본성이 존재하는 영역으로서 도덕적으로 중립적인 개념을 가지고 있다. 이 단어가 육체의 정욕으로 사용될 때는 구속받지 못한 상태에 있는 본능과 죄의 원인이 되는 부분을 뜻한다. 그래서 육체의 정욕은 우리의 부패한 본성에서 나오는 모든 악한 욕구를 말한다.

"더러운 것과 호색과 우상숭배와 술수와 원수 맺는 것과 분쟁과 시기와 분냄과 당 짓는 것과 분리함과 이단과 투기와 술취함과 방탕과 또한 그와 같은 것이라”(갈 5:19)고 지적했다. 이 모든 것들은 이 세상의 풍속을 따르고 하나님을 거슬리는 방향성을 가지고 있으며 우리의 영혼의 거룩성을 파괴시키는 데 앞장을 서게 된다. 더 나아가서 이 모든 육체의 정욕은 절제하지 못하여 나그네로서의 삶을 파괴한다. 그러므로 철저하게 성령의 인도를 따라 절제의 힘을 길러서 육체의 정욕을 통제할 수 있어야 세상에 소망을 줄 수 있다.

교회는 헌법 제7조에서 “하나님이 만민 중에서 자기 백성을 택하여 그들로 무한하신 은혜와 지혜를 나타내신다. 이 무리는 하나님의 집(딤전 3:15)이요, 그리스도의 몸(엡 1:23), 성령의 전(고전 3:16)이다. 이 무리는 과거, 현재, 미래에 있는 성도들인데 이를 가리켜 거룩한 공회 곧 교회”라고 정의하였다.

교회는 곧 성도들의 집합체이므로 어떤 무리가 모였느냐에 따라 교회의 질이 구별될 수 있다. 세상의 소망인 교회가 되고자 하면 먼저 성도들 자신들이 영혼을 거스리는 육체의 정욕을 제어해야 한다. 그래야 교회가 깨끗하고 거룩하며 세상의 빛과 소금으로 손색이 없다.

현대교회가 세상 물결에 동화되어 교회 안에서 당을 짓고 원수를 맺으며 자기 욕구 충족을 위하여 수단과 방법을 가리지 않음으로 세상이 오히려 교회를 보고 비웃고 있는 실정이다. 그러므로 “그리스도 예수의 사람들은 육체와 함께 그 정과 욕을 십자가에 못 박았다”(갈 5:24)고 했다. 철저히 회개하고 물과 성령으로 거듭나서 하나님의 뜻을 이 땅에 이루기 위해 헌신 봉사하면서 진실하게 살아가야 한다. 교회가 깨끗하고 투명하며 더 나아가서 성실해야 소망 없는 세상 속에서 참으로 거룩한 사명들을 잘 감당할 수 있다.

313년에 기독교를 공인하고, 325년 니케아 공회를 개최한 콘스탄티누스가 세례를 받고 신자가 되었을 때에 교회가 크게 기뻐했다. 그러나 그 때부터 교회가 부패하기 시작했다. 영국 시인 밀턴은 황제가 신부들에

게 찬란한 법의를 입히고 최고의 생활을 보장하고, 귀금속으로 제단의
의자를 장식할 때 교회에 독소가 침입하여 영적 기능을 마비시켰다고
주장했다. 교회가 핍박받고 가난할 때에 영적 기능은 더욱 왕성했다. 교
회가 영적 능력을 가지려면 교회는 세속적인 요소들을 먼저 제거해야
한다.

소망의 생활

"너희가 이방인 중에서 행실을 선하게 가져"(12절 상).

여기서 선이란 단어는 겉모양만 선하고 아름다운 것이 아니다. 그 속
도 옳고 정의롭게 변화된 것을 의미한다. 왜냐하면 겉으로만 선한 것은
오래 지속되지 않다. 특히, 이방인 중에 살아가야 하는데 여기서 '이방
인'은 국적이 다른 사람들을 뜻하는 것이 아니라 '믿지 아니하는 사람
들'을 말한다.

이들은 그리스도인들을 악하다고 비난하기 때문에 오래 참고 견디기
위해서 인격적으로 변화되어야 한다. 본문이 기록된 때는 기독교를 다
른 미신의 하나로 생각하였기에 수많은 비난을 받았다. 로마의 역사가
였던 타키루스는 "당신의 그리스도인들에게 나쁜 평판을 준 것은 그리
스도인들의 추행 때문이라다"고 지적했다.

성서 속에서도 "야손과 및 형제를 끌고 읍장들 앞에 가서 소리 질러 가
로되 천하를 어지럽게 하던 이 사람들이 여기도 이르매 야손이 들었도
다. 이 사람들이 다 가이샤의 명을 거역하였도다"(행 17:6)라고 했다. 또
한 "전각의 물건을 도적질하고 여신상을 훼방한다"(행19:37)고 하여 고
소당하기도 했다.

이와 같이 예수 믿고 선하게 살고자 하면 자연히 세상 사람들이 그리

스도인들에게 애매하게 고난을 준다. 이것은 그들이 신앙의 깊은 세계를 알지 못해서 그렇기도 하지만, 그들의 시기심에서 흘러나오는 심리 상태다. 그렇다고 그리스도인들이 저들과 같은 방법으로 악행을 행할 수는 없다.

티벳트의 성자 썬다싱은 이런 예화를 전하고 있다. "지나가는 아이들은 감을 따기 위해 감나무를 향해 돌을 던지니 감나무는 돌이 없으므로 아이들에게 감을 주었다."그렇다. 이방인들이 비방해도 참 크리스천은 그들에게 선행을 보여주어야 새 역사가 창조된다.

한 젊은 청년이 그리스도를 믿는 가정에서 태어났지만, 신앙생활을 아름답게 하지 못해서 부모님들에게 걱정을 끼쳐 드렸다. 어느 날 할아버지가 운명하는 모습을 보고 완전히 변화되었다. 그 할아버지는 평소에도 근면 성실하고 검소하게 사셨지만 운명할 때에 가족들에게 은혜를 끼쳤다. 환하게 웃으시면서 "천국이 보인다 너희도 보이느냐 나를 위해 울지 말고 찬송을 불러다오"하시면서 조용히 돌아가셨다. 그리스도인의 죽음은 하나님께 영광이 되고 남은 유족들에게 은혜가 될 수 있다.

소망의 열매

"권고하시는 날에 하나님께 영광을 돌리게 하려 함이라"(12절 하).

권고하시는 날에 대해 여러 견해가 있다. 하트(Hart)는 최후 심판의 날로, 모페트(Moffatt)는 성도들이 세상 법정에 서는 날로, 칼빈(Calvin)은 성도들을 비방하던 자들이 언젠가 그리스도의 복음을 받아들이고 철저하게 회개하여 성령을 받고 인격적으로 변하여 하나님께 영광을 돌리게 되는 날로 보았다.

인간이 변하여 그리스도인이 되는 것은 전적으로 하나님의 은혜에 의해 가능하다. 그러나 그 은혜가 오는 통로는 언제나 다양하다. 그중에 가장 중요한 것은 먼저 하나님을 믿는 성도들이 변화된 삶을 통해서 보여 주는 모범적인 삶이다. 세상 사람들이 시험을 받는 것도 먼저 믿는 사람들의 잘못된 삶 때문이지만 은혜 받는 것도 먼저 믿는 사람들의 거룩한 삶을 통해서다.

그래서 믿는 사람들의 삶이 참으로 중요하다. 예수님은 "누구든지 나를 믿는 이 소자 중 하나를 실족케 하면 차라리 연자 맷돌을 그 목에 달리우고 깊은 바다에 빠뜨리우는 것이 나으리라"(마 18:6)고 하셨다. 여기서 소자는 영적으로 미숙한, 즉 아이같이 유약한 자를 의미한다. 이 미숙한 자들은 시험에 잘 빠진다. 그럼에도 불구하고 시험 들게 한 자는 심판을 피할 수 없다는 예수님의 엄중한 경고다. 그럼으로 우리들은 예수를 잘 믿는 자는 더 잘 믿도록 도와주어야 하고, 잘못 믿는 자들도 잘 믿을 수 있도록 모범을 보여줄 때 교회는 세상의 소망이 되는 것이다.

지금 세상은 그 어느 곳도 소망을 줄 수 없기 때문에 세상 사람들이 실망하고 좌절한다. 이제 교회가 일어 설 때가 되었다. 이런 세상에 소망을 주기 위해서 교회가 먼저 갱신해야 한다. 성도들이 신앙생활 중에 가장 신경을 써야 할 부분은 종말에 대한 사상이다. 종말은 잘못 믿는 자들에게 엄격한 심판이 임하지만 믿음의 성도들에게는 넘치는 상(축복)을 받게 된다. 더 나아가서 구원받을 사람들은 평소에 그리스도를 거부하는 듯하지만 언젠가 진리를 깨닫고 회개하게 된다. 그러므로 구원의 반열에 서기 위해 한 생명이라도 무시하거나 멸시해서는 안 된다.

그래서 교회는 최선을 다해서 거룩한 사명을 잘 감당해야 한다. 금년 표어가 '세상의 소망인 교회'다. 우리 자신도 소망을 갖고 살아야 하겠지만, 다른 사람들에게 소망을 줄 수 있기 바란다.

미국의 팝송가수 밥 호프가는 같은 동료와 함께 월남전에서 부상한 병사를 위로하기 위하여 성 엘빈스 병원을 찾아갔다. 그때에 두 팔과 두 다리를 잃은 부상병이 휠체어에 앉아 창문을 열고 곱고 아름다운 목소리로 찬양하는 모습을 보았다. 그 모습에 깊은 감동 받고 그 부상병에 물어보니 "자신은 주님께 은혜를 받고 잃어버린 것을 불평하거나 집착하지 않고 내게 남아 있는 것에 감사하므로 찬양을 한다"고 했다. 이미 주께 받은 복을 기억하고 감사하는 성도가 되어야 한다. 성도의 상급 중에 제일 큰 것은 주님의 심판 날에 받을 상급임을 명심하시기를 바란다.

여호와께 복을 받은 자

아비멜렉이 그 친구 아훗삿과 군대장관 비골로 더불어 그랄에서부터 이삭에게로 온지라 이삭이 그들에게 이르되 너희가 나를 미워하여 나로 너희를 떠나가게 하였거늘 어찌하여 내게 왔느냐 그들이 가로되 여호와께서 너와 함께 계심을 우리가 분명히 보았으므로 우리의 사이 곧 우리와 너의 사이에 맹세를 세워 너와 계약을 맺으리라 말하였노라 너는 우리를 해하지 말라 이는 우리가 너를 범하지 아니하고 선한 일만 네게 행하며 너로 평안히 가게 하였음이니라 이제 너는 여호와께 복을 받은 자니라(창세기 26:26-29).

우리가 살아가다 보면 때때로 사람이 그리워질 때가 있다. 오늘 본문은 하나님을 믿지 않던 이방 사람들의 입을 통해서 '너는 여호와께 복을 받은 자' 라고 증거된 말씀이다. 가나안 땅에 흉년이 들어 애굽으로 피난 갈 생각을 가지고 있던 이삭에게 하나님은 그 땅에 머물러 있으라고 하신다. 그 땅은 팔레스틴 남쪽 국경지대 블레셋 나라의 그랄이라는 곳이었다. 그곳에서 이삭이 우물을 팠더니 아주 좋은 생수를 얻었다. 그 땅에서 생수를 얻기가 쉽지 않다. 그런데 하나님의 은혜로 생수를 얻어서 농사를 아주 잘 짓고 부자가 되니 원주민이 시기하여 우물을 빼앗고 이삭과 그의 가족을 그곳에서 추방해 버린다. 싸움하기 싫은 이삭은 거주지를 옮기는데 그 원주민이 살 수 없다고 버린 땅으로 간다.

그런데 그런 곳에 가서도 이삭이 정착하고 우물을 파기만 하면 참 좋은 수로의 근거지를 얻어 생활에 아무런 지장이 없고 오히려 부요해졌다. 반면에 그랄 원주민들이 빼앗은 우물은 오히려 말라 버렸다. 그래서 원주민은 계속해서 이삭을 찾아가서 이삭이 우물을 파서 물을 얻으면 또 빼앗고 이삭을 추방한다. 그러나 이삭은 끝까지 양보한다.

그런데 묘한 일이 벌어진다. 빼앗은 원주민은 점점 망하고, 빼앗긴 이삭은 점점 더 흥하게 된다. 결국 그들은 이삭을 보고 당신은 여호와 하나님께 복을 받은 사람이라고 말하고 원주민의 통치자 아비멜렉과 군대장관 비골이 이삭을 찾아와서 화해하기를 요청하여 서로 형제 같이 지내게 되었다.

양보하면 복을 받는다

"나를 미워하여 나로 너희를 떠나게 하였거늘"(27절)

아브라함 때에 흉년이 들었더니 이삭 때 또 흉년이 들어서 애굽으로 내려가려고 하였으나 가나안 땅에 머물라고 하여서 그곳에 머물렀더니 하나님께서 그 해 백배나 수확하는 복을 주셨다(16절).

당시 그랄 지역은 풍년이 들면 대략 20-25배 수확을 거둘 수 있었다. 로빈슨은 다른 사람과 비교할 때 파격적인 수확을 거둘 수 있었던 것은 가는 곳마다 우물을 파서 생수를 얻을 수 있었기 때문이었다고 한다. 그래서 그곳 사람들이 시기하여 이삭에게 도전한다.

첫 번째 우물의 이름이 '에섹'(강탈하다)이다. 불법적으로 그들이 이삭을 가해하였다는 뜻이다.

두 번째 우물의 이름은 '싯나'(대적하다, 공격하다)다. 이것은 '사단'과 같은 뜻으로서 불법의 세력은 언제나 선량한 자의 삶을 시기하고 곤경에 빠뜨리는 속성을 가지고 공격해 온 것을 의미한다.

세 번째 우물은 '르호봇(넓다. 확장하다)' 인데, 이삭이 어려움을 잘 인내하고 양보하였더니 하나님께서 축복해 주신 것을 의미한다.

그리고 마지막 우물은 '세바'(맹세하다)다. 이것은 이삭이 완전 승리를 뜻한다. 사람들은 한두 번은 잘 참을 수 있는데 끝까지 참기는 어렵다. 가해자였던 블레셋 왕 아비멜렉과 정치고문 아후삿과 군대장관 비골이 이삭을 찾아온 것을 보면서 이삭은 승리자였음을 알 수 있다. 이삭은 원망도 시기도 없이 그저 모든 것을 양보했는데 이것이 축복의 기초가 되었다.

성실하면 복을 받는다

"여호와께서 너와 함께 계심을 우리가 분명히 보았으므로"(28절).

당시 중동지역에 공동으로 신에 대한 명칭이 '엘로힘' 이었다. 이 단어를 사용하지 아니하고 이스라엘 사람들이 신에 대하여 사용하던 '여호와' 란 단어를 쓴 것을 보면 이스라엘의 하나님이 가장 위대하다는 것을 인정하고 있다. 이삭은 우물을 양보한 뒤 불모지와 같은 땅으로 이주하여 장막을 치고 여기서 다시 성실하게 우물을 판다. 그런데 이상하게도 언제나 그 우물에는 항상 좋은 물이 넘쳤다. 그러나 그랄 원주민이 이삭이 팠던 우물을 빼앗아 자기 것으로 삼으면 그 우물은 곧 물이 말라 버렸다. 그래서 그들은 여호와께서 너와 함께 하심을 우리들이 분명히 보았다고 고백하는 것이다.

여기서 이삭이 하나님과 함께 하는 삶은 첫째, 가는 곳마다 단을 쌓았다. 이것은 하나님께서 약속해 주신 것을 믿고 감사하는 생활이다. 두 번째는 근면과 성실한 삶을 유지했다. 이삭은 환경이 바뀌고 문제가 생겨도 근면과 성실로 모든 문제를 극복한다. 원망, 신세한탄, 자포자기가 아니라 천국을 향하여 성실한 삶을 살아간다.

"세례요한의 때부터 지금까지 천국은 침노를 당하나니 침노하는 자는 빼앗느니라"(마 11:12). 천국은 그 속에 들어가고자 하는 자에게만 문을 열어주고 그 속에 들어오는 모든 자에게 그 나라의 은사를 축복으로 준다. 중요한 것은 이삭을 미워하며 시기하던 이방 사람들의 눈에 하나님과 함께 하는 이삭의 성실, 경건, 근면의 삶을 보여 줄 수 있었다는 것으로 오늘을 사는 우리들에게 참으로 귀한 교훈과 도전이 된다.

〈유대인 할아버지의 희망〉이란 책에 하드리아우누스 황제가 갈릴리 디베라 지방을 순시하다가 무화과나무를 심고 있는 한 노인을 만나 다음과 같이 대화를 나누는 장면이 나온다. "당신은 젊어서 무엇하고 늙어서 무화과나무를 지금 심고 있는 거요?" 그 노인은 대답하기를 "젊어서도 심었고 지금도 계속하고 있습니다"하고 답하자 다시 황제가 묻는다. "당신의 나이는 몇 살인가?" "백 살입니다." "이 나무의 열매를 따먹을 수 있다고 생각하는가?" "하나님이 허락하시면 먹을 것이고 그렇지 않으면 자녀나, 손자가 먹을 것입니다. 만약 열매를 따게 되면 좋은 것을 황제에게 바치겠습니다."

그로부터 6년 뒤 그 노인이 열매를 따서 황제에게 드리니 황제가 노인의 성실성에 감격하여 황금으로 보상했다고 한다. 평소에 유대인을 멸시하던 황제가 유대인에게 황금을 하사는 것을 보고 신하가 황제에게 묻기를 "황제시여! 당신은 유대인을 멸시하거늘 어찌하여 그 사람에게 황금을 하사하였나이까?" 황제가 대답하기를 "하나님이 은총을 베푸시는데 내가 어찌 막을 수 있느냐"라고 말했다.

용서하면 복을 받는다

"이삭이 그들을 보내매 그들이 평안히 갔더라"(31절).

　이삭이 하나님과 함께 하는 사람인 줄 알고 화친을 맺고자 찾아 온 사람들을 극진히 대접하여 큰 잔치를 베푼다. 그 잔치는 '우호동맹 기념 축제'였다. 사람이 약하면 비굴해 지기 쉽고, 강해지면 교만하여서 자기의 힘을 과시하기 쉬운데 이삭은 모든 것을 이해하고 용서한다. 그리고 우호동맹 기념 축제를 열어서 그들을 정말 즐겁게 해주고 그들을 평안히 가게 하였다. 이것을 원문으로 읽어 보면 언약을 맺은 당사자들은 형제와 같이 우정을 나누었다고 기록한다.

　예수님께서도 "예물을 제단에 드리다가 거기서 내 형제에게 원망들을 만한 일이 있는 줄 생각나거든 예물을 제단 앞에 두고 먼저 가서 형제와 화목하고 그 후에 와서 예물을 드리라"(마 5:23-24)고 하신다. 회개의 사건은 예배드리기 바로 전이다. 이때 성령께서 우리들의 마음을 민감하게 하셔서 모든 잘못이 생각나게 하신다. 그때 양심적으로 생각나지 아니한 것은 용서된 것이다. 양심적으로 생각난 것은 그때 바로 회개해야 한다. 형제와 진심으로 화목해야 한다. 왜냐하면 형제와 담이 가로 막혀버리면 하나님과의 깊은 교제가 이루어질 수 없기 때문이다.

　이삭이 참으로 아브라함과 같이 믿음의 조상이요 축복의 조상이 될 자격을 갖춘 것은 용서의 사람이었기 때문이다. 하나님의 축복은 그냥 오

는 것이 아니다. 구약에서 용서의 사람을 찾으라고 하면 요셉을 들 수 있
다. 17세 때에 은전 20개에 팔려 파란 만장한 생애를 보냈지만 야곱이 죽
고, 떨고 있는 형들에게 "당신들은 두려워 마소서 내가 당신들과 당신들
의 자녀를 기르리이다"(창 50:21) 하고 그들을 간곡한 말로 위로하였다.
용서는 '악에게 지지 않고 선으로 악을 이기는 방법' 이다.

　우리들도 하나님의 축복을 받고자 하면 양보의 삶을, 성실의 삶을, 용서
의 삶을 살아가야 한다. 교회력으로 오늘이 금년의 마지막 주일이고 다
음 주일부터 대림절이 시작된다. 금년에 주신 하나님의 복을 기억하며
감사드리고, 앞으로 주실 복을 위해 이삭처럼 살아가시기 바란다.

통곡하시는 예수님

가까이 오사 성을 보시고 우시며 가라사대 너도 오늘날 평화에 관한 일을 알았더면 좋을 뻔하였거니와 지금 네 눈에 숨기웠도다 날이 이를지라 네 원수들이 토성을 쌓고 너를 둘러 사면으로 가두고 또 너와 및 그 가운데 있는 네 자식들을 땅에 메어치며 돌 하나도 돌 위에 남기지 아니하리니 이는 권고 받는 날을 네가 알지 못함을 인함이니라 하시니라(누가복음19:41-44).

영국의 작가 토마스 무어의 작품 중 '실낙원'에 보면 이런 내용이 나온다. 한 천사가 이 땅에 파송되어 제일 귀한 것을 가져오기 전에는 천국의 문은 열려지지 않는다. 그래서 천사는 애국자가 흘리는 마지막 한 방울의 피를 가지고 갔지만 허사였다. 다음으로 사랑하는 연인들의 사랑의 뜨거운 가슴을 가져갔지만 역시 문은 열리지 아니했다. 고민하다가 어느 작은 교회 새벽기도회에서 한없이 흘리는 한 무명 성도의 참회의 눈물을 가지고 천국 문을 열었다는 내용이다.

스펄전 목사님은 천국 가는데 필요한 것은 회개의 눈물이므로 천국은 마른 눈으로 들어 갈 수가 없다고 했다(NO coming to heaven with dry eyes).

성경에 예수님이 우셨다는 기록이 더러 나오는데 본문에서 우신다는 것은 "가까이 오사 성을 보시고 우시며"(눅 19:41)라고 기록되어 있다. '우신다' 는 것은 단순히 눈물을 흘리시며 슬퍼하신다는 것이 아니라 분을 삭일 수가 없어 울음을 터트리며 소리내어 통곡하는 것이다. 다시 말해서 행동으로 우는 것을 뜻한다. 왜 예수님께서 평화의 도성, 축복의 도성, 영원한 왕국의 상징인 예루살렘을 보시고 대성 통곡하셨을까?

그 주변에는 제자들을 비롯해 예루살렘의 회복을 기다리며 예수님께서 기적을 나타내시어 원수의 나라 로마제국을 멸망시키시고 당당하게 정권을 잡을 것을 바라고 구경하러 온 수많은 사람들이 보고 있는데 그런 것을 개의치 아니하시고 마치 어린아이처럼 갑자기 큰소리 내어 우셨을까.

평화를 잃었기 때문이다

"너도 오늘날 평화에 관한 일을 알았더라면 좋을 뻔하였거니와"(42절).

'너희에게 평화를 가져다주는 것이 무엇인지 알았으면 좋았을 텐데' 라는 뜻이다. 예루살렘은 여호와 이레와 샬롬이 합쳐진 명칭인데, 여호와께서 친히 준비하신 평화의 도성이다. 창세기 14장 18절에 보면 원래 예루살렘의 본 이름은 '살렘' 이었다. 다윗이 정복하여 다윗 성을 건축하였고(삼하 5:7-9), 언약궤를 이곳으로 옮겼으며(삼하 6:12-17), 솔로몬이 이곳에 성전을 건축하였다(왕상 5:5-8). 그리고 복음이 처음으로 이곳에서 전파되었다(행 2:1-47).

예루살렘은 영적 교회의 상징의 도성이며, 평화의 도성이었다(히 7:2). 그런데 이곳에 살고 있던 백성들이 하나님의 말씀을 떠나 세상으로 흘러감으로써 스스로 평화를 포기하였다. 그러나 그때마다 하나님은 그 성을 포기하지 아니하시고 무수한 선지자를 보내셨다. 하지만 다 돌로 치고 그 성읍에서 추방해 버리므로 마지막으로 외아들 예수님을 그곳에 보내셨다. 죄악으로 완악해진 그들은 예수님을 잡아 십자가에 못을 박아 처형하므로 평화는 파괴되고 진노만 남게 되었다. "화평케 하는 자는 복이 있나니 저희가 하나님의 아들이라 일컬음을 받을 것임이라"(마 5:9).

2003년 2월10일 서울 양천구 지역 어느 교회에서 전임목사와 후임목사가 교회 시무 문제로 서로 다투다가 전임목사가 후임목사를 밀쳐서 뇌진탕으로 세상을 떠났다. 전임자는 후임자가 지병이 있었다고 주장한다. 후임자의 가족들은 전임자의 폭행이라고 주장한다. 경찰은 전임자를 구속하고 죽은 후임자의 시체를 부검하기로 했다는 내용이 TV뉴스에 보도되었다.

여러분은 이 사건을 어떻게 생각하는가? 다른 사람들은 싸워도 성도들은 화평해야 하며, 성도들은 싸워도 목회자는 평화를 만들어야 한다. 그런데 목사끼리 싸워서 서로 죽이는 이 세상을 주님이 보시면서 통곡하시지 않겠는가? 나도 그날 새벽에 눈물을 많이 흘렸다. 목회자가 어떻게 하다가 이 지경까지 왔는지 한심하다. 참으로 통곡해야 할 일이다.

토성을 쌓았기 때문이다

"네 원수들이 토성을 쌓고 너를 둘러 사면으로 가두고"(43절).

‘네 원수들은’ 로마 병사들을 뜻하고, ‘토성’ 을 쌓는다는 것은 적진의 지휘본부나 병사들이 점령하고 있는 기지의 주변을 흙으로 높이 성을 쌓아서 주변 모든 사람과 단절시키고 또 불안과 공포의 분위기를 조성하며, 물자가 반입되는 것을 막아 그곳에 있던 사람들은 항복하든지 아니면 굶어 죽게 하는 군사적 방법이다. 예수님께서 예언하신 대로 AD 70년 로마제국의 티투스 장군이 예루살렘 성 밖에 토성을 쌓으므로 당시 유월절을 지키기 위하여 각지에서 모여든 100만 명이 그 성에서 굶어 죽었다고 역사가 요세푸스는 증언하였다.

원수는 토성을 쌓고 있는데, 그곳 거민들은 안일하게 생활하면서 아무런 대비를 하지 않고 오히려 이 멸망을 예언하시는 예수님을 십자가에 못박으려는 음모나 꾸미고 있으니 한심한 일이 아닐 수 없다.

우리들은 어떤가? 정부는 백성들이 근면 성실히 살아갈 수 있도록 계도해야 하는데 오히려 복권을 부추기고 있으니 걱정이다. 더 나아가서 가슴이 답답하다. 예수님은 지금도 우리들을 향하여 원수들이 토성을 쌓고 있다고 가르쳐 주신다. 토성은 하루아침에 쌓아지는 것이 아니다. 지금처럼 중장비가 없던 시대에 오랜 시간 원수들은 토성을 계속 쌓고 있다. 그런데 이를 그냥 구경만 하고 있는데 문제가 있다. 설마 그 토성 때문에 우리가 망하겠냐면서 오히려 토성을 쌓는 것을 보면서도 아무런 대책을 세우지 아니하니 자연히 원수에게 패망 당하고 만다.

“예루살렘아 예루살렘아 선지자들을 죽이고 네게 파송된 자들을 돌로 치는 자여 암탉이 제 새끼를 날개아래 모음같이 내가 너희의 자녀를 모으려 한 일이 몇 번이냐 그러나 너희가 원치 아니 하였도다”(눅 13:34). “보라 너희 집이 황폐하여 버린바 되리라”(35절). 노아가 방주를 오래 동안 만들면서 심판을 예언했지만 설마 온 땅이 물로 침몰할까 하던 자들은 다 죽게 되었다.

자식들이 죽기 때문이다

"자식들을 땅에 메어치며 돌 하나도 돌 위에 남기지 아니하리니"(44절).

'메어친다, 납작하게 만든다, 바닥에 메어친다' 는 것은 예루살렘 도성이 적에게 멸망당할 때 어린 자녀들이 비참하게 살육당하게 될 것을 상징적으로 예언했다. 즉 살아 남을 사람이 없다는 뜻이기도 하다. 하나님께서는 성도들에게 반드시 피할 길을 주신다고 하셨다. 아브라함의 기도처럼 의인과 죄인이 같이 멸망당하는 것은 그렇다고 해도 어린아이들은 너무 억울하지 않은가?

그런데 왜 이렇게 되었는가? 그것은 어린아이들도 자신들의 죄로 인하여 멸망을 당하기 때문이다. 지금 시대는 어려운 시대이다. 지난 화요일 심방을 마치고 제1여전도회 간친회 예배를 인도하고 식당으로 식사를 하러 가는데 50대 초반의 한 여성이 담임목사를 찾기에 내 방에서 상담했다. 현재 고1인 딸은 신답교회 중?고등부에 출석을 잘하고 있는 학생으로 집을 나가서 5일째 행방이 묘연하다는 것이다. 그 학생의 이름을 적어놓고 간절히 기도하고 보냈다.

그 뒤 중?고등부 출석부에서 그 학생을 확인했더니 우리 교회에 등록이 되어 있지 않았다. 그 학생의 어머니께 전화해서 당신 딸이 우리 교회 출석하지 않는다고 했더니 그 학생은 분명히 신답교회의 주보를 가지고 있었다고 했다. 문제는 그 학생이 우리 교회에 출석하느냐 하지 않느냐가 중요한 것이 아니라 장래가 구만리 같은 청소년들이 개학을 앞두고 집을 뛰쳐나가 행방을 알 수 없다는 것이다.

여러분의 자녀들은 어떤가? 머리에 노란 물을 들여도 집으로 들어오면 감사하게 생각기 바란다. 지금 여러분의 자녀들이 죽어가고 있다. 그래서 예수님은 "예루살렘의 딸들아 나를 위하여 울지 말고 너와 너의 자녀를 위하여 울라"(눅 24:28)고 하셨다. 자녀들의 영이 죽으면 교회와 가정을 떠나게 된다.

　지금 사단은 여러분의 자녀들을 여지없이 메어치고 있다. 예수님은 변질되는 청소년들을 보고 통곡하신다. 그러므로 우리는 깨어 근신하며 우리의 신앙을 돌아보는 삶을 살아야 한다.

주께서 주신 사랑의 약속

주께서 오른손을 드신즉 땅이 그들을 삼켰나이다 주께서 그 구속하신
백성을 은혜로 인도하시되 주의 힘으로 그들을 주의 성결한 처소에 들
어가게 하시나이다(출애굽기 15:12-13).

슈베르트의 대표적 작품은 미완성 교향곡(Unfinished symphony)이
다. 그런데 보통교향곡은 4악장으로 이루어져 있는데 이것은 2악장
까지만 있다. 이와 같이 그 교향곡은 완성되지 못하였지만 2악장으로도
아름다운 작품이 되었다고 하여 미완성교향곡이라고 불리어지게 되었다.
그러나 아무리 아름다운 작품이라고 해도 이것은 미완성작품이다. 이 땅
에 수많은 사람들이 살아가고 있는데 사람들이 하는 모든 것들은 미완성
으로 끝마치는 경우가 많다.

금년은 참으로 정치적으로 경제적으로 사회적으로 너무 어려워 그저 살아 있는 그 자체만으로 우리들은 감사해야 할 것이다. 그럼에도 불구하고 우리들은 확실한 목적을 가지고 최선을 다해야 한다. 그때 하나님께서 우리와 함께 해주시면 나름대로 어떤 목적을 달성하게 될 것이다. 즉 인간에게는 미완성이 있지만 하나님께서 하시는 일에는 미완성이 없다. "너희 속에 착한 일을 시작하신 이가 그리스도 예수의 날까지 이루실 줄을 우리가 확신하노라"(빌 1:6). 오늘 본문은 홍해를 기적으로 건넌 이스라엘 민족들이 감사 승리의 노래로 하나님을 찬양하는 노래 말이다.

개역성경은 "주께서 그 구속하신 백성을"(13절) 하고 문장이 시작되지만 원문은 "주님께서는 사랑의 약속으로 구원해 주신 백성을 이끄셨습니다"라고 기록한다. 그래서 오늘 설교제목을 주께서 주신 사랑의 약속이라고 정하고 본문을 같이 읽고 생각하고자 한다.

구원의 약속

"주께서 그 구속하신 백성을"(13절 상).

'구속하다' 의 의미는 '무르다, 값을 치르고 되 사다' 라는 뜻이다. 이것은 빚으로 인해서 팔린 사람을 가장 가까운 형제나 친척이 속죄의 값을 치르고 그 사람의 재산이나 생명을 보호한다는 것이다. 친척을 살해한 자를 찾아 복수한다는 의미로도 사용한다. "그 사람이 그에게 본래 혐원이 없으니 죽이기에 합당치 아니하나 두렵건대 보수자의 마음이 뜨거워서 살인자를 따르는데 그 가는 길이 멀면 그를 따라 미쳐서 죽일까 하노라"(신 19:6). 죄를 지은 자는 죄의 종이므로 그 값을 치르기 전에는 절대로 자유로울 수 없다. 그래서 하나님께서 그 죄의 값을 대신해서 지불해 주시고 우리들을 그 죄의 덫에서 벗어나게 하시겠다고 약속하셨다. 이

것이 이스라엘 민족사에서는 430년 간 애굽에서 노예로 살던 이스라엘 민족을 해방시켜 주신 일이다.

우리가 예수 믿게 된 것도 우리가 먼저 한 것이 아니라 하나님의 계획 속에서 먼저 우리를 아시고 정해두셨다가 선택하심으로 때가 되어 예수 믿게 하신 것이다. 그러므로 예수 믿고 사는 것이 얼마나 큰 축복인지 모른다. 그래서 교회 다니며 예수 믿는 것을 소홀하거나 가볍게 생각하면 안 된다. 하나님의 은혜가 아니었으면 이스라엘 민족이 영원토록 애굽의 종으로 살 수밖에 없었다. 바울 사도는 "나의 나 된 것은 하나님의 은혜로 된 것이니 내게 주신 그의 은혜가 헛되지 아니하여 내가 모든 사도보다 더 많이 수고하였으나 내가 아니요 오직 나와 함께 하신 하나님의 은혜로라"(고전 15:10)고 고백하였다.

여러분들도 하나님께 선택받는 것이 얼마나 귀한지 아셔야 한다. "여호와께서는 여러분의 조상을 돌보시고 사랑하셔서 그들의 자손인 여러분을 오늘 이렇게 다른 모든 나라 가운데서 선택하여 주셨다"(신 10:15). 선택의 기준은 아무도 모른다. 결과적으로 나와 여러분이 선택되었다는 사실이 참으로 중요하다.

"우리가 알거니와 하나님을 사랑하는 자 곧 그 뜻대로 부르심을 입은 자들에게는 모든 것이 합력하여 선을 이루느니라 "(롬 8:28).

인도의 약속

"은혜로 인도하시되"(13절 중).

'인도하다' 의 의미는 길 같은 것을 안내하다의 뜻으로 특히 방향감각이 무딘 양의 무리를 선한 목자가 인도하는 것을 가리킨다. "여호와는 나의 목자시니 내가 부족함이 없으리로다 그가 나를 푸른 초장에 누이시며 쉴 만한 물가로 인도하시는도다"(시 23:1, 2) 하고 노래했다. 우리는 양 같아서 때때로 갈 길을 잃어버리거나 방향감각이 둔하여서 잘못된 길을 갈 때가 있다. 그때 목자이신 하나님께서 매를 때려 징계해주심으로 깜짝 놀라 방향을 찾는 수도 있고, 또는 구렁텅이에 빠지면 그곳에서 건져내어 바른 길을 가기도 한다.

본문에서 은혜로 인도하신다고 했다. '은혜'는 친절, 자비를 뜻한다. 이스라엘 민족은 출애굽해서 광야 길을 계속 걸어서 젖과 꿀이 흐르는 가나안 땅에 들어가야 하는데 그 광야는 낮에는 덥고, 밤에는 추워서 견딜 수 없을 정도다. 그런데 하나님께서는 이런 상황 가운데서 낮에는 구름기둥으로, 밤에는 불기둥으로 저들의 가는 길을 인도해 주셨다. "그것이 너의 다닐 때에 너를 인도하며 너의 잘 때에 너를 보호하며 너의 깰 때에 너로 더불어 말하리니"(잠 6:22) 했는데 그것이 무엇인가? "내 아들아 네 아비의 명령을 지키며 네 어미의 법을 떠나지 말고"(잠 6:20). 여기서 명령, 법은 성령의 감동과 성서 속에 기록한 계명을 뜻한다.

성령의 감동을 따라 순종하고 또 하나님의 약속을 반드시 지키면 하나님께서 언제나 그 약속대로 인도해 주신다는 것이다. "네 아버지와 어머니를 공경하라 이것이 약속 있는 첫 계명이니 이는 네가 잘되고 땅에서 장수하리라"(엡 6:2,3)고 하셨는데, 이 길을 따라 살아가면 반드시 하나님의 보호를 받게 된다는 것이다. 이스라엘 민족이 애굽에서 가져온 양식이 떨어지니 만나와 메추라기로 먹이셨고 옷 한 벌로 40년을 입었는데 떨어지지 아니했다고 말씀한다.

광야 사막에는 물이 없었다. 그때 반석에서 생수가 나게 하셔서 시원한 물을 실컷 마시게 했다. 1967년 6월 4일에 중동전쟁이 벌어졌다. 소위 '6일 전쟁'이라고 한다. 2백만이 2억을 6일 간 해치우고 이스라엘 수상이 미국을 방문했을 때 수상 베긴을 보고 "이스라엘의 그 막강한 힘이 어디서 나옵니까?"라고 물었다. "이스라엘 군대에게 절대로 내려서는 안 되는 명령이 하나 있습니다. 그것은 앞으로 가라는 명령입니다." 그러면 무엇이라고 명령하느냐고 물으니 "나를 따라오라"고 한다는 것이다. "예수님께서 제자들에게 나를 따라오너라"(마 4:19). 언제나 예수님께서 제일 먼저 앞장서서 걸어가시면 제자들은 그를 뒤따라갔다(요 10:4). 목자가 앞서가면 양이 따라오게 되어 있다.

승리의 약속

"주의 힘으로 그들을 주의 성결한 처소에 들어가게 하시나이다"(13절 하).

승리란 결국 어떤 목적을 달성하는 것이다. 여기서 '주의 성결한 처소'란 의미는 거룩한 땅으로서 가나안 복지를 의미하지만 영적으로는 영원한 천국을 말한다. 주님의 백성으로 선택받은 사람들은 거칠고 험한 세상을 통과해야 하는데 세상을 통과하는 것이 중요한 것이 아니라 하나님께서 약속해 주신 어떤 목적지에 안착해야 한다. 여기서 '처소'는 쉰다는 기본 어근에서 유래된 명사로서 정착하여 쉴 수 있는 곳이다. 이 세상에서는 집을 뜻하지만 성도들이 궁극적으로 쉴 수 있는 곳은 하나님의 나라, 천국이다. 또 '힘으로'라는 말은 '우세하다, 단단하다'의 뜻에서 온 말인데 그 무엇도 그 누구도 방해할 수 없는 강한 힘을 뜻한다.

인간 구원을 완성하시는 삼위일체 하나님의 능력을 말한다. "여호와여 주의 오른손이 원수를 부수시니이다"(출 15:6). 원수는 이스라엘을 괴롭히는 애굽을 말하지만 하나님을 믿는 성도를 괴롭히는 사단을 뜻하는데, 여기서 '부수시다'란 말은 '조각을 내어 가루가 되게 한다'는 뜻이다. 즉 애굽 사람들을 홍해 속에 던져 섬멸하심을 의미한다. 은혜와 긍휼히 풍성하신 하나님은 한 번 약속하시면 반드시 지키신다. 지금 우리에게 구원의 확신이 있다고 해도 계속 성경 읽고 기도하면서 우리들의 신앙이 약해지지 아니하도록 계속 노력해야 한다. "마지막에 웃는 자가 참으로 웃는 자"(잠 31:25)라고 말씀하셨다. 출애굽해서 가나안 복지, 젖과 꿀이 흐르는 땅에 들어간 사람은 결국 여호수아와 갈렙 두 사람뿐이었다.

우리 모두에게 영적 꿈이 있다. 욕심 없는 그 꿈은 반드시 성취된다. 그러므로 하나님께서 인도해 주시는 그 길을 따라 계속 전진해야 궁극적인 목적지에 들어가게 된다. 미국은 일찍부터 회사에 장애인 고용법이 있다. 어느 회사 장애인이 휠체어에 앉아 밝은 얼굴로 일을 열심히 해주어서 회사 사장이 관심 있게 보다가 그 비결을 물었다. 장애인이 말하기를 "저에게는 전화번호가 있습니다. 예레미야 33:3절, 너는 내게 부르짖어라 내가 네게 응답하겠고 네게 알지 못하는 크고 비밀한 일을 네게 보이리라. 확실하게 승리하는 이 전화번호부를 때때로 사용하게 되면 그 누구도 삶이 확실히 달라지게 될 것입니다"라고 말했다.

하나님의 사랑은

하나님이 세상을 이처럼 사랑하사 독생자를 주셨으니 이는 저를 믿는 자마다 멸망치 않고 영생을 얻게 하려 하심이니라(요한복음 3:16).

오늘은 이웃 초청 총동원 주일 및 전도집회 첫째 날이다. 구원의 방편인 성경은 신약이 27권, 구약이 39권으로 전체 66권이다. 어떤 부흥사는 천국의 전화번호는 66국에 3927이라고 한다. 구원 받자면 성경전체를 읽고 듣고 배워야 하는데 오늘 짧은 시간에 다 읽을 수는 없고 성경 한 절을 읽으면 성경 전체를 이해하는 데 도움이 되는 성구가 바로 요한복음 3장 16절이다. "하나님이 세상을 이처럼 사랑하사 독생자를 주셨으니 이는 저를 믿는 자마다 멸망치 않고, 영생을 얻게 하려 하심이니라" (요 3:16). 종교개혁자 루터는 이 성구를 '작은 복음' (Little Gospel), 또는 '복음들 속에 있는 복음' (the Gospel within the Gospel) 이라고 했다.

그리스도인들은 하나님을 소개할 때 사랑의 하나님이심을 강조한다. 사랑은 하나님의 가장 위대한 속성이다. 사람들이 하나님의 사랑을 이해하는 데 다소간의 문제가 있다. 왜냐하면 하나님께서 우리들이 이 세상에 살아갈 때 수많은 어려운 문제, 병 고침, 많은 사고, 취업 등 무수한 시련 등에서 건져 주신 것으로만 하나님의 사랑으로 이해하는 때가 있다.

참으로 귀한 것은 하나님께서 독생자를 주서서 우리들을 죄악에서 건져 영생을 얻게 하신데 있다. 그래서 예수 믿어도 좋고 안 믿어도 괜찮은 것으로 쉽게 생각한다. 그런데 아니다. 반드시 믿어야 구원을 받는다. 이 사실을 요한복음 3장 16절에서 분명히 말씀하신다. 성경구절 모두를 잊어버린다고 해도 반드시 요한복음 3장 16절은 기억해야 한다. 우리가 반드시 구원받고 더 나아가서 구원 받지 못한 내 가족 일가친척 그리고 이웃사람들에게 요한복음 3장 16절을 잘 가르쳐 주어야 한다.

이 세상을 사랑하심으로

"하나님이 세상을 이처럼 사랑하사"(16절 상).

세상은 생물이 존재하는 현장과 그곳에 사는 과거와 현재 모든 인간들을 일컫는 말이다. 하나님이 천지를 창조하셨을 때는 온갖 열매로 풍성하게 하셨다(창 1:11). 그러나 인간의 범죄로 인해 큰 변화가 일어났다. "땅이 네게 가시덤불과 엉컹퀴를 낼 것이라 너의 먹을 것이 밭의 소산인즉 네가 얼굴에 땀이 흘러야 식물을 먹고 필경은 흙으로 돌아가리니 그 속에서 네가 취함을 입었음이라"(창 3:18-19).

이렇게 아름답고 살기 좋던 땅이 인간의 조상인 아담과 하와의 범죄를 말미암아 땅이 저주 받아 가시와 엉컹퀴 같은 잡초로 가득되었다. 그리고 인간들은 수고의 땀을 배나 흘리며 평생을 고생하다가 필경은 흙으로 돌아갈 수밖에 없게 되었던 것이다. 흙은 인간 몸의 재료였기에 '흙으로 돌아간다'는 것은 구원 받지 못하고 영멸할 수밖에 없다는 것을 의미한다.

그래서 이 땅에 무질서가 와서 혼돈하고 공허하게 되었다. 그러므로 이 세상은 사랑할 아무런 가치가 없어졌다. "이 세상에 근심된 일이 많고 참 평안을 몰랐구나 / 이 세상에 곤고한 날이 많고 참 쉬는 날 없었구나 / 이 세상에 죄악 된 일이 많고 참 죽을 일 쌓였구나"(찬송가 474장) 하고 노래하고 있다. 그런데 하나님께서는 당신의 본체가 사랑이시기 때문에 이 세상을 사랑의 대상으로 삼고 진심으로 사랑하셨다.

그러므로 나와 여러분들도 하나님의 그 크신 사랑을 받아 오늘까지 호흡이 연장되고 또 더 나아가서 구원받을 기회를 얻게 되었다. 이 사실을 분명히 알고 이 사랑을 알 수 있도록 모든 사람들에게 가르쳐 주어야 한다. 이것을 전도라고 한다. 예수님은 당시 사람들이 죄인으로 취급하던 세리장 삭개오, 창기 막달라 마리아, 전에 남편을 가졌던 음란한 여인 귀신 들린 자, 38년 동안 병들어 고통 받던 자, 주님을 배척하고 교회를 핍박하던 자 등 수많은 소외당한 군중과 세상에서 흉악한 자들을 참으로 사랑하시면서 저희 죄를 알지 못하였사오니 용서하여 달라고 하나님 아버지께 기도했다.

독생자를 주셨다

"독생자를 주셨으니"(16절 중).

독생자는 성육신의 교리의 기초가 된다. 교리사를 보면 에비온파(Ebionism)는 그리스도의 신성을 부인하는 유대의 한 종파이며, 도게데파(Docetism)는 물질은 악하므로 예수님은 육신을 입지 않고 있다는 가

현설을 통해 인성을 부인했다. 그리고 영지주의(Gnosticism)도 예수님의 인성을 부인했다. 그 뒤 니케아 회의에서 칼케톤 회의 거치면서 아리우스는 그리스도를 천사처럼 하나님의 피조물이라 하여 그의 신성을 부인하다가 정죄를 받았다. 아다나시우스는 그리스도는 하나님과 동질성을 주장하며 하나님의 신성이 인간의 몸 속에 내재하셨다고 하였다.

성육신의 교리는 네 가지로 나누어 설명할 수 있다. ① 그리스도는 양성이 있다. ② 그 양성은 완전하고 참되다. ③ 그는 불변하며 영원하다. ④ 이 양성은 그리스도의 인격 속에 연합되어 있다.

독생자를 주셨다는 것은 보냈다(Send)는 의미보다 주셨다(Give)는 의미가 크다. 인간의 죄를 위하여 희생제물이 되었다는 것이다. 그리스도는 본래 하나님과 동등하신 분으로 흠과 티가 없으신 거룩하신 분이셨다. 하나님께서 인간을 구원하시기 위하여 이 땅에 인간의 몸을 입고 오게 하셨고 모든 인간의 죄를 대속하시기 위하여 십자가 처형당하셨다. 하나밖에 없는 외아들인 예수님을 우리 인간들을 위하여 주셨다. 이것은 말로만 사랑한 것이 아니라 실제로 행동으로 보여 주신 것이다.

아브라함도 하나님께서 "네가 나를 사랑한다는 증표 보여 달라"고 하셨을 때 100세에 얻은 금지옥엽 같은 외아들 이삭을 모리아산 제단에서 드리려고 했다(창 22장). 하나님께서 우리들을 사랑하시는 방법은 외아들을 아낌없이 주신 것이다. 그 주신 하나님의 사랑을 아직도 깨닫지 못한다고 하면 참으로 어리석은 사람이다. 기독교는 참으로 사랑의 종교다.

B.C 6세기에 파사의 고레스 왕이 있었다. 그는 전투에서 유명한 적장을 생포하고 그 가족도 생포했다. 부인은 절세 미인이고 아들은 영특하였다. 고레스가 적장을 불러서 물었다. "내가 네게 자유를 준다면 너는 무엇을 주겠느냐?" "재산의 절반을 드리겠습니다. 아들에게 자유 준다면 나머지 재산을 다 드리겠습니다. 만약 네 아내에게 자유를 준다면 제 목숨을 드리겠습니다." "그 이유가 무엇인가?" "예, 저는 제 아내를 생명같이 사랑합니다."

고레스 왕은 그가 비록 포로로 잡은 적군이었지만 감격하여 모든 가족을 석방했다고 한다.

구원하시기 위해

"이는 저를 믿는 자마다 멸망치 않고 영생을 얻게 하려하심이니라"(16절 하).

하나님은 사랑의 본체요 온 인류의 아버지이기 때문에 다 멸망하도록 방치하지 않고 계속 힘쓰고 계심을 보여 주신다. 중요한 것은 하나님께서 하실 일을 전부 다 해주셨다는 것이다. 이제는 우리 인간들이 할 일만 남았다. 철야 기도하거나 금식하는 금욕적 생활이 아니라 하나님이 하신 일을 나의 것으로 받아들이는 일이다. 이것은 하나님의 말씀에 응답하거는 것이며 명령에 순종하는 것이다. 그래서 종교개혁자들은 '오직 믿음'(sola fide)이라고 주장했다. 아브라함은 믿음의 조상이고 바울이나 베드로는 믿음의 스승들이지만, 오직 신앙 대상은 예수 그리스도뿐이다.

"다른 이로서는 구원을 얻을 수 없나니 천하 인간에 구원을 얻을 만한 다른 이름을 우리에게 주신 일이 없음이니라"(행 4:12)고 하였다. 멸망은 영원히 죽는 것이다. 반면 영생은 영원히 사는 것이다. 어떤 이는 내세가 없다고 한다. 그래서 육체는 금세뿐인 것같이 보인다. 그러나 우리들의 영의 세계는 영원하다. 그러므로 마지막 날에 육체가 부활하고 신령한 몸으로 변화되어 영혼과 함께 영원히 사는데 가장 중요한 것은 죄 문제가 해결되어야 한다. 죄의 값은 사망이기 때문이다. 그리스도께서 우리들의 죄를 대신하셨기 때문에 "누구든지 그리스도 안에 있으면 결코 정죄함을 받지 아니하고, 저를 믿는 자마다 멸망치 않고 영생을 얻게 하려 함이니라”(롬 8:1)고 했다.

여러분은 그분을 구주로 영접하셨는가? 그렇다면 결코 멸망 받지 않고 영생을 얻는다. 아직 믿지 못하시는 분이나 처음 오신 분이 있다면 오늘 그리스도를 구주로 영접하시기 바란다. 세례 요한의 제자들이 와서 예수님을 메시아로 확인하고자 할 때 다음과 같이 말씀하셨다. “소경이 보며 앉은뱅이가 걸으며 문둥이가 깨끗함을 받으며 귀머거리가 들으며 죽은 자가 살아나며 가난한 자에게 복음이 전파된다 하라”(마 11:5). 이 말씀은 병든 자가 치유 받고, 가난한 자가 해방을 누리며, 눌린 자가 자유를 얻게 되는 것이다. 메시아로 오신 예수님이 온 인류를 구원해 주신다는 것이다.

여호와의 날개 아래

여호와께서 네 행한 일을 보응하시기를 원하며 이스라엘의 하나님
여호와께서 그 날개 아래 보호를 받으러 온 네게 온전한 상 주시기를
원하노라 (룻기 2:12)

우리 교회는 지난 주일 추수감사절로 주님이 명령하신 거룩한 성례와
성도들이 준비하신 감사예물을 드리며 하나님 앞에서 신령과 진정
으로 예배를 드렸다. 인간들은 과학을 통하여 자연을 지배한다고 하지만,
자연은 과학을 수단으로 인간의 마음과 꿈을 피우게 하고 깃들어 살 보금
자리를 얻게 한다. 정직한 자연은 주는 만큼 되돌려 준다. 젊은 나이에 남
편과 사별하고 아무 유산도 희망도 없는 시댁에서 혼자 남은 시어머니를
모시고 살 길이 없어 보리 이삭을 줍기 위해 들판을 찾는 가련한 여인 룻
이라는 사람이 있다.

그는 위로 하나님을 굳게 믿고 현실적으로는 자기보다 더 불쌍한 시어머

니를 위하여 남의 들녘을 누비면서 보리 이삭을 줍는다. 룻은 이방 여자이면서 가난하고 남편이 없으므로 두렵고 떨리는 마음으로 일했다. 그러자 그 땅에 가장 유력하고 권력, 재력, 명예를 가진 자가 이 여인을 알아보고 이렇게 말했다. "내 딸아 들으라. 너는 다른 밭으로 가지 말며 이 밭을 떠나지 말며 나의 소녀들과 함께 있어라 여기서 이삭을 줍되 목이 마르면 소녀들이 길러 온 물을 마시라. 나는 너희에 대한 소식을 듣고 알고 있다. 소년들도 너를 건드리지 않게 하겠다."

룻은 놀랐다. 이삭을 줍게 하는 것도 너무 감사한데 인간으로 대접을 받는 감격은 참으로 잊을 수 없었다. 그의 얼굴은 흙먼지와 땀으로 화장했고 뜨거운 태양 빛 아래 종일토록 일했지만, 그 말을 듣고 가슴에 벅차올랐다. 짧은 인생을 살아오면서 이렇게 기쁘고 감사한날을 맞자 그는 하나님을 진실로 믿고 부모님께 효도하면서 참으로 정직하고 근면하게 살아간다면 보아스의 넉넉한 날개보다 더 안전하고 풍부한 여호와의 날개 아래 영원히 머무르게 될 것을 깨달았다.

보호의 자리

"그 날개 아래 보호 받으러 온 네게"(12절).

이와 관련된 다른 성경구절이 있다.
"여호와께서 그를 황무지에서 짐승의 부르짖는 광야에서 만나시고 호위하시며 보호하시며 자기 눈동자같이 지키셨도다 마치 독수리가 그 보금자리를 어지럽게 하며 그 새끼 위에 너풀거리며 그 날개를 펴서 새끼를 받으며 그 날개 위에 그것을 업는 것같이 여호와께서 홀로 그들을 인도하셨고 함께한 다른 신이 없었도다"(신 32:10-11).
"암탉이 제 새끼를 날개 아래 모음같이 내가 너희의 자녀를 모으려 한 일이 몇 번이냐 그러나 너희가 원치 아니하였도다"(눅 13:34).

신명기 기자는 그곳이 짐승들이 부르짖는 광야 같은 곳이라도 직접 찾아가서서 눈동자같이 지켜 주셨다고 간증한다.

본문의 주인공 룻의 신분은 이방인이었으며 가정적으로는 남편과 사별한 처지이므로 가정에서 자유인이 되어 아무도 그를 지키거나 보호해줄 사람이 없었다. 그래서 그녀에게 어떤 행동을 해도 그녀는 법적으로 무방비 상태에 있었다. 이 불쌍한 여인이 시어머니 통해서 하나님을 만났다. 하나님만이 자신을 보호해 주실 것을 확신한 그는 어떻게 하면 하나님의 보호를 받을 수 있을까를 생각한 뒤 하나님의 마음에 꼭 드는 일만 찾아서 하기로 결심했다. 그 다음부터 그렇게 살았다. 그랬더니 하나님께서 은총의 날개로 룻을 보아스의 밭으로 인도하셔서 보아스로 하여금 룻을 지키게 하심으로 이 불쌍한 여인은 이방인으로서 모든 위험에서 벗어날 수가 있었다.

"하나님은 우리의 피난처시요 힘이시니 환난 중에 만날 큰 도움이시라 그러므로 땅이 변하든지 산이 흔들려 바다 가운데 빠지든지 바닷물이 흉용하고 뛰놀든지 그것이 넘치므로 산이 요동할지라도 우리는 두려워 아니하리로다(셀라)"(시 46:1-3).

감리교 창시자 존 웨슬리가 여섯 살 때의 일이다. 그 집에 불이 나서 그 형제들은 모두 피해 나왔는데 웨슬레만 그 집 안에 남아 있었다. 아버지는 지붕이 무너지는 것을 보면서도 들어 갈 수가 없어 무릎 꿇고 간절히 기도했다. 그때 웨슬리는 2층 계단 아래에서 어머니(수난다)가 늘 기도하던 것이 생각나서 그곳에 엎드려 기도했는데 살아났다. 그 뒤 웨슬리에게 "사람이 불 속에서 타다 남은 나무동강이다"라는 별명이 따라다녔다.

은총의 자리

"내가 뉘게 은혜를 입으면 그를 따라서 이삭을 줍겠나이다"(룻 2:2절 하).
케일(Keil)은 "옛날이나 지금이나 사람들이 살고 있는 곳에는 법이 제대로 지켜지지 아니했다"고 한다. "너희 땅의 곡물을 벨 때에 너는 밭모퉁이까지 다 거두지 말고 너의 떨어진 이삭도 줍지 말며 너의 포도원의 열매를 다 따지 말며 너의 포도원에 떨어진 열매도 줍지 말고 가난한 사람과 타국인을 위하여 버려두라 나는 너희 하나님 여호와니라"(레 19:9-10).

하나님은 가난한 이웃과 같이 살아가서 복 받는 법을 저들에게 가르쳐 주었다. 하지만 그 법은 잘 지켜지지 아니했다. 있는 자는 횡포가 심하여 보리 이삭을 줍다가 몰인정한 주인을 만나거나 그 하인들을 만나면 이삭을 줍는 것은 고사하고 큰 해를 당하게 된다. 그래서 룻은 "어딘가 하나님을 잘 믿고 가난한 이웃을 자기 몸과 같이 사랑하는 그런 인자한 주인을 하나님께서는 반드시 어디에 남겨 두셨을 것입니다. 그런 사람을 만나면 따라 가서 보리 이삭을 주워 오겠습니다"하며 시어머니에게 승낙을 받고 들로 나간다.

  하나님은 신앙심이 돈독하여 정든 고향도 버리고 효심이 지극하여 아무것도 없는 늙은 시어머니 모시기 위하여 고생도 기쁨으로 감수하는 룻을 보아스의 밭으로 인도해 주셨다. 보아스는 하나님을 진심으로 경외하는 사람이었기에 하나님의 법을 잘 순종하였다. 그래서 그 주변의 사람들은 그를 존경하였고, 언제나 노임을 후하게 줌으로 그 사람의 밭에 일하려고 하는 노동자가 몰려왔다. 그래서 보리 이삭을 주우려는 사람들에게 도움을 주고자 일꾼들에게 보리 이삭을 일부러 떨어뜨리기도 했다. 그는 그곳에 와서 보리 이삭을 줍고 있는 사람들을 자기 식탁에 초대하여 같이 식사를 나누면서 주식, 간식, 물을 넉넉히 공궤도 해주었다. 사람은 참으로 좋은 사람을 만나야 한다. 이것은 은혜다.

오래 전 모방송국에서 노인 부부 초청하여 퀴즈를 푸는 프로그램이 있었다. 남편이 문제 를 내고 아내는 맞추는 것인데 사자성어 '천생연분'이 답이었다. 남편이 당신과 나 사이를 물었다. 그때 부인 '원수' 라고 대답했다. 남편이 다시 두 글자라 아니고 네 글자라고 하니 할머니는 알았다고 책상을 탁 치면서 하는 말이 '평생 원수' 라고 대답했다. 모든 청중이 크게 웃었다. 함께 사는 사람이 평생 원수가 아닌, 영원한 친구가 되어야 행복할 수 있다.

보상의 자리

"네게 온전한 상 주시기를 원하노라 그대에게 풍성한 상 주시기 원하노라" (12절 하).

하나님은 공평하신 분이므로 언제나 보상도 대충하시는 분이 아니시라 행한 일에 대하여 정확한 평가 통해서 합당하게 하신다. 보아스는 이것을 믿었다. 그래서 룻에게 보아스가 축복해줄 때 반드시 그렇게 보상해주실 것을 알고 룻에게 그것을 증거한다.
 "남편이 죽은 후로 네가 시모에게 행한 모든 것과 네 부모와 고국을 떠나 전에 알지 못하던 백성에게 온 일이 내게 분명히 들렸느니라" (11절). "믿음의 조상 아브라함이 하나님의 명령에 순종하여 고향을 떠나는 것과 같다" (창 12:1).
 그래서 아브라함은 복이 근원이 되었으며 자손과 땅을 받았다. 현대인들은 반드시 심은 대로 거둔다는 하나님의 말씀을 잊어버리고 자신의 삶에 대한 보상보다 과욕을 부릴 때가 많다.
 "이것이 곧 적게 심는 자는 적게 거두고 많이 심는 자는 많이 거둔다" (고후 9:6). 하나님이 살아계셔서 반드시 선악간에 심판해 주신다. 우리는 때때로 너무 성급하여서 선을 행해 놓고 어떤 보상이나 알아주는 사람이 없을 때 선을 그만하고 싶은 유혹이 온다. 그것은 참된 선행이 아니라 인간적인 바탕에서 나오는 일시적인 선행인 것이다. 하나님이 살아 계심을 믿고 언제나 최선을 다하면서 살아갈 때 반드시 때가 되면 하나님은 확실하게 보상해 주신다.

그 뒤 룻은 보아스와 결혼해 오벳이란 아들을 낳았다. 오벳의 아들이 이새이며 이새는 다윗의 아버지다. 히브리인들 세계에서는 이방인들은 개 또는 돼지 취급을 받았는데 보아스와 결혼한 것은 똑같은 인간대접을 받았다는 것이다. 그리고 룻은 예수 그리스도의 계보의 조상이 된 것은 룻의 행위에 하나님께서 정확하게 보상해 주셨음을 증거해 준다.

남양 군도에서 선교하던 선교사가 그곳 추장이 없는 사이에 그 마을 적대관계에 있던 추장이 쳐들어 와서 아비와 자녀를 납치해 갔다. 선교사가 찾아가서 잘 설득하고 가족을 찾아 돌아오니 추장이 너무 고마워 큰 돈으로 보답하고자 했다. 선교사가 사양하면서 이것은 하나님의 은혜라고 설명했다. 그 후 선교사는 그곳에서 선교의 열매를 거둘 수 있었다. "하나님이 나를 위하여 보수하시고 민족들로 내게 복종케 한다"(삼하 22:48)고 했다. 하나님은 우리의 행위를 보시고 가장 좋은 것으로 보상해 주신다.

두려워 말라

그러나 나의 종 너 이스라엘아 나의 택한 야곱아 나의 벗 아브라함의 자손아 내가 땅 끝에서부터 너를 붙들며 땅 모퉁이에서부터 너를 부르고 네게 이르기를 너는 나의 종이라 내가 너를 택하고 싫어버리지 아니하였다 하였노라 두려워 말라 내가 너와 함께 함이니라 놀라저 말라 나는 네 하나님이 됨이니라 내가 너를 굳세게 하리라 참으로 너를 도와주리라 참으로 나의 의로운 오른손으로 너를 붙들리라(이사야 41:8-10).

범브란트 목사님은 나치 치하에서 신앙을 지키기 위하여 수많은 고생을 했음으로 전신에 무수한 질병이 걸려서 걸어 다니는 종합병원이란 별명을 가지고 있었다. 그는 날마다 죽음의 공포에 짓눌려 있음으로 그곳에서 벗어나려고 성서를 읽으면서 새로운 용기를 얻곤 했는데 '두려워 말라' 는 말씀을 성경에서 찾아 붉은 줄을 그으면서 찾아보았더니 무려 366번이나 기록되어 있었다고 한다. 인간들은 언제나 두려움에 빠질 가능성이 있음으로 하나님께서 많은 곳에 '두려워하지 말라' 고 기록하셨다.

일년은 365일이다. 그렇다면 365번만 기록하면 되는데 왜 366번을 두려워 말라고 기록했을까. 그가 기도하면서 깨달은 것은 4년마다 윤년이 한번씩 찾아오는 것까지 생각해서 하나님은 기록하셨다는 것을 알게 되었다고 한다. '두려움' 은 헬라에 강력한 힘을 가진 포보스는 공포, 두려움의 신에서 유래한 것이다. 모든 인간들은 건강의 상실, 불투명한 미래 삶의 현장에서 밀려오는 무수한 시련들이 우리 인간들은 두려움에서 벗어날 수가 있을까?

창훈대교회 한명수 목사님도 원자력 병원에서 위암 3기 진단받고 수원까지 가는 한 시간 동안 입술이 다 타서 터져 피로 범벅이 되었다는 간증을 들었다. 어느 집사가 "목사님들도 그렇게 두렵습니까? 목사님들은 그래도 다른 믿음 가지고 계시는 줄 알았는데요"라고 말했다고 한다. 인간은 그 누구도 두려움에서 벗어날 수 없다. 어떻게 벗어날 수 있겠는가?

돕기 위해 함께 한다

"두려워 말라 내가 너와 함께함이라" (10절).

‘우리를 도와주시기 위해 언제나 어디서나 가장 가까이 계신다는 뜻이다. 우리가 몹시 배고플 때 수백 리밖에 있는 떡과 밥이 우리들에게는 아무 소용이 없는 것같이 가까이 계시지 않으면 당장 큰 도움이 될 수 없다. 이웃사촌이라는 말이 있다. 가까이 있는 사람이 먼 친척보다 낫다. “너는 마음을 강하게 하고 담대히 하라 그들을 두려워 말라 그들 앞에서 떨지 말라 이는 네 하나님 여호와 그가 반드시 너를 떠나지 아니하며 버리지 아니하시리라”(신 31:6).

“베드로가 바람을 보고 무서워 빠져 가는지라 소리 질러 가로되 주여 나를 구원 하소서 예수께서 즉시 손을 내밀어 저를 붙잡으시며 가라사대 믿음이 적은자여 왜 의심하였느냐”(마 14:30-31). 즉시 손을 내밀어 붙잡을 수 있을 만큼 예수님은 아주 가까이에 계셨음을 시사한다. 하나님은 언제나 사람들이 고통 받는 그 현장에 함께 계신다. 그 이유는 언제든지 사람의 힘으로 그 위험을 이길 수 없을 때 우리들을 도와주시기 위해서다. “이스라엘을 지키시는 자는 졸지도 주무시지도 아니 하신다”(시 121:4)고 고백했다.

예수님의 다른 이름이 ‘임마누엘’ 이다. 히브리어로 이런 의미를 갖고 있다. ‘임’ (함께), ‘마누’ (우리), ‘엘’ (하나님). 임마누엘은 합성어로 하나님이 우리와 함께하신다는 의미다. 하나님이 우리 인간들과 함께 하신다는 것은 하나님 편에서 볼 때 참으로 자신을 크게 희생하신 것이다. 이것은 하나님이 우리보다 먼저 사랑해 주신 것이다. 우리가 평안할 때는 참으로 못 느낀다. 그러나 위험의 순간에 두려워서 떨고 있을 때 가까이 계심을 느끼게 하셔서 참으로 위로 받게 된다. 하나님이 우리와 함께 하심을 반드시 믿을 때 두려움에서 벗어날 수 있다.

“바울아 두려워 말라 네가 가이샤 앞에 서야겠고 또 하나님께서 너와 함께 행선하는 자들을 다 네게 주셨다”(행 27:24). 바울을 호송할 책임자로 백부장 아구사도대 율리오가 아드라뭇데노 무역선으로 호송했다.

그 호송 중에 유라굴로 광풍을 만나 모두 죽게 되었을 때 바울은 기도 중에 천사의 음성을 듣는다. "두려워 말라. 안심하라. 평안하라. 하나님께서 함께 하셔서 다른 사람 구원케 하신다." 사명자는 사명을 다하기까지 결코 죽지 않는다.

도와줄 힘을 갖고 있다

"놀라지 말라 나는 네 하나님이 됨이라"(10절 중).

'놀란다' 는 것은 공포 심리를 의미한다. 심리학자들의 연구 결과 공포 심리는 염려에서 출발된다고 한다. 염려는 마음이 갈라진 상태를 뜻한다. "목숨을 위하여 무엇을 먹을까? 몸을 위하여 무엇을 입을까? 염려하지 말라"(마 6:25)고 했다. 염려하므로 마음이 갈라지면 사탄이 반드시 역사하기 때문에 사람의 힘으로 극복하기 불가능하다. 그때 그것을 해결할 수 있는 능력을 가지고 계신 분이 전지전능하신 하나님이다. 그 하나님이 믿는 자의 하나님이 되어 주신다는 것은 그 모든 공포에서 벗어나게 해주신다는 것이다.

우리들은 감각이 둔하여서 하나님이 참으로 도와주신 것을 깨닫지 못할 때가 많다. 하지만 시간이 지나면 하나님의 도우셨음을 깨닫고 감사할 때가 많다. 성경은 아벨이 하나님의 마음에 들도록 제사 지낸 것과 노아가 오랜 세월동안 비웃는 사람들의 수모를 견디면서 방주를 만들고 자신과 가족을 구원한 것, 모세가 이스라엘 민족 이끌고 홍해를 육지 같이 건넌 것, 다윗이 물맷돌 몇 개로 용장 골리앗을 쳐 이긴 것, 다니엘이 사자 굴 속에서 살아난 것 등 수많은 사건을 통해서 하나님이 되어 주심을 증거한다.

아무리 가까이 해주신다고 해도 공포에서 건져내어 주실 힘이 없다면 아무 소용이 없다. 바울은 "내게 능력을 주시는 자안에서 내가 모든 것을 할 수 있다"(빌 4:13)고 했다. 하나님을 하나님으로 믿으면 하나님께서 하실 수 있는 모든 것을 우리들도 할 수 있다는 고백이다. 우리들의 공포의 문제를 해결해 주실 힘을 가지고 계신 분이기에 그분이 '놀라지 말라' 하시면 우리들은 놀랄 것이 전혀 없다. 그런데 이것이 믿어지지 아니하면 인간만큼 약한 존재도 없다.

닉시즈멘 역무원이 냉장 차량에 일하는데 동료들은 아무도 없는 줄 알고 문을 잠그고 퇴근했다. 그 곳에 있던 닉시즈멘은 문을 두드리면서 애원했으나 소용이 없었다. 다음날 동료들이 와서 문을 열어보니 얼어 죽어 있었다. 그날 냉방 차량의 냉장 장치는 고장 나 있지만 추워서 곧 얼어 죽게 될 거란 공포에 사로잡혀 죽은 것이다.

돕겠다는 약속을 꼭 지킨다

"참으로 너를 도와주리라 참으로 나의 의로운 오른손으로 너를 붙들리라"(10절 하).

세상에는 무수한 약속이 있다. 그러나 그 약속은 거의 다 부도수표로 끝난다. 그럼에도 불구하고 하나님은 한번 약속한 것은 언제나 지키신다. "이스라엘의 지존자는 거짓이나 변개함이 없으시니 그는 사람이 아니시므로 결코 변개치 않으심이니이다"(삼상 16:29). 사람들은 어려울 때 꼭 도와주겠다고 약속해 놓고 막상 어려울 때 찾아가서 도와 달라고 요청할 때 도와주기는 커녕 "나는 당신과 약속한 것 없다"며 오리발을 내는 경우가 세상에는 허다하다.

여러분들도 그런 경우 당해 본 일이 수없이 많을 것이다. 그러나 하나님은 반드시 도와주신다. 다만 도와주시는 방법이 다양하여서 때로는 우리 인간들이 오해하는 경우가 있다. 참으로 초조하게 기다려야 하는 경우가 더러 있지만, 반드시 도와주신다. 우리는 세상에서 하도 많이 속아 보았기 때문에 때로는 하나님의 약속을 의심한다. "여호와께서 그 말씀대로 사라를 권고하셨고 여호와께서 그 말씀대로 사라에게 행하셨으므로 사라가 잉태하고 하나님의 말씀하신 기한에 미쳐 늙은 아브라함에게 아들을 낳으니 아브라함이 그 낳은 아들 곧 사라가 자기에게 낳은 아들을 이름하여 이삭이라 하였다(창 21:1-3).

"사무엘이 돌을 취하여 미스바와 센 사이에 세워 가로되 여호와께서 여기까지 우리를 도우셨다"(삼상 7:12) 하고 그 이름을 에벤에셀이라 하니라. 블레셋과 전투에서 사무엘 목사님은 떨고 있는 이스라엘 사람들을 미스바에 모아 성회를 열고 새 힘을 얻어 블레셋을 쳐서 승리하고 기념 비석을 세웠다. '여기까지 도우셨다' '약속을 지키셨다' 는 의미 있는 기념 비석이다. "참으로 도와주리라 참으로 의로운 오른손으로 너를 붙들리라" 는 말씀 꼭 믿으시고 새 힘을 얻기 바란다.

데이빗L 웨더포드는 이렇게 말했다. "힘이 없어 춤추지 못하게 되면 앉아서 찬송하리라. 찬송할 힘이 없으면 휘파람을 불리라. 숨이 가빠서 휘파람도 불수 없으면 성경 읽으면서 주님의 음성에 귀를 기우리리라. 그 음성을 들을 힘도 없어지면 눈을 감고 조용히 기도하리라. 기도도 못하게 되면 하나님께 돌아가게 될 텐데 그 무엇 때문에 두려워하랴." 할렐루야! 아멘.

오늘 구원이 이 집에 이르렀다

주인이 그에게도 이르되 너도 다섯 고을을 차지하라 하고(누가복음 19:19).

예수님은 수난의 장소인 예루살렘에 입성하시기 위하여 예루살렘을 향하여 가시다가 여리고 도성에서 세리장 삭개오를 만났다. 그 만남을 통해 삭개오는 구원받게 되는데 이 사건은 누가복음만 소개하고 있다. 9절에 "오늘 구원이 이 집에 이르렀다"고 예수님은 선포하신다. 오늘이란 시간을 강조하시면서 그 누구도 주 예수 그리스도를 자신의 구주로 영접하면 그 시간에 구원이 성취된다는 것이다. 그리고 구원은 개인적인 성격을 띠는 것이 신학적 의미가 있는데, 구원이 이 집에 이르렀다고 하심은 삭개오 한 사람이 예수님를 영접하여 가족을 위해서 영적 사명을 잘 감당할 것을 염두에 두고 하신 말씀이다. "이 사람도 아브라함의 자손임이로다”(9절 하). 삭개오가 유대인이 아니었다는 뜻이 아니라 유대인들도 예수님과 상관관계가 없으면 구원 받을 수 없고 이방인이라 할지라도 예수 그리스도를 영접하면 구원받을 수 있음을 가르쳐 주고 계신다.

구원은 죄에서 용서 받아 새 생명을 얻었고 천국 시민으로서 자격을 얻어서 이 땅에서 영원에 이르는 것을 뜻한다. 예수 믿고 산다고 하면서도 아직 구원에 확신이 없다면 오늘 본문을 통해서 구원에 확신을 가져야 한다. 삭개오 이야기는 어린 교회학교 학생들도 너무나 잘 알고 있는 성서속의 드라마다. 오늘 본몬 통해서 같이 은혜 받고 하나님의 구원의 은총이 오늘 여러분들이 가정 위에 꼭 임하시기 바란다.

간절한 바람이 있는가

“저가 예수께서 어떠한 사람인가 하여 보고자 하되”(3절).

삭개오는 키가 작은 사람이다. 예수님의 소문을 찾아 갔지만 사람이 많아 만날 수 없었다. 그는 간절히 예수님을 만나고 싶었다. ‘보고자 하되’ 는 미완료형으로 계속적으로 예수님을 보기 위해서 애쓰고 있다는 뜻이다.

그런데 불행하게도 신체적인 조건이 불리했다. 키가 작고 예수님 주변에는 언제나 수많은 사람들이 에워싸고 있었기 때문이다. 그뿐 아니라 그는 세리장이요, 부자였다. 당시 세리들은 유대인의 세금을 강제 징수하여 로마 정부에 바치던 사람들이었기에 유대인들 사이에는 창기와 같이 악한 사람으로 규정되었다. 그가 부자였기에 더욱 소외당한 군중들이 운집한 곳에는 언제나 떳떳하게 나갈 수 없어 고민이 컸다. 그럼에도 불구하고 삭개오는 예수님을 만나고자 하는 일념은 절대 포기할 수 없었다. 그래서 예수님이 지나 가시는 길가에 있는 뽕나무 위로 올라갔다. 인간의 체면이나 자존심 같은 것은 전부 버렸다. 오직 예수님을 만나고자 하는 선한 목적을 위하여 모든 것을 버릴 수 있는 사람이었다.

우리들이 구원에서 제외되는 것은 우리 자신이 간절히 갈망하는 마음이 부족하기 때문이다. 우리들도 삭개오같이 예수님을 간절히 갈망하는 열정이 언제나 마음속에 활활 불타고 있어야 한다. 이런 갈망을 가진 사람들 중에서 예수님을 못 만난 사람은 하나도 없다. "가나안 여자하나가 그 지경에서 나와서 소리 질러 가로되 주 다윗의 자손이여 나를 불쌍히 여기소서 내 딸이 흉악히 귀신들렸나이다 하되"(마 15:22). "자녀의 떡을 취하여 개들에게 던짐이 마땅치 아니하니라 여자가 가로되 주여 옳소이다마는 개들도 주인의 상에서 떨어지는 부스러기 먹나이다 하니… 여자여 네 믿음이 크도다 네 소원대로 되리라 하시니 그 시로부터 그의 딸이 나으니라"(마 15:26-28).

귀신들린 자신의 딸을 고치기 위하여 본의 아니게 개 취급 받으면서도 포기하지 아니한 거룩하고 순고한 한 어머니의 간절한 소망이 딸을 고쳤다.

예수님을 영접해야

"급히 내려와 즐거워하며 영접하거늘"(6절).

"예수께서 그곳에 이르사 우러러 보시고 이르시되 삭개오야 속히 내려오라 내가 오늘 네 집에 유하여야 하겠다"(5절). 삭개오의 갈망이 이루어지는 시간이 왔다. 언제나 준비하고 기다리는 사람에게 축복의 시간이 온다. 삭개오가 뽕나무 위에서 기다리고 있는 바로 그 장소로 지나가시다가 삭개오를 쳐다보시고 "그 나무 위에서 속히 내려오라 오늘은 내가 너의 집에서 머물러야 하겠다"고 말씀하셨다. 삭개오는 급히 내려온다. '급히 내려온다' 는 것은 말씀을 듣고 그 말씀에 언제나 우선순위를 둔다는 것이다.

어떤 가정을 심방했다. 그 가정은 최근에 집도 사고 이사도 하고 참으로 많은 일들이 있었다. 그런데 교회 식당에 식탁 의자를 한 조를 기증하면서 이렇게 말했다. "목사님 우리식구가 네 사람인데 다 앉아 식사해야지요. 제일 먼저 그 식탁의자 값을 드리지 못해서 죄송합니다." 급히 내려와서 즐거워하며 영접한다는 것은 즐겁다, 기쁘다는 뜻이다.

탑골 공원에 가을이 오면 수많은 낙엽이 떨어진다. 어느 날 환경 미화원이 땀을 흘리면서 낙엽을 쓸고 있었는데 지나가던 신사가 "여보시오. 참으로 수고 많이 하십니다" 하고 인사했다. 그러자 "여름에 수많은 사람들이 이 나무 그늘 아래서 쉬게 해준 이 나무가 그저 고맙고 감사하지요" 하고 대답을 했다고 한다. 이 미화원처럼 건강한 정신으로 시민을 위해 봉사하는 마음을 가진 사람은 언제나 자기 하는 일이 짐이 되지 않을 것이다. 삭개오는 즐거움으로 예수님을 자기 집에 영접했다. 우리도 예수를 믿고 사는 일이 즐겁고 기뻐서 해야 예수님 통해서 진정한 구원을 얻을 수 있을 것이다.

"내가 떡을 조금 가져오리니 당신들의 마음을 쾌활하게 하신 후에 지나가소서 당신들이 종에게 오셨음이니이다 그들이 가로되 네 말대로 그리하라"(창 18:5). 아브라함은 자기 집에 온 손님을 아주 즐거운 마음으로 잘 접대한다. 롯도 아브라함에게 배워서 길손을 잘 접대하다가 천사들을 대접하고, 그 천사들이 소돔 고모라 성이 멸망할 것을 가르쳐 주므로 저들이 소알 성까지 피난 가서 구원받았다(창세기 19장).

변화가 필요하다

"삭개오가 서서 주께 여짜오되 주여 보시옵소서 내가 소유의 절반을 가난한 자들에게 주겠사오며 만일 뉘 것을 토색한 일이 있으면 사배나 갚겠나이다"(8절).

인간은 그 누가나 진리에 부딪치면 반드시 변하게 되어 있다. 나쁘게 변하면 영멸하고 지옥에 가지만, 좋게 변하면 구원받고 천국을 얻게 된다.

삭개오는 좋게 변한 사람이다. 자기의 전 재산의 절반을 가난한 사람들을 위하여 미련 없이 내어 놓겠다는 것이다. 이 뜻은 하나님께서 자기에게 재산을 주실 때 가난한 사람들의 몫도 그 속에 포함되어 있음을 깨닫고 그 재산을 헌금하겠으니 예수님께서 가난한 사람들에게 고루고루 나누어 달라는 뜻이다. "만일 토색한 일이 있으면 사배나 갚겠나이다." '토색하다' 는 구체적으로 법을 남용한 행위인데 세리장으로서 부당한 방법으로 세금을 갈취한 것이 있으면 네 배로 갚겠다는 것이다.

율법은 "이웃에게 불법으로 갈취한 것에 1/5 배상하고(민 5:7), 도둑질한 것은 사 배로 갚는다" (출 22:1)고 기록되어 있다. 삭개오는 율법을 넘어서 철저하게 회개할 것을 예수님께 고백하였다. 완악하고 교만했던 세리장 삭개오는 진리에 부딪혀 완전히 깨어져서 가루가 되었다. 삭개오의 고백은 예수님께 인정을 받는다. 우리들이 때때로 잘못하여 하나님 앞에 철저히 회개한다. 그러나 용서 받은 증거가 무엇인가? 하나님께서 "너의 죄를 용서하였노라" 하시고 응답하시는 경우가 혹시 있지만, 거의 하나님은 침묵하신다. 그러면 용서의 증거가 무엇인가? 내적으로는 평안함이요, 외적으로는 변화된 삶이다. 변화된 생활이 이 땅에서 나타나야 한다. 하나님 두려운 줄 알고 이웃을 내 몸처럼 사랑하는 삶을 살아야 한다.

가룟 유다는 진리를 만나고 나쁘게 변하여 구원에서 제외되었고, 삭개오는 진리를 만나고 좋게 변하여 구원받아 아브라함의 자손이 되었다.

천국이 가까웠느니라

요한이 잡힌 후 예수께서 갈릴리에 오셔서 하나님의 복음을 전파하여
가라사대 때가 찼고 하나님 나라가 가까웠으니 회개하고 복음을 믿으라
하시더라(마가복음 1:14-15).

총회교육부가 제정한 금년 여름성경학교 주제는 하나님의 나라와
생명이다. 오늘은 하나님의 나라에 대하여 생각해 보고자 한다.
천국 하면 좀 추상적인 것 같다. 그러나 이것은 성서의 가장 기본적 바
탕이며 성도들의 신앙생활에 구체적인 목표가 된다. 그런데 어느 통계
를 보니 성도들 가운데 천국을 믿는 사람은 15퍼센트라고 한다. 그러면
왜 신앙생활은 하느냐고 물으니 그저 윤리적으로 깨끗하게 살고 또 정
신적으로 위로받기 위하여 교회 다닌다고 대답하고 있다.

예수님 당시는 정치적으로 로마의 억압 속에 시련을 겪고 있었다. 경제적으로 흉년이 들어 어렵고 또한 세금에 시달리며 윤리적으로 너무나 퇴폐하였으므로 이상적인 메시아 왕국이 오기를 기다리고 있었다. 예수께서 물고기 두 마리와 떡 다섯 개로 5천 명을 먹였을 때, 무리들이 예수님을 잡아 억지로 왕으로 삼고자 했을 때 예수님은 저들을 피하여 다른 곳으로 가셨다.

예수님께서는 하나님의 나라에 대하여 바로 가르쳐 주시고 그 나라가 임하려고 하면 성도들이 철저하게 회개하고 성령의 충만함을 받아 진리를 따라서 바르게 살아가야 함을 알려 주셨다. 현대교회의 고민은 성도들 자신이 진리에서 너무 멀리 떨어져 살고 있으면서도 하나님의 나라를 기다린다는 것이다. 오늘 우리들은 천국(하나님의 나라)에 대하여 바른 인식을 가지고 천국이 이 땅에 이를 수 있도록 헌신하고 봉사해야 한다. 오늘 본문을 통해서 우리 같이 은혜 받고 여름성경학교를 위해서 물심양면으로 봉사하고 우리들도 천국건설의 역군이 되기를 바랍니다.

천국의 의미

"하나님의 나라가 가까웠으니"(15절).

성서 속에 천국, 하나님의 나라와 관련된 용어는 두 가지가 있다. 하나는 하나님의 나라(Kingdom of God)이고 다른 하나는 하늘나라(Kingdom of Heaven)다. 어떤 때는 같은 뜻으로 쓰이기도 하지만, 성서를 자세히 연구해 보면 하나님의 나라는 그 나라의 통치권자가 하나님이신 것을 강조하고 하늘나라는 눈에 보이지는 않지만, 반드시 존재하는 하나님의 통치 영역 또는 통치 범위를 강조하고 있다.

그래서 하늘나라는 주로 천국으로 번역한다. 엄밀히 따지면 천국(하늘나라)은 이 다음 우리가 세상을 떠나서 가는 마지막 신천지이고, 하나님의 나라는 예수님께서 오시면 이 땅에서 이루어지는 것을 의미한다. 그런데 오늘 본문은 두 개를 같은 뜻으로 말씀하신다. 즉 하나님의 주권이 행사되시는 것, 하나님께서 다스리시는 것이다. 기드온은 일찍이 이스라엘 사람들에게 "내가 너희를 다스리지 아니하겠고 나의 아들도 너희를 다스리지 아니할 것이요 여호와께서 너희를 다스리시리라"(삿 8:23)고 했다.

여호와께서 다스리신다는 것은 여호와의 의지가 실현되는 것을 말한다. 구체적으로 ① 하나님의 사랑, "우리에게 주신 성령으로 말미암아 하나님의 사랑으로 우리 마음에 부은 바 됨이니"(롬 5:5). ②하나님의 용서, "예수께서 가라사대 네게 이르노니 일곱 번 뿐 아니라 일흔 번씩 일곱 번이라도 할지니라"(마 18:22). ③ 하나님의 지혜, "오직 부르심을 입은 자들에게는 유대인이나 헬라인이나 그리스도는 하나님의 능력이요 지혜니라"(고전 1:24). ④하나님의 권능, "내가 만일 하나님의 손을 힘입어 귀신을 ◎아내는 것이면 하나님의 나라가 이미 너희에게 임하였느니라"(눅 11:20). ⑤ 하나님의 구원, "그리스도 예수 안에 있는 구속으로 말미암아 하나님의 은혜로 값없이 의롭다 하심을 얻은 자 되었느니라"(롬 3:2) 등의 실현을 뜻한다.

이 모든 것은 넓은 의미에서 하나님의 행동을 말한다. 헌터(A.M Hunter)는 "하나님의 주권이 행해지는 곳이 바로 천국이다"라고 말했다.

천국의 통로

"회개하라"(15절).

하나님의 나라는 과거 어느 한 시점에서 이루어진 것이 아니다. 현재의 역사와 무관하다가 미래의 어느 한 시점에서 갑자기 완성되는 것도 아니다. 하나님께서 천지를 창조하시고 통치하셨으나 아담이 범죄함으로 하나님의 나라가 일시 중지되었다. 그 뒤 예수 그리스도께서 오셔서 대속의 제물이 되어 예수 그리스도를 통해서 천국이 새롭게 이루어지게 되었다.

그래서 그 천국은 예수 그리스도를 통해서 가능하게 된다. "예수께서 가라사대 내가 곧 길이요 진리요 생명이니 나로 말미암지 않고는 아버지께로 올 자가 없느니라"(요 14:6).

예수님께서 제일 처음 하신 설교가 무엇인가? "회개하고 복음을 믿으라"(막 1:15). 참으로 회개하지 않으 복음이 복음으로 믿어지지 않는다. 회개는 죄 된 생활을 철저하게 뉘우치고 잘못된 생활에서 완전히 떠나는 것을 뜻한다. 이것은 방향을 바꾸는 것이다. 어떤 사람들은 회개했다고 하면서도 자신의 잘못을 그리스도 앞에 내어 맡기지 못하고, 다시 자신이 짊어지는 경우가 있다. 그때 그 사람의 마음속에 평강이 임하지 않는다.

지난 주일 오후 3시 중곡동 실로암 교회에 가서 예배를 드렸다. 그 교회는 장애인들과 같이 예배드리는 교회로 1억 4,000만원을 들여 교회를 지어 헌당하는 데 순서를 맡아서 갔다 왔다. 그 교회는 95퍼센트가 타 교회의 지원으로 지었다.

그런데 교회를 건축하는 과정에서 약 1억 1천만 원의 재정이 부족했지만, 담임목사인 박찬규 목사님은 편안한 마음이었다고 한다. 그것은 하나님이 교회를 세우시고 도와주신다는 확신이 들었기 때문이라고 했다. 예수님께서 회개하고 복음을 믿으라고 하신다. 복음을 통해서 하나님의 나라가 임하기 때문이다.

천국의 성취

"복음을 믿으라"(15절).
"또 여기 있다 저기 있다고도 못하리니 하나님의 나라는 너희 안에 있느니라"(눅 17:21).

바리새인들의 질문에 예수님께서 답변하신 말씀으로 두 가지 해석이 있다. 바리새인들은 외식자로서 악의가 가득 차 있어 불가능하고, 너희들 가운데 죄를 회개하고 복음을 받아들인 예수님의 제자들 가운데 또 더 나아가서 복음을 증거한 터 위에 거룩한 무리 교회 안에 이루어진다는 뜻이다.

그렇다면 복음의 힘이 얼마나 위대한가를 알 수 있다. 그래서 교회는 반석 위에 굳게 세워야 한다. 복음을 통해서 하나님의 주권이 행사될 수 있어야 한다. 하나님의 주권이 무시되고 인간의 뜻이 교회를 지배하게 되면 그 교회는 분쟁과 고통으로 상처만 남게 된다.

교회는 복음을 수용하여 복음을 사수하고 복음을 전파하여 이 땅에 하나님의 나라가 임하게 해야 한다. 그래서 교회 안에 가라지는 뽑아 버리고 알곡 신자를 잘 양육해야 하는데 이것이 바로 여름성경학교와 수련회이다. 여름성경학교는 어떤 재미있는 프로그램보다도 성경을 잘 가르쳐 주어야 하고, 천국건설의 역군들을 양육, 수련시켜야 한다. 하나님의 나라는 현실감이 없다고 한다.

그렇지 않다. 여러분의 마음속에 진리를 담아 보라. 예수님을 통치자로 모셔 보자. 참으로 행복감을 반드시 맛보게 될 것이다. 주일학교뿐 아니라, 가정에서 하나님의 나라가 반드시 임하도록 목적의식을 가지고 올 여름을 보내기 바란다.

5장

토기장이 하나님

인재를 키우자

사울이 예루살렘에 가서 제자들을 사귀고자 하나 다 두려워하여 그의 제자 됨을 믿지 아니하니 바나바가 데리고 사도들에게 가서 그가 길에서 어떻게 주를 본 것과 주께서 그에게 말씀하신 일과 다메섹에서 그가 어떻게 예수의 이름으로 담대히 말하던 것을 말하니라 사울이 제자들과 함께 있어 예루살렘에 출입하며 또 주 예수의 이름으로 담대히 말하고 헬라파 유대인들과 함께 말하며 변론하니 그 사람들이 죽이려고 힘쓰거늘 형제들이 알고 가이사랴로 데리고 내려가서 다소로 보내니라(사도행전 9:26-30).

독일의 작가 노바리스라는 사람이 쓴 '푸른 꽃' 이란 소설이 있다. 20세 된 주인공 하인리히라는 청년이 꿈을 꾸었는데 꿈 속에서 아름다운 푸른 꽃 한 송이를 본다. 그 꽃이 너무 아름다워 꽃 가까이 가서 손을 대는 순간에 그 꽃은 아름답고, 상냥한 소녀로 변했다. 꿈이 너무나 생생하여 그 푸른 꽃을 찾기 위하여 집을 떠나 여행을 시작했다. 수많은 고생 끝에 아우구스부르크에서 할아버지 친구인 시인 크링스오르를 만나서 그 집에 머무르는 동안 그분의 딸 마리데를 만났다. 그녀를 본 순간 꿈 속에서 본 푸른 꽃이 바로 마리데라는 것을 깨닫고 진심으로 뜨겁게 사랑했다.

그 후에 또 꿈을 꾸었다. 이번에는 푸른 꽃 마리데가 나룻배를 타고 노 젓는 데 갑자기 큰 풍랑이 덮쳐 그만 수장당한다. 그것은 꿈이 아니라 현실로 다가와 그녀는 죽고 만다. 하인리히는 그녀의 죽음을 애통해하면서 인간의 최고의 고통을 경험함으로 그 절망을 딛고 승화되어 세계적으로 유명한 시인이 된다.

이 소설은 독일 청소년들에게 큰 소망을 주었다. 고통은 인간에게 괴로움과 슬픔을 주지만 그 고통으로 인해 인간을 승화시키고 위대한 인물로 거듭나게 한다.

"꿈이 없는 민족은 망한다"(잠 29:18)고 했다. 하나님의 형상대로 사람을 만드신 하나님은 사람을 사랑하사 범죄한 사람을 구원하시려고 독생자 예수님을 이 땅에 보내셔서 십자가와 부활을 통해서 인간을 구원하셨다. 이제는 성령을 통해 성도와 함께하심으로 사람을 구원하시는데 도구로 사용하고 계신다. 우리도 이제는 사람을 귀중히 여기고 인물을 키워서 하나님의 역사에 동참하게 해야 한다.

오늘은 청년의 주일이다. 다음 세대를 이끌 주인공은 청년이다. 우리도 이제는 사람을 귀중히 여기고 인물을 키워서 하나님의 역사에 동참하게 해야 한다.

하나님의 은혜로 시작된다

"주께서 가라사대 가라 이 사람은 내 이름을 이방인과 임금들과 이스라엘 자손들 앞에 전하기 위하여 택한 나의 그릇이다"(15절 하).

'택한 그릇'은 천한 그릇(렘 22:8). 빈 그릇(렘 51:34)을 상징하는 히브리 표현법으로 볼 수 있으나, 구약에서는 이스라엘 민족을 가리키고, 신약에서는 성도(개인). 본문에서는 교회를 위하여 수고하는 일꾼을 뜻한다.

바울 자신은 분명히 자신이 선택받은 것을 알고 있었다. "내가 어머니의 태로부터 나를 택정하시고 은혜로 나를 부르신 이가(갈 1:15)"라고 했다. 또한 전에는 훼방자요, 핍박자요, 포행자였으나(딤전 1:13), 지금은 긍휼을 입은 것은 내가 믿지 아니할 때에 알지 못하고 행하였음이라고 했다. "우리 주의 은혜가 그리스도 예수 안에서 있는 믿음과 사랑과 함께 넘치도록 풍성 하였도다"(14절). "나의 나 된 것은 하나님의 은혜로 된 것이니 내게 주신 그의 은혜가 헛되지 아니하였다"(고전 15:10)고 했다.

사람이 참 사람이 되고 또 더 나아가서 큰 인물로 역사에 흔적을 남기려면 반드시 하나님이 도와주서야 한다. 요셉 같은 인물도 젊어서는 친형들에게 미움을 사서 파란만장한 생애를 보냈다. 그러나 하나님께서 언제나 동행해 주서서 위태할 때 피할 길을 주셨고, 어리석은 것은 지혜를 주서서 잘 벗어나게 하셨다. 범죄할 수 없는 위험한 순간에도 하나님을 생각할 수 있는 신앙적인 양심을 주셨다.

하나님은 참으로 고마우신 분이다. 우리를 선택하시고 은혜를 베푸시고, 언제나 위기로부터 벗어나게 하실 때 언제나 먼저 해주신다. "너희가 나를 택한 것이 아니요 내가 너희를 택하여 세웠나니"(요 15:16). 이것을 신학적으로 '선수적 사랑'이라고 한다.

교회가 가장 중히 여겨서 할 일은 일꾼을 길러내는 것이다. 하나님이 은혜 베풀어 주시는 사람을 잘 선택해서 투자해야 한다. 이런 자는 그 마음 중심에 깊은 종교심이 있다. 하나님은 가인보다 아벨을, 에서보다 야곱에게 관심이 더 많았다. 야곱보다 에서가 세상적으로 볼 때 훨씬 더 매력이 있다. 그런데도 하나님이 야곱에게 은혜를 베풀어 주심은 야곱이 종교심이 더 컸기 때문이다.

본인의 노력이 필요하다

"사울이 예루살렘에 가서 제자들을 사귀고자 하나 다 두려워하여 그의 제자 됨을 믿지 아니하니"(26절).

사울은 특별한 은혜로 다메섹 도상에서 회심한 후 그곳에서 곧바로 복음을 전하였다. 그러나 다메섹에 있던 사람들은 사울이 대제사장의 공문을 가지고 예수 믿는 자들을 핍박하던 자인 줄 알고 그들은 사울을 죽이고자 하였다. 이것을 안 사울은 급하게 광주리를 타고 밤에 도주한다.

바울은 회심하고 즉시 복음을 전했고, 또 핍박이 심하니 그곳에 빠져 도망하는 적극적인 성품을 가지고 있었다. 이것을 좋게 생각하면 근면과 성실로 볼 수 있다.

다메섹을 떠나 3년의 세월이 흘렀다. 또한 로마 정부가 기독교인들을 크게 박해했을 무렵이었으므로 사울은 복음의 근거지인 예루살렘으로 올라가서 사도들과 사귀고자 했다. '사귀고자' 함이라는 단어는 '상종하는' '가까이 나아감'의 뜻이다. 그러나 사도들은 사울이 회심한 것을 믿지 아니하고 멀리하고자 했다.

이때 사울은 아라비아에서 3년 간 과거의 잘못을 철저히 회개하고 새 사람이 되었다. 그렇지만 다른 사람들은 선입견을 가지고 사울을 멀리하고 알아주지 아니했다. 그러나 사울 자신은 자포자기하지 아니하고 하나님의 사람으로 살고자 했다. "내가 이미 얻었다 함도 아니요 온전히 이루었다함도 아니라 오직 내가 그리스도 예수께 잡힌바 된 그것을 잡으려고 좇아가노라 뒤에 것은 잊어버리고 앞에 있는 것을 잡으려고 푯대를 향하여 그리스도 예수 안에서 하나님이 위에서 부르신 부름의 상을 위하여 좇아가노라"(빌 3:12). 어떤 의미에서는 하나님의 은혜에 대해서 인간적인 응답이라 할 수 있다. "이를 위하여 나도 내 속에서 능력으로 역사하시는 이의 역사를 따라 힘을 다하여 수고하노라"(골 1:29). 하나님의 은혜는 언제나 먼저 역사하신다. 우리는 그 은혜를 깨닫고 감사하면서 최선을 다하여 노력하고 응답해야 한다.

주변의 도움이 필요하다

"바나바가 데리고 사도들에게 가서 그가 길에서 어떻게 주를 본 것과 주께서 그에게 말씀하신 일을"(27절).

사람은 혼자 클 수는 없다. 잘한다고 격려해 주어야 하고, 도와주어야 한다. 그런데 이 세상은 그렇지 않다. 믿어 주고, 용서하기보다 실망을 주고, 아프게 하고, 부끄럽게 하여 도중에 포기하게 만든다. 이것은 사탄의 역사다.

성령의 사람들은 언제나 적극적인 사고를 가지고, 안 되는 것을 되게 한다. 바나바는 '위로의 아들'이란 별명을 가졌다. 그는 레위 지파의 후손이며, 구브로 섬 사람이다. 예루살렘에서 하나님의 은혜를 경험하고, 밭을 팔아 사도들에게 헌금하였으며 큰 칭찬과 인정을 받은 사람이다. 또한 안디옥교회가 크게 부흥하여 날마다 모이는 수가 많아지자 그를 선교사로 파송했다.

바나바는 마음이 넓고 남의 잘못을 용서할 줄 아는 관용의 사람이다. 사울이 복음을 전하는 하나님의 종으로 부르심을 받았지만 스데반의 죽음과 성도들이 핍박했던 과거의 허물 때문에 사도들이 사울을 용납하지 아니하였다. 그러나 적극적으로 사울을 천거하여 인정받게 했다. 그리고 은둔 생활하는 바울을 격려하고 용기를 주어 함께 안디옥 교회를 통해서 세계선교 사역을 감당하게 한다.

우리도 이제는 눈을 크게 뜨고, 주변을 잘 살펴서 인물을 물심양면으로 적극적으로 격려해서 키워내야 한다. 이 시대는 새 인물이 필요하다. 하나님도 그런 자들을 찾아서 은혜를 베풀어 주신다. 우리 교회도 착하고, 신실하며, 가능성이 있는 청년들이 많이 있다. 이 청년들을 사랑하고 이해하며 잘 도와주어서 신답인들이 먼 훗날 온 세계를 복음화하는 일꾼이 되게 해야 한다. 한국 교회는 전통적으로 인재를 잘 길렀다. 이승만, 안창호, 서재필 등은 민족을 뜨겁게 사랑하고 하나님의 뜻을 이룬 사람들이다.

"나는 심었고, 아볼로는 물을 주었으며, 오직 하나님은 자라나게 하셨나니 그런즉 심는 이나 물 주시는 이는 아무것도 아니로되 오직 자라나게 하시는 이는 하나님뿐이니라"(고전3:6). 전폭적으로 자라게 하시는 이는 하나님이다. 그러나 심는 이와 물 주는 이가 필요하다. 우리 교회가 바로 이 일을 위하여 전심전력해야 할 것이다.

내 안의 보석 다듬기

우리 아들들은 어리다가 장성한 나무 같으며 우리 딸들은 궁전의 식양 대로 아름답게 다듬은 모퉁이 돌과 같으며(시편 144:12)

하나님의 섭리 가운데 봄은 변함없이 이 땅을 찾아온다. 계절의 여왕인 5월을 맞아 산천초목은 푸른 빛 제복으로 갈아입고 지쳐 있는 모든 사람들의 마음을 푸르게 한다. 가정의 달 5월은 모든 사람들에게 희망을 준다. 우리 교회도 첫째 주일은 어린이 주일, 둘째 주일은 어버이 주일, 셋째 주일은 교사의 주일, 넷째 주일은 청년의 주일로 지키면서 나름대로 의미를 찾아보고 신앙의 새로운 활력소로 삼으려고 한다.

중세 로마 귀족 부인들이 모여서 자기들의 보석을 자랑하기 시작했다. 저마다 가지고 있는 보석의 이름, 구입경로, 보석의 가치, 뿐만 아니라 보석의 값을 자랑하는데, 그중에 크리스천인 코넬리아라는 부인은 시종 미소를 지으며 다른 사람들이 자랑하는 보석을 물끄러미 바라만 보고 있었다. 자랑이 일단락 끝날 무렵 코넬리아에게 "당신은 왜 보석을 자랑하지 않습니까? 감춰 두지 말고 우리에게 보여 주고 자랑해 보시지요"라고 했다.

그러자 코넬리아 부인은 밖에서 놀고 있는 아들 두 형제를 부르더니 "자, 보세요 저의 가장 귀한 보석들입니다. 저에게는 당신들이 가지고 있는 그런 보석들은 없지만, 제게 있는 두 아들은 그 어떤 보석보다 귀하고 가치가 있습니다." 이에 다른 부인들은 할 말을 잃고 얼굴을 붉히면서 슬금슬금 흩어졌다.

그렇다. 사랑스런 자녀보다 더 값진 보석은 없다. 그러나 그 자녀들도 잘 다듬어야 귀한 보석으로 빛을 발할 수 있다. 어떻게 다듬어야 할까? 다윗은 아름답게 다듬어야 성전에서 귀하게 쓰이는 모퉁이 돌이 된다고 했다.

육체는 건강하게

"우리 아들들은 어리다가 장성한 나무 같으며"(12절 상).
"여호와를 경외하는 축복의 가정은 그 자식이 어린 감람나무 같으리라"
 (시 128:4).

감람나무는 아주 생활력이 강하여 어떤 어려운 환경 속에서도 힘차게 잘 자라난다. "아기가 자라며 강하여지고"(눅 2:40), "키가 자라며"(52절)라고 했다. 이것은 예수님의 어린 시절을 묘사하고 있는 내용이다. 부모님들은 자녀를 낳을 뿐 아니라 훌륭한 인물로 잘 키워 주어야 한다.

그 가운데 가장 기본적인 것이 건강이다. 건강의 기본은 모유다. "여인이 데려가다 젖을 먹이더니"(출 2:9). 모세가 태어났을 때 바로의 명령에 히브리인 남자 아이는 다 죽이도록 되어 있어 모세도 나일 강에 버려졌다. 바로의 공주가 목욕하러 왔다가 발견하고 자기 집으로 데려왔으나 어린이를 키울 젖이 없었다. 유모를 구하는 중에 하나님의 은혜로 모세의 어머니 요게벳이 유모로 부름 받아 모세에게 어머니의 사랑이 짙게 담긴 사랑의 젖을 먹이면서 어린 나무같이 거칠 것 없이 잘 자랐다. 이후 모세가 형제들이 고역을 치르는 현장에 갔다가 애굽 사람이 히브리사람 치는 것을 보고 의분을 못 이겨 좌우를 살펴보고 애굽 사람을 쳐 죽여 모래에 묻었다.

그 다음은 육체의 운동이다. "육체의 연습은 약간의 유익이 있다"(딤전 4:8)고 했다. 적당한 운동은 건강유지의 좋은 효과가 있다. 사랑하는 아버지가 어린이 손을 잡고 공원을 산책하면서 인생의 아름다운 역사를 들려준다면 절대로 그 어린아이는 건강을 잃지 않는다. 담배의 연기로 공기나 오염시키고 술로 건강을 잃는 사람들의 통계를 보면 어린 시절 부모로부터 건강에 대하여 보호받지 못한 사람이 태반이라고 한다. "평강의 하나님이 친히 너희로 온전히 거룩하게 하시고 또 너희 온 영과 혼과 몸이 우리 주 예수 그리스도께서 강림하실 때 흠 없게 보전되기를 원하노라"(살전 5:23). "사랑하는 자여 네 영혼이 잘됨같이 네가 범사에 잘되고 강건하기를 내가 간구하노라"(요한 3서 1:2).

인격은 고상하게

"우리의 딸들은 궁전의 식양대로 아름답게 다듬은 모퉁이 돌과 같으며"(12절 중).

궁전의 식양은 성전의 규칙을 뜻한다. 규칙에 맞게 아름답게 다듬어져야 한다는 것은 고상한 인격을 뜻한다. 고상한 인격은 후천적으로 노력하면 가능하다. 사람들은 환경의 지배를 받기에 처음에는 습관이 성품으로 그리고 마지막에는 인격으로 자리를 잡는다. 존 포스터라는 영국의 수필가이면서 목사였던 그는 다음과 같이 말했다.

"한 개인의 성품은 인간성의 활기를 올바르게 유지시켜 줄 때 성숙한다. 성품은 자주 어떤 특별한 모습으로 변형되거나 억제되어서는 안 된다. 하나님께서는 인간을 하나님의 형상대로 창조하셨기에 비록 아담의 범죄로 그 고유의 형상은 상실하였지만, 그래도 그 형상을 찾으려고 무한히 노력하고 있기에 어떤 동기가 오면 반드시 그 형상을 찾게 된다"고 했다. 그러므로 우리는 이 천하고 아름다운 일을 가정에서 먼저 해가야 한다.

미국의 유명한 대중 복음가수 '에헬위허'는 불행하게 세상에 태어났다. 그 어머니가 미혼 때 직장에서 돌아오다가 골목길에서 성폭행당하여 임신했고 그가 태어났다. 아버지의 사랑은 고사하고 어머니에 이르기까지 저주받으며, 성장하여 교육도 제대로 못 받고 어린 나이에 어머니처럼 공장에서 중노동으로 시달렸다. 그녀의 유일한 낙은 노래 부르는 것이었다. 그가 가수가 된 것은 '폭풍우를 지날 때'라는 노래인데, 강간한 아버지 낙태하지 아니한 어머니에 대한 원망의 몸부림이었다.

그런데 그가 어느 날 복음을 받고 변화되었다. 그가 어느 유명한 파티에 초대되었는데, 신청곡은 '폭풍우를 지날 때'였다. 그때 그는 사양하면서 "저는 복음을 알고 모든 것을 용서했습니다. 찬송을 부르게 해주십시오. 간절히 애원하고 눈물을 흘리면서 아버지, 어머니를 용서하니 내 마음이 이렇게 기쁨이 충만합니다"라고 하면서 찬송가 405장을 불렀다.

제인 아담스는 시카고 빈민굴에서 평생 살아온 교육자로서 노벨 평화상을 받았다. 그는 "딸이 엄마와 얘기하고 싶어하면 오븐에 올려놓은 음식이 타더라도 먼저 이야기하라. 아들이 아버지와 이야기하고 싶어하면 직장에 한 시간 늦게 출근하더라도 아들과 먼저 이야기하라"고 했다. 아담스 여사는 "어린이는 청년에 이르기까지 어머니의 입술, 손, 뺨,

숨결, 가슴, 음성을 통해서 사랑을 배우며 아버지의 모범을 통해서 하나님의 정의를 배운다"고 역설했다.

신앙은 성숙하게

"모퉁이 돌과 같으며"(12절 하).

하나님께서는 성도들의 가정을 축복하실 때 제일 먼저 주시는 것이 자녀다. "자식은 여호와의 주신 기업이요 태의 열매는 그의 상급이로다"(시 127:3)라고 했다. 상급은 하나님이 사람에게 베푸시는 은혜의 복을 뜻한다. 아무리 하나님이 주신 축복이라고 해도 하나님의 법도를 가르치지 않는다면 그 자녀는 영적 불구자가 되고 만다. 그래서 하나님이 당신의 백성들에게 언제나 강하게 요청하는 것은 하나님의 법도와 율례를 계속해서 가르치고 그것을 반드시 지켜 행하라는 것이다.

"마땅히 행할 길을 아이에게 가르치라 그리하면 늙어도 그것을 떠나지 아니하리라"(잠22:6)고 하셨다. 그래서 본문은 아들들은 튼튼하고 딸들은 아리따움으로 모든 사람들에게 부러움을 가져오게 된다고 했다. "욥의 딸들은 참으로 아름답다"(욥 42:13)고 기록했다. 가정의 번성은 신앙의 유산을 받은 자녀들이 계속해서 대를 이어 간다는 것이다. "네가 어려서부터 성경을 알았나니 성경은 능히 너로 하여금 그리스도 예수 안에 있는 믿음으로 말미암아 구원에 이르는 지혜가 있게 하느니라"(딤후 3:15)고 말씀하신다.

우리 세대는 어차피 세월과 함께 흘러간다. 우리 다음 세대가 우리보다 신앙생활을 더 잘해서 하나님께 영광 돌리고 축복받아 승리하기를 진심으로 원하고 있다. 그렇다면 우리 가정의 자녀들이 성숙한 신앙을 소유함으로써 하나님과 사람들에게 더 사랑스러워질 수 있도록 우리들은 최선을 다해야 한다.

우리 교회는 전통적으로 어린이 주일에 유아세례를 베풀고, 우리 모두가 진심으로 축하한다. 오늘 여러분들이 자녀들의 이름을 불러가면서 진심으로 축복해 주시기 바란다. 그래서 신앙이 더 성숙해지도록 말씀과 기도로 잘 양육하시기 바란다. "하나님의 말씀과 기도로 거룩하여짐이니라"(딤전 4:5). "내가 어려서부터 늙기까지 의인이 버림당하거나 그 자손이 걸식함을 보지 못하였도다 저가 종일토록 은혜를 베풀고 꾸어주니 그 자손이 복을 받는도다"(시 37:25-26). 의인의 자손들은 그 의인이 어떻게 사는가 보면서 그들도 그렇게 살아가야 한다.

그러므로 우리는 하나님의 말씀과 기도로 우리 자녀들의 인격을 고상하게 만들 뿐만 아니라, 육체를 건강하게 잘 보존케 하고, 성숙한 신앙을 전수함으로 하나님께서 쓰시기에 부족함이 없도록 잘 다듬어가야겠다.

귀하게 쓰이는 그릇

큰 집에는 금과 은의 그릇이 있을 뿐 아니요 나무와 질그릇도 있어 귀히 쓰는 것도 있고 천히 쓰는 것도 있나니 그러므로 누구든지 이런 것에서 자기를 깨끗하게 하면 귀히 쓰는 그릇이 되어 거룩하고 주인의 쓰심에 합당하며 모든 선한 일에 예비함이 되리라(디모데후서 2:20-21).

어느 집이든지 사람이 살고 있는 집에는 여러 가지 다양한 종류의 그릇들이 있다. 그 그릇들은 주인의 뜻과 용도에 따라서 귀하게 쓰이는 것도 있고, 천하게 쓰이는 것도 있다. 이와 같이 하나님을 섬기며 모여 사는 교회에도 수많은 사람들이 있다. 어떤 사람들은 귀하게 쓰이고, 그렇지 못한 사람들도 있다. 하나님 앞에 모든 사람들이 다 소중하지만 하나님이 그 시대에 따라 귀하게 쓸 사람을 찾으신다. 우리가 예수 믿고 살려면 귀히 쓰는 그릇이 되어야 한다. 그래야 주인에게 사랑

받고 자신들도 참으로 예수 믿고 사는 보람을 느낄 수 있기 때문이다.

"큰 집에는 금과 은의 그릇이 있을 뿐 아니요 나무와 질그릇도 있어 귀히 쓰는 것도 있고 천히 쓰는 것도 있나니"(20절). 큰 집은 사람이 거주할 수 있는 곳을 가리킨다. 큰 집은 하나님의 나라를 상징한다고 말하는 사람도 있다. 또는 가시적 교회를 가리킨다고 한다. 칼빈(Calvin)은 "그 교회 안에 귀한 그릇과 천한 그릇과 같이 다양한 그릇이 존재하지만 주인은 언제나 모든 그릇들이 귀히 쓰이는 그릇이 되기를 원하고 있다"고 했다.

사랑하는 신답 성도 여러분! 우리도 귀히 쓰이는 그릇이 되어야 하지 않겠는가? 영국의 철인 베이컨은 이 땅에 세 종류의 사람이 있는데 ① 없었으면 좋은 사람, 즉 다른 사람에게 해를 끼치는 사람 ② 있으나 마나한 사람, 즉 다른 사람에게 유익도 해도 끼치지 아니하는 사람 ③ 꼭 필요한 사람, 즉 좋은 것을 만들어 자신에게도 타인에게 유익을 주면서 살아가는 사람들이라고 했다.

그러므로 개인도 교회도 하나님 보시기에 귀한 존재가 되어야 한다. 우리 교회는 전통적으로 10월 26일 마지막 주일을 추수 감사절로 지킨다. 추수감사절을 앞두고 교회 대청소를 한다. 이날은 대축제 날이다. 시간을 내어 한번 참석해 보면 참으로 큰 은혜를 받는다. 교회를 위하여 땀을 흘리고 식사를 같이 하며, 한 마음으로 기쁘게 봉사하면서 한 공동체인 것을 확인하게 된다.

깨끗해야 한다

"누구든지 이런 것에서 자기를 깨끗하게 하면"(21절 상).

그릇의 목적은 음식을 담는 데 있다. 금, 은그릇처럼 값이 비싸고 가치 있는 그릇이라도 더럽고 지저분하면 쓸 수 없다. 그러나 흙이나 나무로 만들어 값이 싸고 가치가 없어 보여도 깨끗하면 아주 귀하게 쓸 수 있다.

본문에서 깨끗하다는 것은 ① '물로 씻어 깨끗하게 한다' 는 뜻으로 더럽고 지저분한 것을 정결케 한다는 것을 말한다. 지금은 스테인리스나 사기로 그릇을 만들기 때문에 세제로 물에 씻으면 금방 깨끗해진다. 그러나 과거에는 유기라는 구리 성분으로 그릇을 만들었다. 유기는 안성에서 제일 발달되었다. 그래서 안성맞춤이란 말이 생겨났다. 유기그릇은 기와 조각을 아주 잘게 갈아 짚으로 여러 번 힘을 다해서 문질러야 윤이 난다. ② '깨끗하다' 는 뜻은 고친다는 의미, 즉 인간성이 비뚤어진 것을 바로 잡는다는 것이다. 비뚤어진 성격을 가지고 있는 사람들은 범사에 자기 시각으로 보기 때문에 모든 것을 부정적으로 평가하게 된다.

"은에서 찌기를 하라 그리하면 장색의 쓸 만한 그릇이 나올 것이라" (잠 25:4)고 했다. 은은 히브리 사람들이 가장 많이 쓰는 귀금속의 종류인데 광산에서 채광한 좋은 은이라도 제련을 통해서 불순물을(이단성 또는 악한 것) 제거해야 좋은 은이 될 수 있다. "너희 믿음의 시련이 불로 연단하여도 없어질 금보다 더 귀하여 예수 그리스도의 나타나실 때에 칭찬과 영광과 존귀를 얻게 하려 함이라"(벧전 1:7). 자기를 깨끗하게 한다는 것은 종교적이고 도덕적인 측면에서 순결함을 의미하는 것이다. 그래서 대청소는 참으로 의미 있는 일이다.

바울은 "너희가 하나님의 성전인 것과 하나님의 성령이 너희 안에 거하는 것을 알지 못하느냐 누구든지 하나님의 성전을 더럽히면 하나님이 그 사람을 멸하시리라 하나님의 성전은 거룩하니 너희도 그러하니라 우리들의 몸을 성전이라"(고전 3:16-17)고 고백했다. 바울은 우리가 깨끗해야 깨끗한 영, 성령이 임재하신다고 했다. 교회 청소하면서 우리들의 마음의 성전도 깨끗하게 청소하시기 바란다.

거룩해야 한다

"귀히 쓰는 그릇이 되어 거룩하고"(21절 중).

거룩하다는 구별되었다는 뜻으로 구약시대의 정결한 제물과 관계되는 것이다. 자신을 깨끗하고 정결케 하여 하나님께 순수하고 온전하게 바치는 행위에서 유래되었다. "나는 여호와 너희 하나님이라 내가 거룩하니 너희도 몸을 구별하여 거룩하게 하고 땅에 기는바 기어 다니는 것으로 인하여 스스로 더럽히지 말라 나는 너희의 하나님이 되려고 너희를 애굽 땅에서 인도하여 낸 여호와라 내가 거룩하니 너희도 거룩할지어다"(레 11:44-45).

성별한 이스라엘 민족들이 애굽 땅에 살면서 점점 애굽 문화의 영향을 받자 하나님은 그들을 출애굽시켜 젖과 꿀이 흐르는 가나안 땅으로 인도할 때 홍해를 건너게 하셨다. 그것은 다시 애굽으로 돌아가지 못하게 하시는 하나님의 방법이면서도 홍해를 건널 때 애굽 문화는 전부 그물에 씻어 버리고 거룩한 삶 즉 순수한 이스라엘 사람으로 살아가게 하기 위함이다. 그래서 이스라엘 사람들이 범죄할 때마다 하나님께서는 "나는 너를 애굽 땅에서 인도하여 낸 여호와다. 너는 홍해를 기적으로 건넜을 때의 감격을 기억하라"고 하셨다.

"그들이 자기 손에 있는 모든 이방 신상과 자기 귀에 있는 고리를 야곱에게 주는지라 야곱이 그것들을 세겜 근처 상수리나무 아래 묻고 야곱이 세겜에서 벧엘로 올라갈 때 이방신상 버리고 자신을 정결케 하고 의복을 바꾸라"(창 35:4)고 했다. 그때에 모든 사람들이 이방 신상과 금고리를 줌으로 그것을 전부 땅에 묻고 야곱이 벧엘로 올라갔다고 한다. 하나님께 나아가는 자들은 구별된 사람들이다.

우리는 구별된 생활을 해야 한다. 귀하게 쓰이는 그릇은 반드시 구별되어야 한다. 똑같은 그릇인데 할아버지, 아버지의 밥 그릇이 따로 있다. 그 이유는 그 어른들의 권위를 높여 드리기 위함이다. 유교 문화권에서 상례 법에 의하면 재기 제사 때 쓰는 물건들은 따로 구별해서 잘 보관해 두었다. 그것들은 고유 목적에만 썼다.

독일의 한 조각가가 4년 걸려 예수님 상을 조각했다. 교회학교 학생을 불러서 누구 같으냐고 물으니 그저 유명한 사람 같다고 했다. 그래서 깨버리고 6년 걸려 다시 정성을 들여 조각했다. 또 교회학교 학생들 불러서 물어보니 학생들이 감격하며 예수님이라고 말했다. 그러자 그 조각가의 솜씨가 소문이 나서 프랑스의 왕이 그를 초청하여 그 나라 국신 비너스 조각해 달라고 하면서 많은 돈을 주겠다고 했다. 이 조각가는 내 손으로 예수님 상을 조각했는데 어찌 우상을 조각할 수 있겠느냐며 차라리 가난하게 살겠다고 거절했다.

합당해야 한다

"주인의 쓰심에 합당하여 모든 선한 일에 예비함이 되리라"(21절 하).

큰집의 주인은 언제나 절대적 권위를 가지고 있다. 그릇 중에는 귀하게 쓰는 것도 있고 천하게 쓰는 것도 있는데 그 기준은 주인이 정한다. 그런데 보편적 기준은 언제나 주인의 마음에 꼭 맞는 것을 골라서 귀하게 쓴다. "이러므로 우리도 항상 너희를 위하여 기도함은 우리 하나님이 너희를 그 부르심에 합당한 자로 여기시고 모든 선을 기뻐함과 믿음의 역사를 능력으로 이루게 하시고"(살후 1:11).

바울이 데살로니가 교회를 위하여 기도함은 부르심에 합당한 자로 열심히 일하게 하기 위함이라고 한다. 합당이란, 마음에 꼭 드는 것을 말한다.

"다윗을 왕으로 세우시고 증거하여 가라사대 내가 이새의 아들 다윗을 만나니 내 마음에 합한 사람이라 내 뜻을 이루게 하리라"(행 13:22).
내 마음에 드는 사람, 다윗에게 일을 맡기겠다고 하셨다. 그릇도 용도에
따라서 모양과 크기가 다르다. 밥그릇은 밥그릇으로, 국그릇은 국그릇
으로, 간장그릇은 간장그릇으로 만들었다. 그렇다고 밥그릇에 국을 담
을 수 없는 것은 아니다. 국을 담을 수는 있지만 적합하지 않다. 법적 용
어로 적법하지 않다고 한다. 국그릇에는 국을 담고, 밥그릇에는 밥을 담
아야 자연스럽다.

　남자가 여자의 옷을 못 입는 것 아니다. 옷을 입을 수 있지만 적법하지
않다. 하나님은 질서의 신이므로 모든 것을 합법적으로 처리하신다. 합
당한 바탕이 무엇인가? 믿음이다. 이 세상 지위, 명예, 물질 등으로 하나
님의 마음에 합당케 할 수 없다. 그래서 진심으로 하나님을 경외하고 모
든 것을 그분께 맡기면서 철저하게 헌신할 때 하나님께서 귀하게 쓰셔
서 이 세상 역사에서 새 역사의 장을 열게 하신다.

　"너희가 부르심을 입은 부름에 합당하게 행하여, 모든 겸손과 온유로
하고 오래 참음으로 사랑가운데서 서로 용납하고, 평안의 매는 줄로 성
령의 하나 되게 하신 것을 힘써 지키라"(엡 4:1-3). 우리를 부르심은 교회
일치운동에 적극 참여하게 하신 것이다. 즉 경건한 생활로 성숙하고 다
양한 은사로 모든 사람들에게 덕을 끼치게 해야 하나님께서 부르신 뜻
에 합당하다는 것이다. 깨끗하고 거룩하며 합당해야 하나님이 쓰신다.

참 좋은 스승상

저희 발을 씻기신 후에 옷을 입으시고 다시 앉아 저희에게 이르시되 내가 너희에게 행한 것을 너희가 아느냐 너희가 나를 선생이라 또는 주라 하니 너희 말이 옳도다 내가 그러하다
내가 주와 또는 선생이 되어 너희 발을 씻겼으니 너희도 서로 발을 씻기는 것이 옳으니라
내가 너희에게 행한것 같이 너희도 행하게 하려하여 본을 보였노라 내가 진실로 진실로 너희에게 이르노니 종이 상전보다 크지 못하고 보냄을 받은 자가 보낸 자보다 크지 못하니 너희가 이것을 알고 행하면 복이 있으리라 (요한복음13:12-17).

군사부일체(軍師父一體)란 말이 있다. '임금과 스승과 아버지는 하나'라는 말이다. 과거 '스승의 그림자도 밟지 않는다'는 말은 옛말이 되었다. 학생이 핸드폰으로 스승을 고발하는가 하면, 제자가 스승을 구타하는 사건까지 발생하는 시대다.

존경받아야 할 스승의 권위가 모두 흔들리고 있다. 지금 시대는 스승 노릇도, 제자 노릇도 하기가 참으로 힘든 시대가 되었다. 예수님께서도 "너희는 선생이라 칭함을 받지 말라 너희 선생은 하나요. 너희는 다 형제니라"(마 23:8)라고 말씀하셨다. 이 말씀은 교회 안에 직분의 평등뿐 아니라 누구든지 교회 안에서 맡은 일에 최선을 다할 때 그 사람이 고귀하다는 말씀이다.

형식적인 직분자는 오히려 더 큰 심판을 받을 수 있기 때문에 교회 안에서 선생이 되고자 하면 참 좋은 선생이 되어야 한다는 것이다. "내 형제들아 너희는 선생 된 우리가 더 큰 심판을 받을 줄 알고 많이 선생 되지 말라"(약 3:1)고 하셨다. 우리가 평생을 살아오면서 육신은 부모로부터 받았지만, 인격과 지식은 선생님의 가르침을 받았다. 그래서 그 선생님의 가르침은 우리의 삶에 평생을 좌우하게 된다.

오늘 본문은 인류의 참 스승이신 예수님께서 제자들에게 참 스승이 되어 살아 갈 것을 가르쳐 주신 말씀이다. 우리도 예수님의 참 스승 상을 본받아 인류 구원에 이바지할 수 있기를 간절히 바란다.

섬기는 스승

"선생이 되어 너희 발을 씻겼으니 너희도 서로 발을 씻기는 것이 옳으니라"(14절).

유대 전통적 관습은 종이 주인의 발을 씻겨드리는 것이며, 낮은 자가 높은 자의 발을 씻기게 되어 있다. 그런데 전 인류의 주인이며, 제자들에게는 참으로 권위 있는 선생님인, 예수님이 제자들의 발을 씻기는 것은 스승으로서 권위를 포기하심이 아니라 섬기는 스승이심을 바로 가르쳐 주시기 위함이다.

"인자의 온 것은 섬김을 받으려 함이 아니라 도리어 섬기려 하고 자기 목숨을 많은 사람의 대속 물로 주려함이니라"(막 10:45). 섬긴다($\delta\iota\acute{a}\chi o\nu o\varsigma$)는 의미는 돕는 자(Helper), 봉사자(Servant)의 뜻으로 시종 드는 자를 의미한다. 예수님께서는 그리스도 안에 있는 사람들은 그 누구를 막론하고 섬김을 받고자 하는 욕망이 철저하게 배제해야 한다고 한다. 만약에 섬김을 받고 싶은 생각이 있으면 먼저 섬기는 자가 되어야 그 다음 섬김을 받을 수 있다는 것을 가르쳐 주신 것이다. 그러나 제자들의 의식 속에는 아직도 세속적인 욕심이 있어서 그리스도 안에서 누가 크냐 하면서 서로가 다투기도 했다.

그때 예수님은 수건으로 허리를 동이시고 대야의 물을 떠서 제자들의 발을 씻기면서 앞으로 제자들이 세상의 스승이 되어 살아갈 때 섬김의 자세가 필요한 것을 가르쳐 주셨다. 예나 지금이나 위대한 스승들은 언제나 제자를 가르치기에 앞서 사랑으로 섬겼다. 그들의 인격을 존중했고, 미래의 위대한 인물이 될 것을 소망했다. 예수님은 제자들을 진심으로 섬기는 자세로서 가르쳐 주셨다.

논어에 보면 공자는 주인이 섬기는 것에 대해서 "군자는 섬기기 쉬우나 기쁘게 하기 어렵다. 군자는 바르게 받들지 아니하면 기뻐하지 아니한다. 소인은 섬기기는 어렵고 기쁘게 하기는 쉽다. 소인은 바르게 받들지 아니해도 기뻐하나 섬기기는 쉽지 아니하다"고 가르쳤다. 공자님의 제자 중에 자공이라는 사람은 제자가 되어 1년 차에는 자기가 공자보다 더 낫다고 했고, 2년 차에는 공자와 같다고 했고, 3년이 지난 뒤에야 자기가 공자보다 못하다고 생각했다. 그 뒤에 선생님은 해와 달 같아서 도저히 뛰어넘을 수 없다고 고백했다. 자공은 훗날 노나라의 위대한 재상이 되었다.

본을 보이는 스승

"내가 너희에게 행한 것 같이 너희도 행하게 하려하여 본을 보였노라"(15절).

예수님은 제자들이 자신이 한 것같이 행동하게 하고자 모범을 보였다고 한다. 오늘날은 언어의 부도수표가 많아서 불신풍조에 휩싸여 있다. 현대인들은 하도 많이 속아 보았기 때문에 그 누구의 말도 믿으려고 하지 않는다. 2003년 3월 5일자 목회자 신문에 한국 신학대학교가 현대 리서치 연구소에 의뢰하여 조사한 설문에서 우리 주변의 성직자 중에 품위와 자격이 없는 자가 53퍼센트라고 응답했다는 충격적인 보고를 했다. 목사의 말도 믿을 수 없다는 것이다. 그 이유는 말은 잘하는데 생활은 그렇지 아니하다는 것이다.

에이 로버츠슨(A. Robertson)은 "발 씻음은 죄 씻음의 상징과 섬김의 실제 행위를 보여 주는 것이다. 발 씻음의 사건은 어거스틴 시대에 와서 고난주간 세족 목요일로 지켜오고 있는데 이것은 교육 효과보다는 성도들의 서로 간의 관계 유지를 위하여 적용되어야 한다"고 했다. 예수님께서 실제로 모범을 보여 주신 것은 성도 모두가 예수님처럼 그렇게 살아가야 한다는 것이라고 설명하셨다. 에머슨은 "백번의 훈계보다 한 번의 실천이 중요하다"고 했다.

오늘날 교권의 권위가 실추되는 것은 언행일치의 인격적인 스승이 점점 없어지기 때문이라고 한다. 언행일치의 삶은 심히 힘들고 어렵다. 하지만 그래도 천국의 소망을 두고 있는 성도들은 언행일치, 더 나아가서 신행일치의 삶을 살아야 한다. "내게 나아와 내 말을 듣고 행하는 자가 주초를 반석위에 놓은 사람 같다"(눅 6:47)고 하셨다. 성도의 3단계는 나오고 듣고 행하는 것이다. 이것은 대단히 중요하다. "나더러 주여 주여 하는 자마다 천국에 다 들어가는 것이 아니요 다만 하늘에 계신 내 아버지의 뜻대로 행하는 자라야 들어가리라"(마 7:21).

내 아버지의 뜻은 사랑의 실천을 말한다. "화 있을 진저 외식하는 서기 관들과 바리새인들이여"(마 23:13-33) 하시면서 주님은 7대 화를 선포하셨다. 예수님은 외식을 제일 싫어하셨다. " 영혼 없는 몸이 죽은 것같이 행함이 없는 믿음은 죽은 것이니라"(약 2:26).

행복한 스승

"너희가 이것을 알고 행하면 복이 있으리라"(17절).

　제자들에게 세족의 원리, 더 나아가서 보냄을 받은 자로서 사명을 알고 그대로 살아가면 참으로 행복할 것이라고 가르쳐 주신다. 여기서 '복'은 현세적인 물질, 건강, 출세 같은 것도 포함되지만, 자기 사명을 잘 감당했을 때 오는 만족한 것 즉, 마음의 평강, 삶의 의욕 같은 것을 의미한다. 마치 부모가 고생해서 자녀를 양육한 결과 자녀들이 부모님의 은혜를 깨달아 감사하면서 잘 살아갈 때 부모님 가슴에 밀려오는 감격 같은 것을 뜻한다. 교역자들도 목회에 수많은 시련과 아픔이 오지만, 성도들이 말씀에 붙들려 인격적으로 성장, 성숙하고, 삶이 안정되어 감사하면서 신앙으로 살아갈 때 교역자의 가슴에 메아리치는 감격은 말로 표현할 수 없다.

　아무튼 하나님이 주신 사명을 천직으로 알고 언제나 근면과 성실로 잘 감당할 때 하나님께서는 그의 삶을 통해서 만족하게 하시는데, 이것을 '행복'이라고 한다. 자신의 삶에 행복을 맛본 사람은 다른 길로 가지 아니한다. 교사가 교사로서의 삶을 최선을 다해서 살아갈 때 하나님은 그 교사의 사명을 통해서 행복을 선물로 주신다. 철인 에우리피데스는 "영원히 사랑하지 아니하는 것은 사랑하는 것이 아니다. 왜냐하면 그 사랑을 통해서 행복을 얻을 수 없기 때문이다"고 했다. 행복은 쉽게 찾아오지 않는다. 주신 사명을 따라서 최선을 다하고 결과를 조용히 기다려야 한다. 행복한 스승은 언제나 자신의 삶에 최선을 다하면서 늘 기쁘게 살아간다. 예수님은 참으로 좋은 스승이셨으며, 우리들은 그 분의 제자가 되었으니 얼마나 고맙고 감사한지 말로 다할 수 없다.

"형제들이 와서 네게 있는 진리를 증거 하되 네가 진리 안에서 행한다 하니 내가 심히 기뻐하노라"(요한 3서 1:3). "내가 내 자녀들이 진리 안에서 행한다 함을 듣는 것보다 더 즐거움이 없도다"(4절). 이 말을 의역하자면 "나는 참으로 행복하다. 내가 가르쳐준 진리대로 내 제자들이 살아가니 말이다"라고 할 수 있다. 행복은 사명을 감당할 때 비로소 온다.

예수님은 우리의 참 좋은 친구이자 스승이시며, 진정한 지도자가 되신다. 그러므로 우리는 그분 안에 거하며, 그분의 말씀에 귀를 기울여 바른 가치관과 신앙으로 살아가야겠다.

축복창고의 문을 열자

여호와께서 너를 위하여 하늘의 아름다운 보고를 열으사 네 땅에 때를 따라 비를 내리시고 네 손으로 하는 모든 일에 복을 주시리니 네가 많은 민족에게 꾸어줄찌라도 너는 꾸지 아니할 것이요 여호와께서 너로 머리가 되고 꼬리가 되지 않게 하시며 위에만 있고 아래에 있지 않게 하시리니 오직 너는 내가 오늘날 네게 명하는 네 하나님 여호와의 명령을 듣고 지켜 행하며 내가 오늘날 너희에게 명하는 그 말씀을 떠나 좌로나 우로나 치우치지 아니하고 다른 신을 따라 섬기지 아니하면 이와 같으리라 (신명기 28:12-14).

미래학자 엘빈 토플러는 〈제 3의 물결〉이란 책에서 카를로스 휘테스의 글을 인용하여 이렇게 말했다. "우리는 웃기 위하여 이곳에 왔는가? 그렇지 않으면 부르짖기 위하여 왔는가? 우리는 지금 죽으려 하는가? 그렇지 않으면 태어나려고 하는가? 다가오는 새로운 물결이 어떤 사람에게는 웃음이요, 그리고 새로운 탄생이다."

토플러는 이 책을 시작하면서 먼저 우리에게 이 변화를 수용할 것인가? 아니면 거부할 것인가? 결단을 묻고 있다. 새로운 변화를 긍정하고 이를 수용하며 새롭게 출발하여 탄생의 기회로 삼는 자들에게 분명히 이 물결은 축복이며 승리가 될 것이다.

우리가 어느 쪽으로 결단하든지 이미 그 물결은 온 세상을 휩쓸고 있다. 새 물결을 두렵게 바라보며 울부짖던 사람들은 다 죽는다. 우리 신답인들은 새로운 물결에 적응하여 올해 하늘의 축복의 창고 문을 여시기 바란다.

그렇게 하기 위하여 우리들은 무엇을 어떻게 해야 하는지 신명기 법전은 이것을 친절히 가르쳐 주고 있다. 신명기 28장은 축복의 장이다. 이 말씀을 금년에는 가까이 하시기 바란다. 다시 한 번 묻는다. "여러분들은 축복 창고의 문을 열어 승리하시려고 합니까? 아니면 열지 못하고 패배하시려고 하십니까?" 승리하시려면 창고를 여시기 바란다.

축복창고란?

"여호와께서 너희를 위하여 하늘의 아름다운 보고를 열으사"(12절 상).

본문에서 '보고'는 "너희 땅에 이른 비와 늦은 비를 적당한 때에 내리시리니 너희가 곡식과 포도주와 기름을 얻을 것이요"(신11:14)라고 하신 말씀에 의하여, 농경사회에서 적당한 비는 농사에 결정적인 역할을 감당한다는 깊은 뜻이 담겨 있다. 그러나 본문의 흐름을 볼 때 축복 창고는 다음과 같은 뜻이 담겨 있다.

① 너희 손으로 하는 모든 일은 사업 전체를 말하지만, 손으로 한다는 것은 신체의 건강을 뜻한다. "그의 손을 만지시니 열병이 떠나가고 여인이 일어나서 예수께 수종드니라"(마 8:15). "소녀의 손을 잡으시매 일어나는지라"(마 9:25). 돈을 잃으면 조금 잃는 것이요, 명예를 잃으면 절반을 잃는 것이요, 건강을 잃으면 모두 잃는 것이다. 축복 가운데서 건강의 축복이 가장 큰 것이다.

② 꾸어 줄지라도 꾸이지 아니한다. 이 말은 물질의 풍부를 뜻한다. "빚진 자는 채주의 종이 되는데(잠 22:7), 꾸어 줄 물질이 있다는 것은 삶의 여유를 의미한다. 일용할 양식을 가지고 매일 만족하게 살아도 그저 감사한데 남에게 꾸어줄 물질을 소유한다는 것은 참으로 귀한 것이다.

③ "너희로 머리가 되고 꼬리가 되지 않게 하며"(13절 상). 이 말은 직장의 안정성과 승진을 뜻한다. 지금 시대 취업이 얼마나 어려운가? 취업이 되어도 자기 자리를 지키기 또한 어렵다. 그런데 머리가 되게 하심은 어느 곳에 가든지 주도권을 잡게 하신다는 것이다.

금년에 신답인들에게 축복의 창고가 활짝 열려져서 건강하시고 물질이 풍부하시고 하는 사업이 잘되시어 날로 일취월장하고 승진하는 축복이 함께 하시기를 바란다. "은도 내 것이요 금도 내 것이니라 만군의 여호와의 말이니라"(학개 2:8). "모든 것이 주께로 말미암았사오니"(대상 29:14). "내 아버지에게는 양식이 풍족한 품군이 얼마나 많은고 나는 여기서 주려 죽는구나"(눅 15:17). "내가 일어나 아버지께 가서 이르기를 아버지여 내가 하늘과 아버지께 죄를 얻었사오니"(18절).

아버지 집에는 품꾼들에게도 풍족하다. 그렇다면 우리들은 품꾼이 아니라 아들이기 때문에 우리의 삶이 더욱 풍족한 것이다.

어떻게 열까?

"오직 너는 내가 오늘날 네게 명하는 네 하나님 여호와의 명령을 듣고 지켜 행하며"(13절 하).

　보물이 가득 찬 창고를 어떻게 열 수 있는가? 열쇠를 가져야 한다. 이 열쇠의 주인은 하나님이신데, 이것을 믿는 자들에게 주신다. 그러면 그 열쇠가 과연 무엇인가?

　① 여호와의 말씀을 들어야 한다. 1절에는 삼가 "들으라"고 하신다. '삼가 듣는다'는 뜻은 '듣고 또 들으라'는 뜻으로, 주의 깊게 들으라는 것이다. 왜냐하면 믿음은 들음에서 나며 들음은 그리스도의 말씀으로 말미암기 때문이다(롬 10:17). 듣는다는 것은 참으로 중요하다.

　"나와 함께 있는 사람들이 빛은 보면서도 나더러 말하시는 이의 소리는 듣지 못하더라"(행 22:9). 다메섹에서 바울을 부르실 때를 보라. 그가 빛을 보고 엎드려졌을 때, "사울아 사울아 네가 왜 나를 핍박하느냐" 하시는 주님의 음성을 같이 가던 사람들은 듣지 못하고 사울 혼자만 들었다. 그러므로 우리는 말씀을 들은 뒤에 지켜 행해야 한다. 믿음이 있는 사람은 그 말씀이 하나님의 말씀으로 들려오기 때문에 거역할 수가 없다. 천국을 여는 것은 사람의 힘으로 불가능하다. 그것은 하나님의 절대 권세에 의하여 가능한 것이다.

　② "좌로나 우로나 치우치지 아니해야 한다"(14절 하). "모든 성경은 하나님의 감동으로 된 것으로 교훈과 책망과 바르게 함과 의로 교육하기에 유익하니"(딤후 3:16). 즉 성경이 정도이기에 여기 맞추어 가야 한다.

　죄는 헬라어로 '하마르티아'인데 화살이 과녁에서 벗어났다는 뜻이다. 성경말씀을 자기 기준에 맞추면 안 된다. 성경본문에 나를 맞추어야 한다. "내가 내 몸을 쳐 복종케 함은 내가 남에게 복음을 전파한 후에 자기가 도리어 버림이 될까 두려워함이로다"(고전 9:27). "하늘로부터 온 천사라도 우리가 너희에게 전한 복음외에 다른 복음을 전하면 저주를 받을지어다"(갈 1:8). 마스터키는 말씀을 듣고 행하는 것이다. 금년에 잘 듣고 행하면 반드시 보물창고가 열릴 것이다. "여호와께서 엘리야로 하신 말씀같이 통의 가루가 다하지 아니하고 병의 기름이 없어지지 아니하니라 여인이… 당신의 입에 있는 여호와의 말씀이 진실한 줄 아노라"(왕상 17:16, 24).

그러므로 우리는 하나님의 거룩한 말씀에 순종하는 삶을 살아가야겠다.

축복을 보존하자

"다른 신을 따라 섬기지 아니하면"(14절 하).

이 세상에서 가장 안타까운 것은 귀한 것을 얻기 위하여 수고하고 노력하여 얻은 것을 너무 쉽게 잃어버린다는 것이다. 그것이 물질이든, 명예든, 건강이든 간에 차라리 가지지 아니했다면 덜 아쉬운데 그것을 가진 뒤에 잃어버리면 이것보다 더 아쉬운 것은 없다. 그 대표적인 예가 예수님의 열두 제자 중에 가룟 유다다. 진리보다 은 30량이 더 커 보였기 때문에 노예 몸값인 은 30량에 예수님을 판다. 본문에서 다른 신은 우상숭배를 뜻한다. 우상숭배를 하는 이유는 욕심 때문이다. "그러므로 땅에 있는 지체를 죽이라 곧 음란과 부정과 사욕과 악한 정욕과 탐심이니 탐심은 우상숭배니라"(골 3:5). 탐심은 지나친 욕심이란 뜻이다. 신앙은 순리로 푸는 것이다.

우상숭배는 역리로 푸는 것이다. 순리는 자연스럽고 하고 싶어서 하기 때문에 지치거나 싫증이 나지 않는다. 그러나 역리는 억지로 해야 하기 때문에 지치고 싫증이 나서 나중에 그만두게 된다. 천국을 소유한 사람은 계속해서 유일신 참 하나님만 섬겨야 한다. 만약 욕심 때문에 우상을 섬기면 천국은 잃고 만다. 가룟 유다는 물질도, 명예도, 나중에 자신의 고귀한 생명도 모두 잃고 말았다. 그래서 천국의 보물창고 문을 열어 모든 것을 소유했다고 해도 모래 위에 세운 집같이 우상을 섬기면 모든 것을 잃을 수밖에 없으므로 유일신 참 하나님만 섬기라고 강조한다. 예수를 믿고 지옥에 간다면 이것은 너무나 안타까운 일이다.

여호수아 24장은 여호수아 장군의 고별설교다. "여호와를 섬기는 것이 너희에게 좋지 않게 보이거든 너희 열조가 강 저편에서 섬기던 신이든지 혹 너희 거하는 땅 아모리 사람의 신이든지 너희 섬길 자를 오늘날 택하라 오직 나와 내 집은 여호와를 섬기겠노라"(수 24:15). "저희가 배부른 후에 예수께서 제자들에게 이르시되 남은 조각을 거두고 버리는 것이 없게 하라"(요 6:12)고 말씀하신다. 하나님의 축복은 다 배부르고 만족하다. 남은 조각은 부스러기가 아니라 나누어 주기 위해 떼어놓은 것이다. 하나님의 긍휼은 언제나 넘친다. 그러므로 배부른 후에 언제나 조심해야 한다.

이스라엘 민족이 가나안에 들어와 우상을 섬겼다. 하나님께서는 이스라엘 백성들을 홍해, 요단강을 건너게 했지만, 지난 시절의 경험과 교훈과 삶의 깨달음을 계속 간직하기란 쉬운 일이 아니다. 그렇기 때문에 참 신앙을 지키기는 힘들다.

그러므로 우리는 하나님의 말씀을 가슴 속 깊이 받아들이므로 때를 따라 주시는 하나님의 은혜를 풍성히 누리므로 하나님께 복을 받고, 그 받은 복을 다시 열고 살아가기를 간절히 바란다.

맡은 일에 충성하라

네가 장차 받을 고난을 두려워 말라 볼지어다 마귀가 장차 너희 가운데서 몇 사람을 옥에 던져 시험을 받게 하리니 너희가 십일 동안 환난을 받으리라 네가 죽도록 충성하라 그리하면 내가 생명의 면류관을 네게 주리라(요한계시록 2:10).

〈신들의 대화〉란 명저를 남긴 그리스의 철학자 루시안은 서머나가 이오니아의 여러 도시 중에 가장 아름다운 곳이라고 지적했다. 루디아와 브르기아를 가로지르고 멀리 동쪽으로 나간 대로 맨 끝에 위치한 비옥한 허무스 계곡을 중심으로 산업을 수중에 쥐고 있었다고 한다. 그러므로 필연적으로 대 상업 도시가 되어 버렸으며 또한 이 도시는 육지의 맨 끝에 위치하고 있었다. 바다는 도시 한복판까지 들어와 있었으므로 세계 어느 항구보다 안전하여 어떤 전쟁 중에서도 자연의 혜택을 가장 많이 볼 수 있었다.

또한 이 도시는 충성과 진실성을 가진 시민으로 구성된 것이 특징이다. 로마의 정치가 키케로는 서머나를 우리가 가장 자랑할 신실한 우방이라고 말했다. 한번은 로마가 미드라다테스에 원정 갔다가 실패하여 로마 군인들이 주리고 추위에 떨고 있을 때 서머나 사람들이 자기들의 옷을 벗어 군인들에게 용기를 주었다고 했다.

이곳에 교회가 세워졌을 때 충성심과 진실성을 갖춘 성도들이 교회를 지켜 교회가 든든히 서 갔는데 특히 유명한 교회 지도자 폴리갑이 주후 155년 2월 23일 토요일에 순교 당했다. 그의 인품이 불신 세계까지 좋은 영향을 끼쳐서 경찰 책임자도 폴리갑이 죽는 것을 원치 아니했다. 그래서 '가이샤만이 왕입니다' 하고 시인하고 제물을 바치고 살길을 찾으라고 권했다. 그러나 폴리갑은 "86년 사는 날 동안 그리스도만 섬겨 왔는데 한번도 주님께서 나를 섭섭하게 하신 일이 없는다. 그런데 내가 잠깐인들 주님을 모른다고 부인할 수 있겠소" 하며 스스로 순교의 길을 택했다.

좋은 자연 속에, 훌륭한 성품과 신앙을 가진 좋은 지도자 밑에서 신앙생활하던 서머나 교회는 주님께 칭찬만 듣고 책망은 듣지 아니했다. 그러나 말세에 원치 않게 바른 신앙을 지키고자 할 때에 반드시 시련이 오는데 그때 끝까지 충성해야 생명의 면류관을 얻을 수 있을 것이다. 우리들도 겸손하게 금년을 주님께 충성을 다짐하면서 본문을 같이 읽고 은혜 받으시기 바란다.

충성의 내용

"지극히 작은 것에 충성된 자는"(눅 16:10).

지극히 작은 일에 충성해야 한다. 지극히 작은 것은 작은 것의 최상급으로 가장 작은 것을 뜻한다. 이것은 일상생활 중에 가장 평범한 것들이다.

철학자 니체는 "내 집 뜰을 깨끗하게 쓸고 그 곳에 난 잡초를 뽑는 것이 나라를 사랑하는 것인데 이런 것이 바로 하나님께 충성하는 것이라고 지적했다."

"누구든지 제자의 이름으로 이 소자 중 하나에게 냉수 한 그릇이라도 주는 자는 내가 진실로 너희에게 이르노니 그 사람이 결단코 상을 잃지 아니하리라"(마 10:42)고 예수님께서 말씀하셨다.

20세기 성녀 테레사 수녀가 한번은 세계를 대표하는 사람들의 모임에 초라한 모습으로 초대되었다. 그곳에는 자기 분야에서 크게 성공하여 세계를 빛내고 또 영광도 받은 사람들인데 신문기자가 마더 테레사에게 질문했다. "당신은 세계적으로 수많은 일을 하셨으나 별로 성공한 일은 없는데 혹시 실망하신 일은 없습니까?" 그때 테레사는 "하나님은 저희에게 성공의 은사를 주시지 아니하시고 그저 작은 일에 봉사할 수 있는 은사를 주셨기에 그저 감사할 것밖에 없습니다" 하고 말했다.

"맡은 자들에게 구할 것은 충성이니라"(고전 4:2).

맡은 일에 충성해야 한다. 이 뜻은 우주의 주인이 일을 맡겨 주셨다는 것이다. 이것을 사명이라고 한다. 사명은 자신의 뜻과 일치하지 아니할 수도 있다. 또는 몹시 힘이 들고 어려울 수도 있다. 뿐만 아니라 경제적으로 손해가 있을 수도 있다.

그럼에도 불구하고 그 일은 나의 의지나 생각과 전혀 상관없이 하나님이 맡겨 주신 것이다. 사명을 주시되 그냥 맡겨 주는 것이 아니다. "나를 능하게 하신 그리스도 예수께서 내게 직분을 맡기심이니"(딤전 1:12). 일뿐만 아니라 그 일을 할 수 있는 능력까지 주신다는 것이다. 그러므로 핑계할 수 없다.

그리고 우리가 최선을 다해서 큰일을 했다고 해도 하나님께서 보실 때 작은 일로 보신다. "잘 하였도다 착하고 충성된 종아 네가 작은 일에 충성하였으매 내가 많은 것으로 네게 맡기리니 네 주인의 즐거움에 참여할지어다"(마 25:21). 왜 최선을 다해서 크게 성공하여 큰 유익을 드렸는데, 주인은 작은 일에 충성했다고 할까? 세상과 천국의 계산 기준이 다르다.

그리스의 철학자 테유네스는 하나님과 대화했다. "세상의 백 만년은 천국에서 얼마입니까?" "이곳에서는 하루다." "세상에서 황금 백만금은 이곳에서는 얼마나 됩니까?" "먼지, 티끌이다." "그러면 하나님이 그 티끌 하나 주세요." 하나님이 웃으시면서 쾌히 승낙을 하셨다. 그리고 "하루만 기다려라" 하셨는데, 그 하루가 백 년을 기다려야 한다는 뜻이었다. 이것이 바로 하나님의 나라의 신비다.

하나님이 우리를 충성된 일꾼으로 여겨 직분을 맡겨 주셨기에 충성을 다해야 한다. 충성의 내용은 작은 일에 충성하는 것이며, 하나님께서 맡겨 주신 사명에 충성하는 것이다

충성의 방법

"오른손이 하는 것을 왼손이 모르게 하여"(마 6:3).

은밀하게 하라는 뜻이다. 오른손이 하는 것을 왼손이 모를 리가 없다. 왜 예수님께서 이렇게 말씀하셨을까? 이것을 기억하면 사람이 교만해질 수 있다. 자기 목에 힘이 들어가서 좋은 일을 해 놓고 그 결과가 좋지 못한 경우가 있다.

지금은 PR시대라고 해서 사람들은 모두 자기 모습을 드러내기 좋아한다. 예수님께서는 아무리 좋은 일을 하더라도 숨어서 해야 그 자신이 교만해지지 아니하고 또 더 나아가서 마지막에 상은 하나님께 받게 된다

는 것이다. 만약 사람들이 모두 칭찬해 버리면 하나님께 받을 상이 없어지기 때문이다.

그리스도 재림 시에 충성한 자와 불충한 자를 분류하시는데 충성한 자들은 예수님께서 그 선행을 쭉 나열하실 때 자신들의 선행을 모두 잊어버리고 있었다. 언제 우리가 그렇게 하였습니까? 하고 예수님께 여쭈어 보고 있다(마 25:31-40).

충성하고 곧 잊어버려야 한다. 그렇지 아니하면 충성해 놓고 시험에 든다. 다른 사람이 알아주지 아니하면 실망하거나 좌절한다. 충성의 결과에 대해 평가하시고 보상하실 분은 사람들이 아니라 하나님이다.

"내가 선한 싸움 싸우고 나의 달려갈 길을 마치고 믿음을 지켰으니"(딤후 4:7). 선한 싸움은 악에 대한 전쟁인데 어떤 사명을 위한 헌신을 말한다. 어떤 전투에서 적을 섬멸하지 못한다면 자신이 죽임을 당한다는 뜻이 있다. 이것은 생명을 담보로 하는 것이기에 소중하다.

"천국은 침노를 당하나니 침노하는 자가 빼앗는다"(마 11:12)고 했다. 마라톤 선수는 전 코스 42.195킬로미터를 달려가야 한다. 중간에 그만 둔다면 허무하다. 신앙생활도 마찬가지다. 중간에 신앙생활을 포기하면 신앙생활한 만큼 허무한 것이다.

"인자가 올 때에 세상에서 믿음을 보겠느냐"(눅 18:8). 말세를 성경은 변질의 시대라고 했다. 세상에서 변질된 것 가운데 가장 추하고 허무한 것은 믿음이다. 그런데도 말세가 되면 변질된 성도가 너무 많아 참으로 애석하다.

미켈란젤로는 레오나르도 다빈치, 라파엘로와 함께 이탈리아 르네상스의 최대의 예술가로 뽑힌다. 원래 그는 조각자로 출발했기에 시스티나성당 천장벽화를 부탁받았을 때에 정중히 거절했다. 그 이유는 그때까지 그런 대작을 그려 본 경험이 없었다. 끝까지 거절하면 평생 예수님을 위해 봉사할 수 있는 기회가 없을 것이라고 당시 종교계의 압박에 못 이겨 승낙하고 최선을 다했다. 그것이 계기가 되어 불후의 명작을 남긴 것이다.

하나님은 어떤 때는 강제로 일을 맡겨서 사람이 가진 잠재된 달란트를 계발해 귀하게 사용하신다. 그러므로 어떤 기회가 오면 사양하지 말고 담대히 도전하여 주신 능력을 발휘하는 성도가 되어야 한다. 충성의 방법은 은밀하게 해야 한다. 하나님이 주실 상만을 기대하면서 해야 한다.

충성의 기간

"네가 죽도록 충성하라"(계 2:10).

본문의 전제는 "십일 동안 환난을 받으리라"는 말씀이다. 그 다음 '죽도록 충성하라' 고 한다.

십일 동안은 만수로 어느 정도의 기간이다.

① 렌스키(Lenski0는 도미티아누스(Domitianus) AD. 90-96년과 데키우스(Decius) AD. 249-251년 황제 치하 10년 간 가장 극심한 기독교 박해를 말한다. ② 왈보드(Walvoord)는 네로(Nero) AD. 54-68년부터 갈레리우스(Galerius) AD. 292-311년까지 로마 10대 황제 박해 기간으로 보았다. ③ 알포드(Alford)는 단순히 말세에 성도들이 당해야 할 핍박을 상징적으로 말한다고 주석했다.

"그가 나를 단련하신 후에는 내가 정금같이 나오리라"(욥 23:10). 하나님께서 성도들을 철저하게 훈련시키셔서 정말 정금 같이 만드시기 위하여 세상에서 여러 가지 시험을 주신다. 그러나 그 순간마다 감당 못할 시험은 허락지 아니하시고 또 감당 할 힘을 주셔서 종국에는 승리하게 하신다(고전 10:13). 그러므로 그 기간 동안 그 누구든지 잘 참고 견디어야 한다.

"육신은 죽임을 당해도 영은 죽지 아니한다"(눅 12:4)고 했다.

'죽도록'은 육신의 생명이 끝나는 날을 뜻한다. 바로 끝까지라는 의미가 내포되어 있다. 이것은 세상의 종말은 예수 그리스도가 재림하셔서 세상의 모든 것을 공의로 심판하실 때까지를 말한다. "불법이 성함으로 많은 사람의 사랑이 식어지리라 그러나 끝까지 견디는 자는 구원을 얻으리라"(마 24:12-13). 예수 믿는 성도들이 믿음의 집을 지을 때 기초를 어디에 두느냐가 정말 중요하다. 반석(진리)위에 지으면 창수, 바람, 비가 내려도 무너지지 아니한다. 그러나 모래(인간의 생각) 위에 집을 지으면 그 기초가 무너짐으로 결과가 비참하게 끝난다.

변질된 충성은 이미 충성이 아니다. 그러므로 끝까지 변하지 않기 위하여 진리를 붙잡으며 살아야 한다. 불법이 성하여진 것은 사탄의 역사로 진리가 변질되어 그것을 따르는 자들의 마음이 동요되기 때문이다. 그래서 충성은 믿음으로 시작하고 믿음으로 마쳐야 한다. 충성의 기간은 없다. 한번 충성은 영원한 충성이어야 한다.

미국 뉴잉글랜드의 인디언 선교사 존 엘리어트 선교사가 80세 고령인데 병상에 누워서 인디언 소년에게 글을 가르치고 있었다. 가족과 주변의 사람들이 이제는 그만 쉬라고 권면했다. 그러나 엘리어트 목사님은 이렇게 말했다. "나는 이제 설교할 수 있는 힘이 없다. 그러나 하나님은 지금도 하나님의 영광을 위하여 유용한 일을 하게 해달라고 기도했더니 하나님께서 나에게 이런 어린이를 보내 주셔서 글을 가르칠 수 있도록 힘을 주셨다. 그러므로 나는 쉴 수가 없다. 나에게 힘 주시는 그날까지 하나님을 위하여 죽도록 충성할 것이다. 충성의 기간은 없다. 한 번 충성은 영원한 충성이 되어야 할 줄 믿는다."

각기 다른 교사의 은사

나는 심었고 아볼로는 물을 주었으되 오직 하나님은 자라나게 하셨나니 그런즉 심는 이나 물 주는 이는 아무 것도 아니로되 오직 자라나게 하시는 하나님뿐이니라 (고전 3:6-7).

오늘은 성령강림절인 동시에 스승의 주일이다. 군사부일체(君師父一體)란 말이 있듯이 우리들의 긴 여정 가운데 잊을 수 없는 스승들을 하나님께서 보내어 주셔서 우리들의 삶을 바르게 인도해 주셨다.

숙명여고 전신인 명신 여학교에 일본인 여자 선생님 후지자와라는 분이 계셨다. 젊어서 북미로 유학 가서 교육학을 전공하고 자원해서 한국에 교육을 위해 부임했다. 미국에서 전도 받아 기독교 신자가 된 그는 말씀과 기도로 언제나 거룩한 삶을 통해서 모범을 보여 주었다. 학생들이 게을러서 공부하지 아니하면 눈물로 훈계했다. "여러분이 훌륭한 사람이 되어 일본으로부터 독립해야 하고 남녀평등의 사회를 건설해야 하지 않겠습니까?"하고 가르쳤다. 어느 날, 삼엄하고 무서운 일제식민지 시대임에도 태극기를 펼쳐 보이면서 희망을 주었다. 그것을 본 학생들이 감동을 받아 질문했다. "당신은 일본인인데 어떻게 한국을 사랑합니까?" 그 때에 후지자와 선생님은 "그리스도안에서 유대인과 이방인이 차별이 없는 것처럼 한국과 일본이 따로 없지요"라고 대답했다.

그녀는 일본인이었지만 한국 여성을 위하여 인격적으로 교육한 작은 거인이었다. 성령이 우리 인간들의 마음에 역사하면 인격적으로 성숙해져서 사람답게 살아가게 된다. 이런 사람들이 후학을 양육하여 역사에 빛을 남기게 된다.

스승의 주일을 맞이하여 우리들에게 삶의 길을 가르쳐 주셨던 수많은 스승들께 감사한 마음을 가지고 우리들을 돌아보는 시간을 가졌으면 한다. 고린도전서 12장 4-5절에 "은사는 여러 가지나 성령은 같고 직임은 여러 가지나 주는 같으며"라는 말씀이 있다. 스승들에게도 성령의 은사가 다양하게 역사함으로 각기 다르게 봉사할 수 있다.

나무를 심는 생산적 교사

"나는 심었고" (6절 상).

여기서 '나는' 이란 주어는 바울을 지칭한다. "하나님의 뜻을 따라 그리스도 예수의 사도로 부르심을 입은 바울"(고전 1:1)이라고 소개하는데, 고린도에 교회를 설립하고 복음을 전하며 가르친 사람은 바로 바울 자신이라는 것이다. 그는 제2차전도 여행 때 이곳에 18개월 머물러 있으면서 고린도 교회의 초석을 놓았다(행 18:1-18).

"그리스도 안에서 일만 스승이 있으되 아비는 많지 아니하니 그리스도 예수 안에서 복음으로 내가 너희를 낳았음이라"(고전 4:15). 생산적 교사는 복음으로 자녀를 낳아야 한다. "하나님이 그들에게 복을 주시며 그들에게 이르시되 '생육하라'"(창 1:28)고 했다. '생육'은 열매를 맺는 것 즉 생명이 태어나는 것이요, '번성'은 풍성해지는 것, 즉 자꾸자꾸 증가하는 것을 말한다. 그래서 사람이 결혼하여 자녀를 생산하는 것은 하나님의 축복이다.

그런데 자녀생산은 쉽게 이루어지는 것이 아니다. "해산하게 되면 그 때가 이르렀음으로 근심하나 아이를 낳으면 세상에 사람 난 기쁨을 인하여 그 고통을 다시 기억치 아니하느니라"(요 16:2). 생명의 탄생은 해산의 수고 후에야 얻어지는 것이다. 뼈가 어스러지고 살이 찢기면서 수많은 피를 쏟는 시련을 통해서 새로운 생명이 이 땅에 태어난다.

한 생명을 복음으로 다시 태어나게 하기 위하여 해산의 수고를 경험해야 한다. 이 땅에는 이와 같이 아비 같은 스승이 있다. 이들은 복음 선교의 열정을 가지고 시간, 물질, 정성을 투자하여 맡은 사명을 위하여 헌신 봉사한다. 그리하여 이 땅에 천국시민을 번성케 한다.

교육학자 로봇 글래이는 〈절대평가원리〉에서 "한 개인의 능력을 그 개인 안에서 찾는다"고 했다. 상대평가는 여러 사람들을 비교 분석해서 찾는 데 있다. 그러나 하나님은 언제나 절대평가하신다. 마태복음 25장에 달란트 비유 중에 다섯 달란트 두 달란트 한 달란트 각각 맡은 자들은 개개인이 평가받았다. 즉 그들이 얼마나 성공했느냐보다 얼마나 수고했느냐가 중요한 문제였다. 성공에 따라 상급이 주어지는 것이 아니라 수고에 따라 상급이 주어진다. 생산적 교사는 인간을 절대평가해서 개개인의 고유의 가치를 인정한다.

물을 주는 양육적 교사

“아볼로는 물을 주었으되”(6절 中)

아볼로는 알렉산드리아 태생인 유대인으로 구약성서에 정통한 변증가였다. 주후 52년경 바울이 데리고 에베소에 왔을 때 그곳에서 브리스길라와 아굴라를 만났다. 세례요한까지만 알고 있었던 이전의 지식의 폭을 넓혀 성령의 세례까지 경험한 뒤에 바울을 이어 고린도교회 사역자로 복음을 위하여 헌신하였다.

양육적 교사는 마치 땅에 뿌려진 씨앗이 잘 자라서 좋은 열매 맺게 하기 위하여 김을 매고 물을 주고 때를 따라 비료를 잘 주어서 나무가 잘 자라게 관리를 잘 해야 한다. 포도원에 무화과나무를 심고 삼 년씩이나 와서 열매를 거두려 했으나 열매가 없자 주인은 과수원지기에게 찍어 버리자고 했다.

그러나 과수원 지기는 “내가 두루 파고 거름을 주어서 최선을 다하겠습니다. 그 후에도 열매가 없으면 그때에는 주인이 마음대로 하시기 바랍니다”(눅 13:8-9) 하면서 그 주인에게 열매 없는 것이 무화과나무에 잘못이 있는 것이 아니라 과수원지기인 자신에게 있으니 용서해 달라고 간청한다. 양육교사의 책임이 얼마나 중요한가를 보여 주는 것이다.

“이는 네 속에 거짓이 없는 믿음을 생각함이라 이 믿음은 먼저 네 외조모 로이스와 네 어머니 유니게 속에 있더니 네 속에도 있는 줄 확신하노라”(딤후 1:5). 양육교사가 신앙 안에서 제자를 양육할 때에 영적으로 어떤 영향을 끼치는가 보여 주는 말씀이다. 아볼로는 브리스길라와 아굴라의 영향으로 바른 성경관을 가지고 능숙한 말솜씨로 고린도 교회의 성도들을 복음으로 잘 양육하여 그 교회를 크게 부흥하는 데 기여하였다.

그러므로 생산적 교사가 선교의 일익을 잘 감당해 놓으면 그 다음 양육적 교사는 말씀과 기도로 잘 양육하여 성도들의 성장에 크게 기여한다. 고린도교회는 바울 같은 교사가 기초 를 닦고, 아볼로 같은 교사가 잘 양육하여 교회가 반석 위에 굳게 서게 되었다. 양육은 물질, 시간, 정성, 사랑 모두 투자해야 한다.

미국 시카고 대학은 노벨상의 왕국이란 별명을 가진 대학이다. 유명한 교육학자 존 듀이, 물리학자 엔리 코베르미, 경제학자 밀톤 프리드맨, 문학자 솔베르, 빛의 속도를 측정한 라이머슨 등이 이 대학 출신들이다. 1890년 예일대학 신학부가 선교 차원에서 세운 미션스쿨이 바로 이 시카고 대학이다. 침례교 신자 록펠러가 삼천오백만 달러의 큰 돈을 기부하여 학원의 기초를 놓았다. 양육적 교사는 땀, 노동, 눈물, 사랑 등의 물을 주는 것이며 이 모든 것을 투자해서 좋은 결과를 가져온다.

자라게 하는 성숙적 교사

"오직 하나님은 자라게 하셨나니"(6절 하)

나무를 심고 그리고 그 나무에 물주고 자라나게 하는 것은 외적인 요소이다. 그 나무에 생명을 주어 그 나무로 어떤 목적을 성취시키는 것은 내적 요소이다. 그 내적 요소의 여건은 사람이 할 수 없고 오직 하나님만이 가능하기 때문에 이다. 7절에 심는 것이나 물주는 것은 아무것도 아니라고 바울은 지적했다. 오직 그 속에 생명을 주어 자라나게 하시는 하나님의 거룩한 사역이 제일 중요하다고 강조한다.

그러나 이렇게 성숙시킬 때 하나님의 절대 권능으로 가능하지만 성령을 인간 속에 보내서서 이 일은 감당케 하시는 경우가 있는데 이런 교사를 '성숙시키는 교사' 라고 한다. 원문에 보면 '심었다, 물 주었다' 는 모두 과거형으로 기록하고 있고, '자라나게 하다' 는 단어는 미완료 과거형으로 쓰고 있다. 이 행위는 지금도 계속되고 있다는 것을 뜻한다.

　그렇다면 성숙시키는 교사는 누구인가? 요한복음 21장 6절에 "베드로가 내가 주님 사랑하는 줄 주께서 아십니다"라고 고백했다. 양을 먹이는 것은 목초가 있는 곳으로 인도하면 된다. 그러나 '돌보라' 라는 것은 그 양이 바른 길을 가고 있는지, 다른 길로 가는지 주목하고 잘못된 길을 가면 채찍으로 바른 길로 잡아 주라는 뜻이다.

　그러므로 양을 평가할 수 있는 능력을 가지고 진리 안에서 살고 있는지 언제나 확인해 보아야 한다. 요한 3서 1장 4절에 "내가 내 자녀들이 진리 안에서 행한다 함을 듣는 것보다 더 즐거움이 없도다"라고 말씀하신다. 요한 사도는 성도들에게 복음을 가르쳤는데 그 성도들이 진리 안에서 살아가고 있다는 소식보다 더 즐거움은 없다고 했다. 바울은 빌레몬에게 "오 형제여 나로 주안에서 너희를 인하여 기쁨을 얻게 하고 내 마음이 그리스도 안에서 평안하게 하라"(빌 1:20)고 했다.

　성숙한 교사는 언제나 제자들의 영적 상황을 정확하게 평가하고 잘못은 과감하게 교정하며, 잘한 점은 계속 적극적으로 후원하여 제자의 영적 상태가 성숙하게 만드는 교사다. 데살로니가교회는 마케도니아와 아가야 지방에서 모범적인 교회가 되었다. 그 이유는 다음 구절에서 찾을 수 있다. "우리가 너희 가운데서 너희를 위하여 어떤 삶이 된 것은 너희가 아는 바와 같으니라 또 너희는 환란 가운데서 성령의 기쁨으로 도를 받아 우리와 주를 본 받는 자가 되었으니"(살전 1:5-6). 데살로니가교회에는 믿음의 역사, 사랑의 수고, 소망의 인내가 있었다. 교회가 주위 사람들에게 좋은 소문이 나는 것은 성령의 기쁨으로 진리를 받아 예수 닮기 원하며 열심히 살아갈 때다.

이 시대에 필요한 일꾼

너는 어서 속히 내게로 오라 데마는 이 세상을 사랑하여 나를 버리고 데살로니가로 갔고 그레스게는 갈라디아로, 디도는 달마디아로 갔고 누가만 나와 함께 있느니라 네가 올 때에 마가를 데리고 오라 저가 나의 일에 유익하니라(디모데후서4:9-11).

오늘 우리 교회에서는 오후 4시에 명예로운 은퇴예식과 항존직 임직식이 있다. 그래서 디모데후서 4장 9-11절을 본문으로 '이 시대에 필요한 일꾼' 이란 제목으로 말씀을 전하려고 한다.

먼저 '이 시대' 라는 의미다. "데마는 이 세상을 사랑하여"(9절). 여기서 '세상' 은 헬라어로 아이온($a\acute{\iota}\omega\nu$)인데 '이 시대' 로 번역할 수도 있다. 이 시대는 바울이 순교한 위기의 시대이며 동시에 그 위기는 바로 예수 그리스도의 재림이 임박한 때를 강조한다.

 지금 우리도 민족의 위기에 직면해 있다. 먼저 정치 위기다. 며칠 전 열린 우리당 정동영 전 의장이 기자들과 만나서 여당이 지지율 하락의 원인을 "4대 개혁법인 국가 보안법 폐지, 사학법 개정, 언론 개혁, 과거사 진상규명의 모자를 씌운 것이 잘못되었고 그동안 실용개혁과 같은 쓸데없는 공리공담을 해온 것이라" 통탄스럽다고 밝혔다. 그리고 이 나라에서는 북한의 핵문제, 정책의 일관성 부재, 노사문제, 여야의 극심한 대립을 가져오고 있다.

 특히 경제 침체로 인한 자살자 증가가 우리들의 고민이다. 통계청 자료를 보면 자살자 수가 전년도보다 4.5퍼센트 증가한 1만 2,047명으로 44분에 1명꼴로 자살했다. 인구 10만 명당 24,7명인데 OECD국가 중 자살증가율이 가장 높다고 지적했다. 사회 위기는 사회 환경적으로는 생명 경시 풍조가 최근 우려할 만한 수위까지 이르고 있다. 바다 이야기 같은 사행성 오락기들 또한 도박게임 등은 근면 성실했던 백의민족의 기상을 완전히 무너뜨렸다.

 기독교의 위기는 교계가 세속화 바람으로 진리에서 떠나 세상을 사랑하게 됨으로 우리들은 위기를 느끼고 있다. 그리고 이단이 맹위를 떨치고 있는 이때에 항존직의 직임을 맡는다는 것은 참으로 중요한 시대적 사명이 있음을 자각해야 한다.

 그래서 우리 교회가 항존직을 세워서 세속의 물결을 막고 우리가 섬기는 교회가 진리 위에 굳게 서기 위해서 이 시대에 필요한 일꾼들이 되어야 한다.

변질되지 말아야 – 데마, 과거의 사람

"데마는 이 세상을 사랑하여 나를 버리고 데살로니가로 갔고"(10절).

데마의 이름은 '다스리는 자' 란 뜻을 가진 인물이다. 그는 바울의 제자 중 한 사람이자 사도 바울의 복음 사역의 조력자로서 바울이 1차 로마 투옥 때 바울과 같이 있었다. 그 뒤 2차 투옥 때도 일시적으로 가까이에서 봉사했으나 결국 세상을 사랑하여 바울을 버렸다.

바울은 데마가 자신을 버렸다고 했다. 결국은 데마가 진리를 버렸다는 뜻이다. Calvin은 바울이 투옥되어 고생하는 것을 보고 자신에게도 위협이 있을 것을 생각하고 겁나서 떠났다고 하였다. 렌스키(Lenski)는 그가 데살로니가로 간 것은 그곳이 고향이었기 때문이지만 결국 신앙을 포기한 행동이라고 지적을 했다. 크라우포드(Crawford)는 그리스도인의 의무보다 세상적 이익에 매료되어 바울과 동고동락할 수 없었다고 한다. 그리고 마침 데살로니가에 새로운 금광이 발견되어 사람들이 금을 캐서 부유해진다는 소문을 듣고 바울을 떠난 그는 결국 겉으로만 신자였지 그 내면에는 참 생명이 없었다고 평가했다.

우리들은 데마를 보면서 그럴 수 있느냐고 비판하고 우리들은 절대로 그렇게 변질되지는 아니할 것이라고 큰소리치지만 우리 모두에게도 데마의 약점을 지니고 있다. 그렇다면 어떻게 하면 그리스도를 버리지 아니할 수 있는가?

멜빌(H. Melvil)은 "사랑의 방법이 달라야 하는데 세상을 향한 사랑의 힘을 끊을 수 있는 것은 오직 하나님을 사랑하는 마음이 우선되어야 한다고 했다. 그래서 정과 육을 십자가에 못박지 아니하면 못난 자아가 자꾸 세속의 쾌락과 풍습을 찾아 따라 가고 싶어져서 자신도 모르게 흘러 떠내려 갈 수밖에 없다고" 했다. "내 지체 속에서 한 다른 법이 내 마음의 법과 싸워 내 지체 속에 있는 죄의 법 아래로 나를 사로잡아 오는 것을 보는 도다 오호라 나는 곤고한 사람이로다 이 사망의 몸에서 누가 나를 건져내랴 하고"(롬 7:23-24). 바울도 참으로 고민했다. 예수님도 두 주인을 섬길 수 없다고 하셨다. 그러므로 언제나 우리 성도들은 먼저 그의 나라와 그의 의를 구하고 하나님을 참으로 사랑하여 간절히 사모하면 세속의 유혹에서 벗어날 수가 있다.

동서고금에 죄악 중 최고의 죄는 배신이다. 단테의 유명한 신곡에 보면 지옥에는 9개의 방이 있는데 마지막 지옥에는 배신자가 모여 있다고 한다. 스승을 배반한 제자 가룟 유다와 양부를 배신한 부루투스가 제일 견디기 힘든 지옥에서 독사의 독물을 받아 목을 축이면서 고통을 당한다고 하는데 일리가 있다고 생각한다.

함께 있어야 – 누가, 현재의 사람

"누가만 나와 함께 있느니라"(11절).

쉬운 성경에 보면 누가만 내 곁에 남아 있는 유일한 사람이라고 해석하고 있다. 본문을 보면서 누가는 참으로 충실한 사람이라는 것을 느끼게 한다. 세상의 친구들은 세상의 환경이 변하면 우정도 변하지만 성도들은 변할 수 없다. 그것은 진리가 변하지 아니하기 때문이다.

누가는 수리아 안디옥 출신 의사다(골 4:14). 그는 누가복음과 사도행전을 기록한 신학자이면서 문필가였다. 그가 더욱 유명한 것은 바울의 최후 동역자였기 때문이다. 바울은 언제나 몸에 질병을 지나고 있었다. 타인의 병은 바울의 손수건만 얹어도 낫곤 했다. 그런데 자신의 질병을 생명을 걸고 세 번씩 기도했지만 하나님께서는 "내 은혜가 네게 족하다 하시고 이는 내 능력이 약한데서 온전하여짐이라 하신지라 이는 그리스도의 능력으로 내게 머물게 하려 함이라"(고전 12:9)고 했다.

그 은혜 중 하나는 고통 받은 바울 곁에 주치의사 누가를 배치해 두었다. 카펜터(W.B.Carpenter)는 누가가 함께 한 이유를 다음과 같이 설명했다.

① 누가는 믿음이 있었다. 누가는 바울을 통해서 신앙의 지식을 전수

받아 진리를 발견하니 그 마음에 기쁨이 충만했으므로 세상 기쁨이 그를 지배할 수 없었다.

② 누가는 고상한 인격의 소유자다. 선교의 열정을 가지고 수없는 위험을 무릅쓰고 충성하는데도 감동되었지만, 의사로서 바울의 건강상태를 보면 도저히 용납이 안 되는 데도 하나님께 충성하는 모습을 보면서 의리를 지켰다.

③ 우정의 강한 힘을 가지고 있었다. 그것은 하나님께서 공급해 주시는 신비로운 은혜를 체험했기 때문이라고 지적했다. 아무튼 함께 충성을 약속했던 데마는 데살로니가에 가 있는 데 누가는 로마에 머물러 있었다. 하나님께서는 떠나 버린 자보다 머물러 있는 자에게 언제나 함께 해 주신다. 그래서 언제나 너희도 떠나가고 싶으냐고 물어 보신다. 그때 우리 대답은 언제나 한결 같아야 한다. "영생의 말씀이 계시며 우리가 어디로 가오리까?"

사도 바울은 언제나 충성스러운 소수와 같이 일을 했다. "만일 하나님이 우리 편이시면 누가 우리를 대적하리요"(롬 8:31) 하시는 말씀을 믿었기 때문이다. 나폴레옹은 하나님은 크고 강한 군대편이라고 주장하며 큰 군대로 무장했으나 비참하게 망했다. 바울은 소수의 힘으로 복음을 세계에 전파했다. 소수의 동지가 함께 하면 큰 역사가 나타난다.

유익해야 – 마가, 미래의 사람

"마가를 데리고 오라 저가 나의 일에 유익하니라"(11절 하).

마가는 큰 망치라는 이름의 뜻을 가진 인물이다. 그는 예루살렘에서 부유하게 살던 마리아의 아들이요(행 12:12) 바나바의 생질이며(골 4:10), 요한은 유대식 이름이요, 마가는 로마식 이름이다. 그는 구보로 출신으로서 마가복음의 저자다. 어린 시절에는 믿음이 미숙하여서 바울의 1차 전도여행에 동행했다가 변심하여 예루살렘으로 돌아간 적이 있으나 바울이 다시 소명을 받고 순교까지 감당한 진실한 종이다.

"유익하다" 지금 내가 그의 도움이 필요하니 그 사람을 데리고 오라는 말씀이다. 함께 일할 때 하나님께 받은 달란트가 다르므로 서로가 서로에게 필요한 존재가 된다. 만약에 무익하고 해가 된다면 함께 동역할 수는 없다. "무익한자 디오드레베는 우리 영접하지 아니하였고, 데메드리오는 뭇사람에게도 진리에게도 증거를 받았으며 우리도 증거하노니 너는 우리의 증거가 참된 줄을 아느니라"(요삼 9, 12). 말만하고 속이 텅 빈 자보다 행동과 삶을 통해서 유익을 주는 동역자가 참으로 필요하다.

처음 마가는 낯설 때 고삐 풀린 망아지 같고, 손에 쟁기를 잡고 뒤를 돌아보는 어리석은 인간이었다. 그로부터 17년이란 세월이 흐른 다음 바울이 마가를 다시 부른 이유를 (E.H Higgins)는 이렇게 말했다. "바울은 기도의 사람이었기에 장래에 대한 소망을 가졌기 때문이다. 더 나아가서 우리에게도 보잘것없는 신앙과 인격의 소유자일지라도 하나님께서 은혜 베풀어 주시면 크게 쓰임 받을 수 있는데 그 배후에는 기도의 어머니 마리아가 있었고 신앙의 대부인 바나바의 지도가 있었기 때문이다."

아무튼 우리들도 올바른 신앙의 지도자 또는 선배를 잘 만나서 철저하게 신앙의 훈련을 받고 참으로 이 시대에 유익을 줄 수 있는 하나님의 일꾼으로 살아가야 한다. 그 후에 마가는 베드로와 선교 사업에 동역을 하면서 통역을 감당하였고, 애굽으로 가서 알렉산드리아 교회를 세우고 전도하다가 순교했다고 전해지고 있다. 교회사 역사학자들은 그의 순교기념일이 4월 25일이라고 한다. 시대가 어려워지면 자연히 배신자가 생기게 되어 있다. 그때에 참으로 필요한 사람은 유익을 주는 동역자다. 우리들도 이 시대에 필요한 일꾼이 되기 위하여 언제나 최선을 다해야 한다.

칼메닝거 정신과 의사에게 한 우울증 환자가 찾아와서 치료를 부탁하니 칼메닝거 박사는 이렇게 말했다. "이 병은 내가 치료할 병이 아니고 하나님이 치료하실 병입니다. 그러니 일단 집을 잠그고 집에서 나오세요. 그리고 길을 따라 계속 가시다가 곤경에 빠진 사람을 만나거든 그 사람을 정성을 다해서 도와주세요. 그렇게 하면 하나님께서 당신을 도와주실 것입니다."

진리를 사모하면 이런 유익이

내가 주의 법을 어찌 그리 사랑하는지요 내가 그것을 종일 묵상하나이다 주의 계명이 항상 나와 함께하므로 그것이 나로 원수보다 지혜롭게 하나이다 내가 주의 증거를 묵상하므로 나의 명철함이 나의 모든 스승보다 승하며 주의 법도를 지키므로 나의 명철함이 노인보다 승하니이다 (시편 119:97-100).

영국의 저술가 존 러스킨(John Ruskin)은 "인생은 매우 짧고 그 중에서도 조용한 시간은 얼마 안 되므로 우리는 그 시간에 가치 없는 책을 읽는 데 낭비하지 말아야 한다"고 했다. 가을은 독서의 계절인 것을 너무나 잘 알고 있지만, 현대인들은 컴퓨터를 통해서 쉽게 지식과 정보를 얻고 있기 때문에 독서하는 일을 소홀히 하고 있다. 신앙생활 하는데도 다른 방법을 통해서 쉽게 하려고 하기 때문에 성서를 깊이 읽고 깊은 은혜를 경험하는데 매우 약하다.

"내가 주의 법을 어찌 그리 사랑 하는지요 내가 그것을 종일 묵상하나이다. 내가 주의 법을 한 없이 사랑하여 하루 종일토록 묵상하나이다"(시 119:97). 묵상은 탐색하고 사고하는 자가 조용히 생각하고 입으로 중얼거리며 암송하는 것이다. 이 뜻은 하나님의 말씀의 맛을 안다는 것이다. "주의 말씀의 맛이 내게 어찌 그리단지요 내 입에 꿀보다 더하나이다"(시 119:103). 꿀은 모든 음식물 가운데 당도와 영양가가 최고인데 하나님의 말씀은 그 가치와 효능이 그 어느 것에도 비교할 수 없다는 은유적 비유다. 하나님의 말씀의 맛을 아는 자의 고백으로 그 맛을 알아야 종일토록 묵상할 수 있다.

어느 집사님께서 전화를 주셨다. 목사님께서 왜 성경공부를 그렇게 강조하시는지 알 것 같다는 고백을 했다. 성경공부 시간이 그렇게 재미있고 기다려진다는 것이다. 그래서 시간 있으면 성경을 읽고 깊이 생각해 보는데, 마음이 그렇게 편안할 수 없다는 것이다. 진리를 사모하는 자에게 어떤 유익이 있는가?

원수보다 지혜롭다

"그것이 나로 원수보다 지혜롭게 하나이다"(98절).

하나님의 말씀은 주의 백성을 인도하시고 지혜롭게 하되 원수보다 승하게 하신다는 뜻이다. 칼빈은 성경을 읽어서 좋은 점을 세 가지로 말했다.

① 우리가 성서를 읽으면 우리의 모든 원수들보다 사려 깊게 되어 원수들이 의인들을 속이기 위하여 만들어 놓은 함정과 계략에 빠지지 않게 된다. ② 하나님의 진리가 우리들을 붙들고 계시므로 설령 어떤 사탄

의 공격이 온다 해도 절대로 패망당하지 않는다. ③ 진리는 영원히 변치 아니하므로 어떤 상황이 돌변해서 우리에게 불리하다고 해도 새롭게 정신적으로 무장시켜서 다시 일어서게 하신다."

다윗의 모사, 아히도벨이 압살롬의 반란에 동참하여 군사 1만 2천 명을 자신에게 주면 다윗을 따라가서 쳐 죽이고 백성들은 압살롬에게 돌아오게 하겠다고 했다(삼하 17장). 그때 압살롬은 다른 전략가인 후새에게 물어 보았다. 하나님은 아렉 사람 후새에게 지혜를 주셨다. "다윗은 용사라 백성과 같이 잠자지 아니하고 또 어느 동굴에 있는지 알지 못하니 백성들을 동원해서 이슬이 땅에 내림같이 엄습하소서." 압살롬은 아히도벨보다 후새의 계략을 좋게 여겨 시행하게 했다. 후새는 그 계략을 다윗에게 전달하여 다윗은 새벽에 요단을 건너게 했다. 아히도벨은 자기 계략이 실패하므로 고향으로 내려가서 목 매어 죽었다. 변절자 아히도벨과 하나님을 경외하는 후새가 서로 대적할 때 하나님은 후새에게 지혜를 주셔서 승리하게 하셨다. 아히도벨은 사람 죽이는 계획을 세우고 후새는 사람을 살리는 계획을 세웠다. 말세에 사단의 계략은 거룩한 성도들을 넘어지게 한다. 그때 우리가 승리할 수 있는 비결은 성서를 통해서 지혜를 얻는 것이다.

"내가 보건대 악을 밭 갈고 독을 뿌리는 자는 그대로 거두나니. 다 하나님의 입 기운에 멸망하고 그 콧김에 사라지느니라"(욥 4:8-9). 콧김은 분노를 뜻한다. 에스더서 보면 하만의 음모가 에스더의 지혜 앞에 무릎을 꿇었고, 다니엘을 모해하던 자들은 그 자신들이 파놓은 함정에 스스로 패망당했다.

스승보다 지혜롭다

"나의 명철함이 나의 모든 스승보다 승하며"(99절).

이 구절은 '내가 주의 증거를 묵상한다는 것' 이 전제된다. 증거는 교훈을 뜻하고 묵상은 단순히 그 의미를 곰곰이 생각하거나 고찰하는 차원에서 그치는 것이 아니라 연구하여 깨달은 바를 그대로 실천하는 것까지 말한다. 그렇게 될 때 참으로 깊고 오묘한 명철을 진리가 제공해 주어서 모든 스승보다 뛰어나게 된다는 것이다.

여기서 스승은 세속적 지식을 가르쳐 주는 자들인데 세상적인 지식이 아무리 뛰어나다 하더라도 피조물은 인간들은 창조주이신 하나님을 능가할 수 없다. 성경을 읽어 보면 "요셉에게 이르되 하나님이 이 모든 것을 네게 보이셨으니 너와 같이 명철하고 지혜 있는 자가 없도다"(창 41:39). 요셉의 꿈에 살찐 소 일곱 마리가 먼저 나타났고 후에 파리하고 흉악한 소 일곱 마리가 나타나 그 살진 소 일곱 마리를 삼켰다. 이어서 무성하고 충실한 일곱 이삭이 나오고 이어서 쇠약한 일곱 이삭이 나와 충실한 이삭을 삼키는 꿈을 꾸었다.

바로가 꿈을 정확하게 말하고 해석하는 요셉을 특채하고 총리로 삼았다.

"하나님이 이 네 소년에게 지식을 얻게 하시며 모든 학문과 재주에 명철하게 하신 것 외에 다니엘은 또 모든 이상과 몽조를 깨달아 알더라"(단 1:17). 꿈과 환상을 해석할 수 있는 능력을 주셔서 하나님의 세계를 알게 하시는데 그 지혜가 세상적인 모든 지식을 능가할 수 있게 하신다.

뿐만 아니라 세상에서 우둔하고 미련한 자들도 하나님의 말씀은 지혜롭게 만들어 주신다. "여호와의 율법은 완전하여 영혼을 소생케 하고 여호와의 증거(교훈)은 확실하여 우둔한 자로(어리석은 자)로 지혜롭게 하며 여호와의 교훈은 정직하여 마음을 기쁘게 하고 여호와의 계명은 순결하여 눈을 밝게 하도다"(시 19:7-8). 성서를 읽으면 어리석은 자도 지혜롭게 된다.

"여호와를 경외하는 것이 지식의 근본이라"(잠 1:7). "그러나 하나님께서 세상에 미련한 것들을 택하사 지혜 있는 자 부끄럽게 하려 하시고 세상에 약한 것들을 택하사 강한 것들을 부끄럽게 하려 하시며 하나님께서 세상의 천한 것들과 멸시받는 것들과 없는 것들을 택하사 있는 것들을 폐하려 하시나니"(고전 1:27-28).

수험생을 매일 성경 한 장씩 읽게 하자. 성경이 지혜롭고 의롭게 바르게 인도한다.

노인보다 지혜롭다

"주의 법도를 지키므로 나의 명철함이 노인보다 승하나이다"(100절).

본문에서 노인은 세상을 오래 산 늙은 사람들을 뜻하는데 세상에서 오래 살았다는 것은 수많은 경험을 가지고 있다는 뜻이다. 그래서 성서의 세계는 질서의 세계이기 때문에 노인들을 무척 존경한다.

"백발은 영화의 면류관이라 의로운 길에서 얻으리라"(잠 16:31). "너는 센 머리 앞에 일어서고 노인의 얼굴을 공경하며 네 하나님을 경외하라 너는 나이 많은 노인을 공경하며 높이 받들어 모시고 나를 두려운 마음으로 섬겨라"(레 19:32).

왜 노인들을 존경하라고 하는가? 그것은 세월을 살아온 시간들이 너무 소중하고 귀하기 때문이다. 말세가 되면 가정이 흔들리는 이유 가운데 하나가 노인들이 없기 때문이다. 젊은 사람들이 자기끼리 사는 것은 좋은데 문제가 생기면 해결할 지혜가 부족하기 때문에 작은 문제가 크게 확대된다.

그래서 인자하고 덕이 있는 노인들이 가정을 지키고 있는 것은 참으로 감사한 일이다. 우리 교회에는 연세 높으신 어른들이 많이 계시므로 참으로 복 받은 교회다. 그런데 본문에서 노인보다 승하다는 뜻은 무엇인가? 노인들이 가진 경험이 중요하고 귀하지만 여기서 경험보다 훨씬 더 가치가 있다는 뜻이다. 더 나아가서 세상 경험은 현세적이지만 영적 경험은 현세를 지나서 내세까지 경험을 포함하고 있기 때문에 더욱 가치가 있다는 것이다.

이런 경험은 성경을 통해서 얻어질 수 있다.

"이 율법 책을 네 입에서 떠나지 말게 하며 주야로 그것을 묵상하여 그 가운데 기록한 대로 다 지켜 행하라 그리하면 네 길이 평탄하게 될 것이라 네가 형통하리라"(수 1:8). "오늘날 내게 네게 명하는 이 말씀을 너는 마음에 새기고 네 자녀에게 부지런히 가르치며 집에 앉았을 때든지 길에 행할 때에든지 누웠을 때에든지 일어났을 때에든지 이 말씀을 강론할 것이며"(신 6:6-7).

하나님은 모세에게 장로들을 세우게 하시고 반드시 어떤 문제가 생기면 장로들과 상의하게 하셨다. "므리바 반석을 치라 그것에서 물이 나리니 백성이 마시리라 모세가 이스라엘 장로들의 목전에서 행하니라"(증인 삼으라)(출 17:6). 신앙의 경륜이 필요하다. 그러나 성서를 통해서 얻는 지혜가 세상적인 경험에 우선된다는 것이다.

희년의 나팔을 불자

너는 일곱 안식년을 계수할지니 이는 칠년이 일곱 번인즉 안식년 일곱 번 동안 곧 사십 구년이라 칠월 십일은 속죄일이니 너는 나팔 소리를 내되 전국에서 나팔을 크게 불지며 제 오십 년을 거룩하게 하여 전국 거민에게 자유를 공포하라 이 해는 너희에게 희년이니 너희는 각각 그 기업으로 돌아가며 각각 그 가족에게로 돌아갈지며 그 오십 년은 너희의 희년이니 너희는 파종하지 말며 스스로 난 것을 거두지 말며 다스리지 아니한 포도를 거두지 말라 이는 희년이니 너희에게 거룩함이니라 너희가 밭의 소산을 먹으리라(레위기 25:8-12).

정해년(丁亥年) 새해를 맞이하여 교우들의 가정과 하시는 사업 위에 하나님의 크신 은총이 충만하시기를 기원한다. 금년 우리교회 표어는 '희년을 맞이한 교회' 다. 그래서 창립일은 1월 21일이지만 금년 10월에 희년 축하 예배를 드리고자 한다. 다양한 행사를 준비해서 하나님께 영광 돌리고 성도들도 함께 풍성한 복을 받고자 한다.

희년은 히브리어로 '요벨' 이라고 하는데, 이 뜻은 '수양의 뿔' 이란 의미다. 수양의 뿔로 나팔을 만들어 온 세상에 알리는 데서 유래가 되었다. 희년은 안식년(7년)의 일곱 번째 다음 해 50년을 일컫는 것이다. 속죄인 7월 10일에 희년을 알리는 나팔을 크게 불면서 희년은 시작된다.

① 희년은 대안식년으로서 땅에 파종하지 아니하고 땅도 쉬고 사람도 쉬고 모든 짐승도 쉬게 한다.

② 희년은 모든 속전이 이루어지는데 하나님께서 가나안 땅에 들어간 히브리 민족 12지파에게 땅을 고루고루 분배해 주셨다. 그리고 절대 팔지 못하게 하셨다. 만약 소유자가 힘이 없고 빈곤하여 다른 사람의 소유가 되었으면 일가친척이 땅값을 주고 사서 본 주인에게 땅을 돌려주어야 한다.

③ 종이 된 자는 자유롭게 놓임을 받고 자유인이 된다. 희년정신은 시민들 가운데 평등권을 회복시켜 주면서 너무 가난하여 조상으로부터 받은 땅의 소유권을 상실한 사람들에게 다시 일어서서 일할 수 있는 기회를 부여해 주었다. 하나님께서는 언제나 약하고 억눌리고 가난한 자들의 편에 서서 그들이 강하고 자유롭고 부하게 하셔서 그 땅에서 함께 살아가게 하시는 데 목적이 있다.

그래서 우리들은 희년을 맞이하여 부하고 건강하고 행복해야 한다. 이 기간이 지나가면 다시 50년을 기다려야 한다. 나팔은 전쟁신호(수 6:5), 희열의 표시(왕상 1:34) 경계의 신호(느 4:18), 기념제 등 알릴 때 분다.

자유의 나팔

"전국 거민에게 자유를 공포하라"(10절 상).

자유를 통해서 안식을 얻게 되는데 자유 없이 그 누구에게도 안식은 얻을 수 없다. 그래서 희년의 가장 큰 의미는 자유에서 찾을 수 있다. 그 자유의 구체적인 내용은 다음과 같다.

① 신분의 평등- 노예에서 해방이다. 고대 사회에서는 전쟁에서 승리한 자들이 패한 자들을 노예로 삼게 되는데 주인이 노예의 생사 권리를 가진다. 또 어떤 때는 경제적으로 부채를 지고 갚지 못하면 역시 본인뿐만 아니라 그의 가족까지 노예가 되어 주인의 명령에 복종할 수밖에 없다. 그의 삶은 평생 노예로 산다. 그래서 노예에서 해방되는 것은 굉장한 일이다.

② 소유권의 평등 - 어떤 이유에서든지 자신의 소유였던 재산과 재물이 잘못하여 남의 소유가 된 경우다. 한번 소유권이 이전되면 그 원인이 해소되기 전에는 다시 자기 소유가 될 수 없다. 그런데 희년에는 이유를 불문하고 원소유자에게 돌려주어야 한다.

③ 육체의 평등 - 아담이 범죄한 후에는 이 땅이 가시와 엉겅퀴를 내게 됨으로 인간은 그때부터 땅과 전쟁을 해야 하는데 그것이 노동이다. 이마에 땀을 흘려야 양식을 먹고 살 수밖에 없게 되었지만, 희년에는 땅에 파종하지 아니하고 땅을 쉬게 해야 한다. 그래서 땅을 쉬게 하고 사람도 쉰다.

④ 물질의 평등 - 모든 서류가 백지화됨으로 어떤 빚에서도 탕감 받게 된다. "이는 만물이 주에게서 나오고 주로 말미암고 주에게로 돌아감이라"(롬 11:36). 만물의 소유권이 주님께 있다. 그러므로 주 안에서 부자도 가난한 자도 다 주님의 사랑 안에서 모두 같은 권리를 누려야 하기 때문이다.

그래서 희년은 제일 먼저 자유에서 출발한다. 이 자유의 나팔을 크게 불어서 듣는 모든 사람이 참 자유를 누리게 해야 한다. 사실 하나님께서 인간을 창조하셨을 때 인간에게 자유를 주셨는데 그 인간이 범죄함으로 질서가 무너지면서 인간들이 자유를 상실하게 되었다. 하지만 하나님의 은혜로 이 자유를 다시 회복한다. "그리스도께서 우리로 자유케 하려고 자유를 주셨으니 그러므로 굳게 서서 다시는 종의 멍에를 메지 말라"(갈 5:1). 멍에는 짐이다. 구원은 하나님의 은혜로 값없이 주신 것인데 이것이 율법을 행함으로 얻는다면 그것은 큰 짐이 된다. 예수 믿는 것은 자원하는 마음으로 기뻐서 해야지 짐이 되어서는 안 된다.

기쁨의 나팔

"그 오십년은 너희의 희년이니 너희에게 기쁨의 해이니"(11절).

　J.케플러는 "기쁨은 인생의 요소이며 인생의 욕구이며 인생의 힘이며 인생의 가치다"라고 했다. 인간은 누구나 기쁨에 대한 욕구를 갖고 기쁨을 요구할 권리를 가진다고 말했다. 하지만 기쁨을 소유하기는 쉽지 않다. 바울 사도는 "주 안에서 항상 기뻐하라 내가 다시 말하노니 기뻐하라"(빌 4:4)고 말씀하셨는데 기쁨은 주 안에 있을 때 가능하다고 한다. 이 뜻은 주님을 구주로 영접할 때 즉, 죄 사함의 확신을 가질 때 기쁨이 충만해진다는 것이다.

　이 성경을 기록할 때 바울은 로마 감옥의 쇠사슬에 매여서 있었다. 감옥은 예나 지금이나 자유스럽지 못하며 모든 것이 불편하다. 하지만 죄 사함을 받은 기쁨을 아무도 빼앗아 가지 못했다. 그래서 기쁨이 충만했다. "너희 마음이 기쁠 것이요 너희 기쁨을 빼앗을 자가 없느니라"(요 16:22). 예수님을 믿으면 제일 먼저 기쁨이 찾아온다. 그 이유는 죄인으로 살던 삶에서 벗어나서 의롭게 살아가게 되며 마귀의 사슬에서 벗어나서 자유롭게 살게 되기 때문이다.

사도 바울은 언제나 성도들에게 편지 쓸 때마다 "은혜와 평강이 있을 지어다"라고 했다. '은혜'는 무한하신 하나님의 사랑이다. 이 사랑은 너무 커서 모든 것을 포용한다. 부자도 가난한 자도 죄인도 의인도 모두 그 속에 들어간다. '평강'은 기쁨이다. 예수님을 진심으로 믿고 살면 자꾸 웃음이 나온다. 그 이유는 마음 깊은 곳에 기쁨이 가득 들어 있기 때문이다. 그래서 오늘 본문은 기쁨의 나팔을 크게 불어서 모든 자들이 함께 기쁨에 동참케 하라고 한다. 영국 속담에 "하루 동안 기쁨을 얻고자 하면 이발을 하라. 한 주간 기쁨을 얻고자 하면 자동차를 사고, 한 달을 원하면 결혼하라. 1년 동안 기쁨을 얻고자 하면 새 집을 지으라고 했다. 그리고 평생을 기쁘게 정직하게 살고 영원히 기쁘게 살려면 예수를 믿으라"고 했다.

영국의 유명한 정신과 의사 해밀톤 박사에게 어느 날 몹시 얼굴이 창백한 노신사가 찾아와서 진찰을 받았다. 해밀톤 박사는 "신경이 몹시 쇠약하니 신체 치료보다 정신 휴양이 필요합니다. 지금 가서 유명한 희곡 배우가 공연하는 희곡을 보고 오세요. 그 배우는 그리말디는 세계적으로 유명합니다"라고 했다. 그러자 그 신사는 약을 달라고 계속 우겼다. 그 신사는 고개를 숙이면서 "제가 그리말디입니다"라고 했다.

사람은 근본적으로 자신의 문제를 해결하지 않으면 참 기쁨을 얻을 수 없다.

거룩한 나팔

"이는 희년이니 너희에게 거룩함이니라"(12절).

'거룩'은 성별 즉 '구별되었다'는 뜻이다. 날은 날인데 같은 날이 아니며, 달은 달인데 같은 달이 아니다. 해는 해인데 같은 해가 아니다. 먼저 본문 4절은 안식년에 대하여 말씀하십니다. 6년 동안 파종하여 곡식을 거둬드리고 7년째는 파종하지 말고 추수도 하지 말라고 한다. 땅도 쉬어야 그만큼 다음 해에 더 많은 수확을 할 수 있다.

현대 농업 연구가들이 이 문제를 연구하여 두 가지 결론을 얻었다.

첫째, 해충이 박멸된다. 해충이 농작물에 피해를 주고 추수 때가 되면 곡식 뿌리로 내려가서 그 곳에 알을 까 두었다가 겨울이 지나가고 봄이 오면 부화해서 다시 농작물에 피해를 준다. 그 당시 해충제가 없어서 해충을 박멸할 수 없었는데, 1년 휴식하면서 해충이 부화해도 기생할 대상이 없으므로 스스로 자멸된다는 것이다.

둘째, 농지 산성화를 방지한다.

계속 농사를 지으면 그 토양이 산성화되어 질이 나쁘게 변하는데 1년 쉬게 하였더니 산성화가 되지 아니하고 더 좋은 토양으로 변화되어 다음해 농사지을 때 2배의 수확을 거둘 수 있게 되었다는 것이다. 즉 토양의 산성화를 방지하여 계속 좋은 곡식을 배출하게 되었다는 것이다.

그래서 안식년 제도는 모든 인간, 동물, 그리고 자연에도 유익하게 하시는 하나님의 크신 배려였다. 또한 안식년에 파종하지 않았는데도 자연히 생긴 곡물은 "남종, 여종, 품군 나그네(객)들이 먹으라"(6절)고 하심은 재산이 어떤 개인의 것이라기보다는 공동 재산이란 뜻이 그 속에 담겨져 있다.

희년 제도는 인간들을 위한 하나님의 특별한 은총이면서도 풍성한 수확을 얻게 하시는 하나님의 크신 사랑의 배려다. 더 나아가서 예수 그리스도의 재림이 이루어진 뒤 구원 받은 성도들에게 내리신 크신 축복을 미리 보여 주시는 예언적 사건이기도 한다. 그래서 희년은 '거룩한 해'라고 말씀하신다. 거룩한 해를 기다리는 사람들은 거룩하게 살아가야 한다.

앤드류 머레이(Andrew Murrey)는 〈그리스도와 같이〉라는 책에서 "남이 나보다 진정 잘 되기를 진심으로 원한다면 ① 확고한 믿음을 가지고 자신을 언제나 진리에 복종시키는 훈련이 계속되어야 한다. ②그리스도의 죽으심을 본받아 자신도 날마다 죽는 훈련을 지속해야 한다. ③ 하나님의 거룩한 약속은 꼭 이루어 질 것을 믿고 오래참고 기다려야 한다. 사랑은 거룩해지기도 어렵지만 그 거룩을 유지하기는 더욱 어렵다.”고 했다. 그러나 하나님께서 “나도 거룩하니 너희도 거룩하라”고 말씀하셨다.

6장

내가 서 있는 자리에

행복한 가정 만들기

사랑하는 자들아 너희는 너희의 지극히 거룩한 믿음 위에 자기를 건축
하며 성령으로 기도하며 하나님의 사랑 안에서 자기를 지키며 영생에
이르도록 우리 주 예수 그리스도의 긍휼을 기다리라(유다서 1:20-21).

금년 우리 총회 여름성경학교 주제가 '하나님의 나라와 가정' 이다.
주석가 핸드릭슨은 "가정은 하나님께서 만드신 사회제도 가운데
서 가장 숭고하고 아름다운 것이라"고 했다. 메튜 헨리도 "인간이 이 땅
에서 평생을 서로 사랑하면서 살 수 있는 배필을 얻는 것은 참으로 귀한
축복이라"고 했다. 그런데 말세가 되면 가정이 쉽게 무너진다.

1852년 4월 10일 한 미국 시민이 알제리에서 죽어 투니스에 매장되었
다. 그로부터 10년이 지난 후 1862년에 미국 정부는 모든 교통수단을 다

동원해서 그 사람의 시체를 뉴욕에서 워싱톤으로 옮겨오고 의회를 소
집해서 가장 큰 이장식을 올렸다. 조국으로 돌아온 이분을 애도하여 조
포가 울리고, 조기를 달고 조복을 입은 수많은 인파가 워싱톤 D.C 펜실
바니아 거리를 슬픔의 도가니로 만들었다.

그분은 유명한 정치가도 아니요, 장군도 학자도 사업가도 아닌 존 하
워드 페인(John Haward Pain)이란 사람이다. 그는 여러분이 너무도 잘
아는 '즐거운 나의 집'(Home sweet Home)이란 유명한 노래를 남긴 분
이다.

> 즐거운 곳에서는 날 오라 하여도
> 내 쉴 곳은 작은 집 내 집뿐이라.
> 내 나라 내 기쁨 길이 쉴 곳도
> 꽃피고 새 우는 내 집뿐이라

여러분의 가정은 행복한가? 가정은 육신의 안식처요 영혼의 보금자리
이고 꿈과 희망의 못자리다. 그러면 이런 집은 어떻게 세워져야 할까?

가정의 기초는 믿음 위에

"너희는 너희의 지극히 거룩한 믿음 위에 자기를 건축하며"(20절),

가정의 기초는 믿음 위에 세워야 한다. 신앙의 기초, 신앙고백의 주춧
돌 위에 세워진 가정이 행복한 가정이다. 엘버트 비버(Albert Beeber)는
"750명의 기혼자들에게 행복한 가정을 만드는 가장 큰 요인이 무엇인
가?"라고 질문하였더니 "믿음의 생활화가 가정 행복의 기초"라고 하였
다고 한다. 아버지가 진심으로 거짓 없이 하나님을 믿고, 어머니도 그러

하면 자녀들도 그렇게 살게 된다. 또한 하나님이 그 집을 지켜 주심으로 사탄이 공격할 수 없다.

"여호와께서 집을 세우지 아니하시면 세우는 자의 수고가 헛되며 여호와께서 성을 지키지 아니하시면 파수꾼의 경성함이 허사로다"(시 127:1)라고 했다.

여호수아는 이스라엘 모든 지파를 세겜에 모으고 마지막 설교를 한다. "만일 여호와를 섬기는 것이 너희에게 좋지 않게 보이거든 너희 열조가 강 저편에서 섬기던 신이든지 혹 너희 거하는 땅 아모리 사람의 신이든지 너희 섬길 자를 오늘날 택하라. 오직 나와 내 집은 여호와를 섬기겠노라"(수 24:15).

본문에서 지극히 거룩한 믿음은 단번에 주신 믿음인데 그랜필드(Granfild)는 "그리스도가 주신 복음을 뜻한다"고 말했다. 한번으로 영원히(once for all)라는 뜻으로 '그리스도의 복음은 영원히 변치 아니한다' 는 의미를 가진다. 거룩한 믿음은 구별된 믿음으로 세상에서 온 것이 아니라 하나님께서 주신 믿음이다. 어떤 세상 유혹이 와도 절대로 흔들리지 아니하는 믿음이다. 말세를 사는 성도들은 언제나 이런 믿음을 소유해야 한다. 말세가 되면 사탄은 가정을 공격하여 남편 또는 아내를 변하게 만들고 자녀들의 마음을 흔들어 변하게 만든다. 그러나 지극히 거룩한 믿음을 소유한 사람들은 절대 흔들리지 아니하므로 사단의 세력을 이길 수 있다.

"그러므로 누구든지 나의 이 말을 듣고 행하는 자는 그 집을 반석 위에 지은 지혜로운 사람 같으리니 비가 내리고 창수가 나고 바람이 불어 그 집에 부딪히되 무너지지 아니하나니 이는 주초를 반석 위에 놓은 연고요"(마 7:24-25). 비(하늘), 창수(땅, 세상), 바람(공중사단)의 시험은 인간사에서 최대 공격이다. 이런 공격에서 무너지지 아니함은 기초가 반석 위에 있기 때문이다.

한 집의 기둥은 기도

"성령으로 기도하며"(20절 하).

하나님께서 우리 성도들에게 주신 강한 무기가 바로 기도다. 기도를 쉬는 순간에 사단은 성도들을 유혹하여 범죄하게 만든다. "나는 너희를 위하여 기도하기를 쉬는 죄를 여호와 앞에 결단코 범치 아니하고 선하고 의로운 도로 너희를 가르칠 것인즉"(삼상 12:23). 사무엘 선지자는 기도를 쉬는 것도 죄라고 지적했다.

그런데 기도는 하나님의 뜻을 이 땅에 이루어 드리는 가장 좋은 방법이다. 가끔 기도하면서 지나친 욕심 때문에 응답 받지 못하는 경우가 있다. "후히 주시고 꾸짖지 아니하게는 하나님께 구하라 그리하면 주시리라"(약 1:5). "욕심이 잉태한즉 죄를 낳고 죄가 장성한즉 사망을 낳느니라"(약 1:14)고 했다. 본문에서는 욕심을 버리고 순수하게 하나님의 뜻을 이루어 드리려면 성령으로 기도하라고 한다.

나는 지난 주일에도 참으로 귀한 하나님의 응답을 받았다. 금년 우리 교회 총예산이 팔억오천만 원이다. 6월 네 번째 주일까지 411,918,770원이 채워져야 하는데, 6월말 전반기까지 한 주일 남았다. 모자라는 금액 13,081,230원이 한 주일 헌금되어야 한다. 그 통계를 놓고 한 주간 간절히 기도하면서 주님의 뜻을 이루어 달라고 간구했다. 한국경제 사정이 참으로 어려운데 놀라운 기적이 지난 주일에 우리 교회에 임하였다.

여름성경학교 및 수련회 비용이 확보되었다. 십일조 18,326,000원, 주일헌금 585,100원, 감사헌금 1,567,000원, 총액 20,533,376원이 봉헌되어 예산보다 12,547,854원이 넘쳤다. 참으로 감사한 일이다. 우리들이 욕심을 버리고 진심으로 성령의 인도하심을 따라서 간절히 기도하면 정말 신통한 일이 일어난다. 그래서 바울은 "너희는 쉬지 말고 기도하라"(살전 5:17)고 했다. 진심으로 기도하는 성도가 있는 가정은 절대 무너지지 않는다. 기둥이 든든히 서 있으면 서까래가 흔들릴 수 없다. 서로 굳게 연결하여 붙들고 있음으로 든든하게 세워진다.

한겨레신문 5월 22일자 6면에 이런 기사가 실렸다. 30년 간 술에 취해 가족 괴롭혀온 조모 씨(56세)가 술 취해 집에 불을 지르겠다고 공갈치자 처 정모 씨(53세)와 31세 딸 등 3명이 합세해 이불을 덮어 질식시켰다. 정씨는 온갖 고생해가면서 네 딸을 모두 대학 졸업시켰다. 첫째딸은 아버지가 죽었으면 좋겠다는 생각은 늘 해왔으나 실제로 자기들이 죽이게 될 줄은 몰랐다고 한다. 가정 폭력에서 벗어나고 싶어서 그랬으니 경찰에 선처를 바란다고 간청했지만, 경찰은 존속살인 혐의로 구속했다. 문제는 이 집을 위해서 기도하는 사람이 없었다는 것이다.

한 집의 지붕은 사랑

"하나님의 사랑 안에서 자기를 지키며"(21절).

가정의 지붕은 사랑으로 덮어야 한다. 사랑으로 덮인 가정은 온화하다. 화평하다. 서로 가족의 허물이 가리워진다. 그 속에서 사랑의 매는 띠로 엮어져서 하나가 된다. 그리고 서로 돕고 도움 받으면서 봉사하고 아무런 불평 없이 굳세게 살아간다. 그리고 혹시 어떤 상처를 받았다고 해도 사랑의 묘약으로 상처가 치유 받게 된다. 본문에서 '하나님의 사랑 안에서' 는 '하나님의 사랑이 주체가 된다' 는 뜻이다. '지키며' 는 '보호하다. 유지하다' 의 뜻으로 성도들 자신을 지키고 보호하는 유일한 길은 하나님의 사랑 안에 머무르는 것이기 때문이다.

그러므로 하나님의 사랑이 우리를 덮어 주시면 그 누구도 우리들을 공격할 수 없다. 예수님께서 사랑의 보호의 극치는 "암탉이 제 새끼를 날개 아래 모음같이"(눅 13:34)라고 설명하셨다. 미물 짐승이라도 모성애적 사랑을 가지고 자기 새끼들을 보호할 때 생명을 걸고 싸운다. 하물며 자기 아들까지 희생하면서 우리들을 보호해 주시는 사랑으로 우리가 보호받으니 얼마나 든든한가.

이어서 본문에는 '긍휼을 기다리고' 했다. 긍휼은 사랑의 행동화다. 앞에는 홍해가 가로 막혀 있고 뒤에는 바로의 병사들이 추적해 올 때 이스라엘 사람들은 당황하여 "모세에게 애굽에 매장지가 없더냐 당신이 우리들을 광야에서 죽게 하였다"고 원망했다. 그때 모세는 이렇게 말했다. "여호와께서 오늘날 너희를 위하여 행하시는 구원을 보라 여호와께서 너희를 위하여 싸우시리니 너희는 가만히 있을지니라"(출 14:13-14). 하나님께서 행동하실 때까지 우리들은 죄를 회개하고 기다려야 한다. 어쨌든 사랑으로 지붕을 덮어야 한다. 성도들의 구원은 개인적이지만 가정이란 단위가 살아야 참으로 행복할 수 있다.

신답 성도 여러분! 무엇으로 당신 가정의 지붕을 덮었는가? 하나님의 사랑으로 덮으면 우박이 내려도 절대 파괴되지 않는다. "하나님께서 난 자마다 범죄치 아니하는 줄을 우리가 아노라 하나님께로서 나신 자가 저를 지키시매 악한 자가 저를 만지지도 못하느니라"(요일 5:18). 출애굽 전에 하나님이 명하신 대로 유월절 어린양을 잡아 문설주에 피를 발랐다. 죽음의 사자가 그 피를 보고 뛰어넘었다. 예수님의 보혈은 생명을 걸고 지키시므로 사탄이 공격할 수도 없고, 공격해도 소용이 없으니 피해 갈 수밖에 없다.

결혼은 하나님의 아이디어

여호와 하나님이 가라사대 사람의 독처하는 것이 좋지 못하니 내가 그를 위하여 돕는 배필을 지으리라 하시니라(창세기 2:18).

아리스토텔레스는 "사람은 사회적인 동물이다"라고 했다. 또한 에덴동산이 아무리 좋아도 사람이 혼자 산다면 참으로 행복할 수가 없다(창 2:18). 아담 범죄 이후에 이 세상은 힘들고 어려워서 더욱 더 혼자 살 수가 없게 되었다.

"너희가 짐을 서로 지라 그리하여 그리스도의 법을 성취하라"(갈 6:2)고 했다. 세상 사람들은 다 같은 조건에서 살지 않는다. 어떤 사람은 건강하고 어떤 사람은 병약하며, 어떤 사람은 부유하고, 어떤 사람은 가난하다. 어떤 사람은 권력이 있고, 어떤 사람은 권력이 없다. 어떤 사람은 남자로, 또 어떤 사람은 여자로 하나님이 만드셨다.

하나님께서 왜 세상을 공평하게 만들지 않았을까? 그것은 서로가 혼자

살지 말고 같이 살아가라는 뜻이다. "가난한 자를 불쌍히 여기는 것은 여호와께 꾸이는 것이니 그 선행을 갚아 주시리라"(잠 19:17). 이 뜻은 가난한 자도 하나님이 내셨으므로 그 가난에 대한 책임을 하나님이 져 주시겠다는 뜻이다. 그러므로 하나님이 하실 일은 하나님께 맡기고 우리 인간들이 할 일은 우리 인간들이 잘 감당해야 한다.

금년 우리교회 표어는 "한 몸 되어 지체되는 교회"다. '한 몸'은 서로 도우며 살아가는 것이다. 성도 여러분의 가정은 다 평안하며 행복한가? 나는 송구영신예배 때 여러 가지 기도 중에 '금년에도 우리 신답가정은 한 가정도 이혼하거나 흩어지는 가정이 없게 해달라"고 기도했다. 오늘 본문을 통해서 가정을 만드신 하나님의 뜻을 생각하면서 은혜 받으시기 바란다.

하나님의 고민

"여호와 하나님이 가라사대 사람이 독처하는 것이 좋지 못하니"(18절 상).

'독처'(혼자 사는 것)하는 것은 좋지 못하다. 창세기 1장에 천지 창조사를 살펴보면 '보시기에 좋았더라'고 말씀하신 것이 일곱 번이나 계속해서 나온다. 31절에 '보시기에 심히 좋았더라' 하고 창조사역은 끝난다. 그런데 본문을 잘 살펴보면 여섯 번째 '보시기에 좋았더라' 하시고 일곱 번째 '심히 좋았더라' 하시기 전에 남자를 먼저 만들어 놓으시고, 고민하고 계신다. 원래 '좋았더라' 하심은 하나님이 본래 의도하신 대로 완벽하게 만들어졌음을 인정하시고 기뻐하시며, 동시에 피조물에 대한 깊은 애정과 사랑의 관계를 가지고 있음을 표현하고 있다. 타락 이전 원래의 우주는 하나님의 안목과 선하심에도 부합된 보기에 좋았던 것을 보여 주고 있다. 현재에도 비교적 자연이 원시 상태로 남아 있는 장엄한 자연의 아름다움은 우리 모두에게 이 사실을 일깨워 주고 있다.

그런데 타락 이후 피조물들은 함께 탄식하며 고통 중에 놓이게 되었다. 현대 세계가 목격하는 대로 심각한 환경 파괴로 인간은 고민하고 있다. 따라서 피조물이 바라는 것은 성도들의 구속과 더불어 또한 썩어짐의 종노릇에서 함께 해방되어 영광에 이르는 재창조의 순간이다. 그때에 모든 피조물은 영원토록 한층 더 보기에 심히 좋게 될 것이다.

그런데 하나님이 남자를 먼저 만들어 놓으시고 고민하신 것은 인간이 혼자 사는 것이 좋지 못하였기 때문이다. 소크라테스는 "사람이 사는 것은 좋은 것이다. 즐겁게 사는 것은 더 좋은 것이다. 남과 더불어 즐겁게 사는 것은 가장 좋은 것이다"라고 말했다.

"두 사람이 한 사람보다 나음은 저희가 수고함으로 좋은 상을 얻을 것임이라 두 사람이 함께 누우면 따뜻하거니와 한 사람이면 어찌 따뜻하랴 한 사람이면 패하겠거니와 두 사람이면 능히 당하나니 삼겹줄은 쉽게 끊어지지 아니하느니라"(전 4:9, 11-12).

돕는 자가 필요하다

"내가 그를 위하여 돕는 배필을 지으리라"(18절 하).

도울 수 있는 적합한 짝을 지으리라. 적합한 반려자, 부르면 응답하는 자, 성품과 신분에 있어서는 언제나 동등하고 곁에 살면서 서로 위로하고, 기쁨과 사랑을 나눌 수 있는 짝이란 의미가 있다. 이것은 육체적으로, 지식적으로, 더 나아가서 도덕적으로 그리고 영적으로 도와줄 수 있는 존재다. 루터는 "하나님께서 먼저 동물을 만드셔서 아담과 같이 살게 하셨으나 그들이 서로가 짝이 될 수 없으므로 곁에 있을 여자를 만드셨다"고 했다.

'에셀'이란 말은 '도움' 또는 '돕는 자'란 뜻으로, 성서 속에는 대개 하나님께서 그의 백성을 도와주실 때 사용하는 말로 쓰였다. "내가 산을 향하여 눈을 들리라 나의 도움(에셀)이 어디서 올꼬 나의 도움(에셀)이 천지를 지으신 여호와에게서로다"(시 121:1-2). "여호와를 의지하라 그는 너희 도움(에셀)이시오 너희 방패시로다"(시 115:9). 즉 여기서 돕는 배필이란 '조수'의 의미가 아니라 구원자의 뜻으로 사용된 것이다.

이 때문에 탈무드에는 "남자는 그 옆구리로부터 나온 갈빗대를 갖지 못하는 동안 휴식이 없고, 여자는 그녀가 나온 남자의 팔 밑에 있지 않으면 휴식하지 못한다"고 기록하고 있다.

"주는 나를 돕는 자시니"(히 13:6)라고 했다. 그분의 도움이 없이 우리들의 삶은 완성될 수 없다. 그러므로 여성은 단순히 남성의 부속품이 아니라 남성을 남성답게 만드는 구원자다. 그러므로 여성의 도움 없이 남성이 남자다워질 수 없다면 남성이든 여성이든 피차가 소중하고 고귀한 것이다. 그래서 돕는 것은 일방통행이 아니라 쌍방통행이다.

"본래 저희를 남자와 여자로 만드시고 부모를 떠나 한 몸 되게 하셨다"(마 19:4). 이 진리의 뜻은 ① 인간 창조가 신화나 전설이 아니고 역사적 사건이다(창세기 1장). ② 결혼은 1남 1여로만 가능하다(일부다처 불가). ③ 하나님이 짝지어 주신 것을 사람이 나눌 수 없다. 우리도 가정을 성서의 바탕 위에 굳게 세워야 한다. 이 말씀은 예수님께서 이혼에 대하여 묻는 바리새인들을 향하여 친히 하신 말씀이다.

돕는 자는 어디서 오는가?

"여호와 하나님이 아담에게서 취하신 그 갈빗대로 여자를 만드시고 그를 아담에게로 이끌어 오시니"(22절).

루터는 "남자는 갈빗대 하나를 잃으므로 공허와 부족을 느끼게 되는데, 그것은 잃은 갈빗대를 찾으므로 채워질 수 있다"고 했다. 그리고 칼빈은 "여자가 지음 받기 전까지는 아담은 미완성품이므로 하나님을 근심케 하였다"고 했다. 하나님이 여자를 데리고 아담에게로 오니 아담이 한 눈에 반해 버렸다.

벤자민 플랭클린은 "결혼 전에는 두 눈을 뜨시오. 그러나 결혼 후에는 한 눈을 감으시오"라고 말했다. 그 뜻은 결혼 후에 단점은 한 눈을 감고 안 보아야 한다는 뜻이다. 그런 의미에서 윙크는 사랑의 시작이다.

"집과 제물은 조상에게서 상속하거니와 슬기로운 아내는 여호와께로서 말미암느니라"(잠 19:14). 아들이면 자연히 부모님의 재산을 상속받을 수 있지만, 슬기로운 아내는 오직 하나님이 주신 선물이기 때문에 소중하다는 뜻이다. 가정의 행복은 재물로 말미암지 아니하고 슬기로운 아내를 통해서 성취된다는 것이다.

우리의 모든 만남은 하나님의 섭리와 뜻 가운데 있다. 그러기에 잘못 만났다고 후회하지 말고 감사하면서 뜨겁게 사랑하면서 살아가야 한다. 세상의 모든 것은 다 조건적이다. 해준 만큼 기대한다. 그러나 하나님의 세계는 무조건적이다. 해준 만큼 기대하는 것이 아니라 더 해주고 싶은 것이다. 이것은 하나님께서 우리에게 주신 축복의 마음이요, 사랑의 마음이다.

스위스의 페스탈로찌는 다섯 살 때 아버지를 여의고 가난하게 성장했다. 그가 교육의 아버지라는 말을 듣기까지는 23세 때에 30세인 안나란 이름을 가진 아내를 만났기 때문이다. 그가 빈민학교를 세워 실패할 때마다 안나는 격려하고 위로해 주었다. "어진 여인은 그 지아비의 면류관이나 욕을 끼치는 여인은 그 지아비의 뼈가 썩음 같게 하느니라"(잠 12:4). 안나는 이 말씀을 인생의 좌우명으로 삼고 남편을 도왔다고 한다.

부부는 서로 도우며 살 때 아름답고 행복한 가정을 만들어갈 수 있다.

우리 성도들의 삶 속에서도 서로 돕고 나누고 베푸는 일이 항상 있어야
하겠다. 우리는 이렇게 살아갈 때 '한 몸 되어 지체되는 교회' 를 이루어
갈 수 있다.

건강을 회복하려면

그러므로 피곤한 손과 연약한 무릎을 일으켜 세우고 너희 발을 위하여 곧은 길을 만들어 저는 다리로 하여금 어그러지지 않고 고침을 받게 하라(히브리서 12:12-13).

"피곤한 자에게 능력을 주시며 무능한 자에 힘을 더하나니 소년이라도 피곤하며 곤비하며 장정이라도 넘어지며 자빠지되 오직 여호와를 앙망하는 자는 새 힘을 얻으리니"(사 40:29-30).

이사야 선지자의 예언이 있다. 계절적으로 몹시 피곤하고 곤비할 때가 되었다. 사방으로 엄습해 오는 모든 문제는 얼마나 심령을 피곤하게 하는지 모른다. 그리스의 유명한 철학자 유베 나리스는 "건강한 정신은 건강한 신체에 깃든다"고 했다. 요즈음 날씨가 몹시 덥고 휴가철이라 거의 심방은 쉬고 있지만, 그래도 병원 심방은 계속하고 있다. 현대의술로 치유할 수 있는 질병은 그래도 위로가 되지만, 치유할 수 없는 환자들을 만날 때 참으로 안타까움을 금할 수 없다.

하나님께서 모든 사람 가운데 특별히 선택하여 하나님의 나라를 이 땅에 건설하시고자 하신다. 그러므로 선택받은 백성은 건강관리를 잘해야 한다. 우리들 자신이 건강관리를 잘하지 못하여 건강을 잃고 하나님의 영광을 가리면 믿지 아니하는 세상 사람들에게 지탄의 대상이 될 것이다. 그리스도인은 하나님의 영광을 위하여 참으로 열심히 살아가는 사람들이다. 그렇게 살다 보니 자기 건강에 별로 시간을 할애할 수 없다. 이제는 한국도 경제가 어느 정도 수준까지 상승하였으므로 5일 근무제도가 시행되고 있다. 여름휴가도 정상으로 얻을 수 있기에 이런 기회를 잘 선용하여 건강을 단련해야 할 것이다.

본문을 통해서 은혜를 받고 우리 모두 건강 회복에 힘쓰기 위하여 하나님의 말씀에 귀를 기울이며, 하나님의 뜻을 바로 알고 실천할 수 있기 바란다. "돈을 잃은 것은 조금 잃은 것이요 명예를 잃은 것은 절반을 잃은 것이지만, 건강을 잃으면 모든 것을 잃는다"는 말이 있다.

피곤한 인생

"피곤한 손과 연약한 무릎"(12절).

13절에는 '저는 다리'로 표현했다. 벤자민 키치(Benjamin Keach)는 "양들은 질병에 약하다. 그래서 많은 양들은 병들어 있다 선한 목자는 이들을 불쌍히 여겨서 치료하며 돌보아 주어야 한다. 이와 같이 전지전능하신 하나님께서 선한 목자가 되어 상한 자를 싸매어 주시며 병든 자를 치료하셔서 선한 목적을 성취하게 하신다"고 했다. 육체를 가진 우리 인생들은 더 아름답게 살기 위하여 정신없이 달려오다가 보니 몸도 마음도 피곤에 지치게 되었다.

① 손이 피곤하다(맥 빠진 손): 피곤함은 '지나가게 하다. 완화시키다' 는 뜻으로 '기력이 쇠잔하였다' 는 뜻이다. 손은 몸의 대표자다. 손이 따뜻하면 온몸이 추위에서 벗어나기 때문에 겨울에는 손을 따뜻한 불에 녹인다. "손이 범죄하면 찍어 버리라 온몸이 지옥에 가는 것보다 유익하다(마 5:30)고 했다. 그만큼 손이 중요하다.

② 연약한 무릎 : 원문에는 마비된 무릎인데 관절 속에 완충 역할을 하는 연골이 다 닳았거나 파괴된 것을 뜻한다. 이것은 험난한 인생의 여정을 살아왔다는 의미이기도 한다. 자기 생업을 위하여 열심히 살아왔다는 것이기도 하지만, 가장 어려운 때 신앙을 지키기 위하여 수많은 핍박을 피하여 수고함으로 생긴 피곤을 상징한다. 무릎이 연약하면 몸을 지탱하고 걸어 다닐 수 없으니 얼마나 불편하겠는가?

③ 저는 다리 : '절뚝거리는 다리' 는 '신앙을 지키다가 핍박을 받아 불구가 된 상태' 를 뜻하지만, 정반대로 신앙을 떠나서 자기 마음대로 살아가는 자를 상징하기도 한다. 잘못 길을 가면서도 자신이 잘못 가고 있는 것을 알지 못하면 이것은 참으로 슬픈 일이다. 어쨌든 절뚝거리는 것은 정상적이 아니라는 뜻이다.

우리들도 지난 6개월 동안 정신없이 살아오다가 보니 피곤한 손, 연약한 무릎, 저는 다리의 소유자가 되었다. 그래서 이제는 건강을 회복해야 한다. 물론 육체의 불구보다는 정신적, 영적 불구가 보다 위험한 것이 사실이다. 어쨌든 죄 많은 세상을 열심히 살아오다 보니 우리들도 몹시 피곤한 상태에 빠졌다. 재충전이 필요한 것이다.

건강을 회복하려면

"너희는 따로 한적한 곳에 와서 잠깐 쉬어라" (막 6:31).

사도들이 선교의 사명을 받고 열심히 헌신 봉사하고 돌아와서 낱낱이 보고하니 잠깐 쉬라고 한다. 땀 흘려 열심히 일하면서 노력하는 것은 참으로 고귀한 것이요, 게으르고 나태한 것은 비난받아야 한다. 그러나 인간의 육체는 한계가 있음으로 가끔 휴식과 휴양을 통해서 새 힘을 얻게 하기 위해 성서는 휴식제도를 만들어 놓았다.

피곤한 인생이 건강을 얻는 방법에는 몇 가지가 있다.

첫째, 휴식이다.

육체는 충분히 쉬고 영적으로는 새로운 힘을 공급받아야 한다. 휴식은 자신을 냉정하게 돌아보고 잘못에 대한 반성과 교정이 필요한 것이고 새로운 힘을 공급받는 좋은 기회다. 그러기 위해서 '한적한 곳'은 사람이 출입이 적은 광야다. "그들을 깊음으로 인도하시되 말이 광야에 행함과 같이"(사 63:13). "칼에서 벗어난 백성이 광야에서 은혜를 얻었나니"(렘 31:2). 이스라엘 민족이 애굽의 노예에서 벗어나 휴식을 취한 곳이 바로 광야였다, 이사야와 예레미야가 피곤에 지쳤을 때 광야에서 휴식을 취하였는데 그때 하나님께서 시냇물(왕상 17:4)과 떡(6절)을 주어 먹게 하셨다.

둘째, 음식이다.

그중에 오염되지 아니한 생수는 생명의 근원이 됨으로 모든 것보다 건강 회복에 특효약이다. 영세교회 원로목사 김종수 목사는 한 권사님이 주신 생수를 먹고 회복했다. 영적으로는 욕심을 버리고 하나님의 뜻을 이루어 드리는 진지한 기도로 영을 맑게 해야 한다.

그리고 오염되지 아니한 무공해 식품을 먹어야 한다. 이것은 하나님의 말씀 성경 자체다. 모든 주석 또는 성경 해석서를 뒤에 두고 큰소리내어 성서를 읽는다. 그때 눈으로 보고, 귀로 듣고, 입으로 소리 내어 읽고 그것을 직접 쓰면 성경의 참 맛을 알 수 있다. "꿀과 송이 꿀보다 더 달다"(시 19:10)고 했다.

최근 많은 사람들에게 고통을 주는 골다공증이란 질병이 있다. 뼈에 칼슘이 빠져나가는 질병이다. 그 질병의 원인으로는 ① 음주로 과다한 알코올 ② 커피나 홍차에 든 카페인 ③ 흡연, 니코틴, 타르카본, 모노사이트, 일산화탄소 ④ 지나친 당분, 설탕 ⑤ 뼈에 직접 구멍 뚫는 마약이 있다. "이 말씀은 나의 고난 중에 위로라 주의 말씀이 나를 살리셨다"(시119:50). 시편기자는 이렇게 노래했다.

승리하는 삶

"곧은 길을 만들어 저는 다리로 하여금 어그러지지 않고 고침을 받게 하라"(13절).

바른 길을 걸어가라. 그러면 불구자가 절뚝거리지 않고 고침을 받을 것이다. 우리들의 저는 다리를 고쳐 주시는 이유는 바른길을 따라 살아가게 하기 위한 것이다. 바른길이란 우리를 통해 하나님의 뜻을 잘 이루어 드리는 승리의 삶을 뜻한다.

이것은 두 가지 의미가 있다.

첫째는 구원의 확신이다. 예수 그리스도를 구주로 확실히 고백하면 그 누구든지 구원을 받는다. "성령으로 아니하고는 누구든지 예수를 주라 할 수 없느니라"(고전 12:3). 그런데 가끔 육신의 소욕이 성령의 소욕을 거스려서 구원 받지 못한 것같이 느낄 때가 있다. 신앙의 인격이 성숙하지 못한 데서 오는 혈기, 욕심 같은 것이 우리들을 약하게 만들어 주고 있기 때문이다.

둘째는 물심양면으로 어느 정도 안정되는 것을 뜻한다. 양적인 면보다 질적인 면이다. 안빈낙도에서 '나물 먹고 물마시고 팔을 베고 누었으니 대장부 살림살이 이만하면 만족하다' 고 했는데 현재 자기 삶을 통해서 행복을 느끼면 된다. 이것은 항상 우리에게 숙제로 남아 있다. 이것을 성취하고자 하면 영육 간에 강건해야 한다. 금년에도 남은 후반기 동안 저는 다리를 고침받아 바른 길을 따라 열심히 살아가야 한다. 건강한 삶을 위하여 곧은길을 만들고 나무랄 데 없는 거룩한 생활을 해야 한다.

하나님께서는 당신의 백성들이 거룩하고 행복하게 살도록 해주시기 위해서 저는 다리를 반드시 고쳐 주실 것이다. 중간에 어떤 시련 속에서도 좌절하거나 실망하지 말고 피곤한 육체를 건강하게 회복하고 더 아름답게 생을 장식하기 위하여 우리들의 연약한 부분을 치료하는 데 최선을 다하자.

1951년 찰스톤이란 흑인 헤비급 무명 권투 선수가 세계 챔피온을 10년간 소유했던 루이스를 물리쳤을 때 세계가 놀랐다. 소감을 묻는 기자들에게 "3년 간 가족을 떠나서 코치에게 엄격한 훈련받으면서 맹렬히 연습했다. 술, 담배, 오락을 모두 끊고 하나님의 뜻대로 살기로 기도하면서 노력했다. 승리는 어떤 것도 쉽게 얻어질 수 없다. 영혼과 육체가 강건해서 무수히 도전해야 한다.

빈방 있습니까?

요셉도 다윗의 집 족속인 고로 갈릴리 나사렛 동네에서 유대를 향하여 베들레헴이라 하는 다윗의 동네로 그 정혼한 마리아와 함께 호적하러 올라가니 마리아가 이미 잉태되었더라 거기 있을 그 때에 해산할 날이 차서 맏아들을 낳아 강보로 싸서 구유에 뉘었으니 이는 사관에 있을 곳이 없음이러라(누가복음 2:4-7).

오늘은 대림절 세 번째 주일이다. BC 27년~AD 14년까지 통치한 가이사 아구스도는 제정 로마시대 최초의 황제로 "천하로 다 호적하라"고 명했다. 그것은 인구 조사를 의미한다. 요셉도 다윗의 자손이므로 다윗의 동네인 베들레헴까지 가서 등록해야 했다. 그들의 현주소인 나사렛에서 베들레헴까지는 약 330리, 145킬로미터였으므로 잉태한 마리아를 데리고 여행하기는 쉽지 않았다. 그러나 가이사 아구스도의 명령은 법이었기에 아무도 거부할 수 없었던 시대였다.

요셉과 마리아가 베들레헴에 도착하였을 때는 모든 여관에 방이 없었다. 매튜 핸리는 "하나님은 구원받은 백성들을 위하여 저 천국에 수많은 방을 만들어 두셨지만 인간들은 하루 밤을 누우실 하나님의 방을 만들지 못하였다"고 의미 있는 주석을 했다. 구약 열왕기하 4장 10절에 보면 수넴에 사는 믿음이 있는 한 여인이 그 곳을 지나다니는 엘리사 목사님을 위하여 작은 방을 만들고 침상 책상과 의자 촛대를 만들어 드림으로 놀라운 축복을 받은 기록을 읽어 볼 수 있다.

여행자의 불편을 도와주었던 아브라함, 롯 같은 사람들도 축복을 받았다. 대림절이 되면 추운 겨울 인류를 구원하러 오신 예수님을 모실 방이 없었다는 쓸쓸한 역사를 기억하면서도 우리 자신도 오늘날 예수님을 모실 방을 준비하는 일에는 참으로 둔한했던 것을 고백하지 않을 수 없다. 이번 대림절에는 예수님을 모실 방에 대하여 생각해 보면서 참으로 기다림의 신앙에 새롭게 대비할 수 있기 바란다.

빈 방이어야

"맏아들을 낳아 강보로 싸서 구유에 뉘었으니 이는 사관에 있을 곳이 없음이러라"(7절).

여관에는 사람들이 다 차서 있을 곳이 없었다. 아기 예수님이 마구간에 머물게 되었다는 것은 구속사적인 의미가 있다. ① 예수 그리스도의 탄생을 역사상과 실재성을 강조하면서 구약(미 5:2)을 성취하기 위해서 당시의 통치자인 가이사 아구스도의 마음을 움직여 호적령을 내렸다. 모두 다 고향에 가서 호적해야 함으로 요셉도 다윗의 자손으로 베들레헴에 가서 마리아가 출산하게 된다. ② 또한 말구유에서 예수가 탄생하게 하신 것은 하나님의 아들이지만 죄인들을 구원하시기 위하여 탄생부터 수많은 고난을 몸소 체험케 하셔서 구속사의 완성을 더 진지하게 보여 주시기 위함이다.

해산의 기한이 찬 임산부를 데리고 베들레헴에 도착했을 때는 벌써 정부 관리들과 군인들이 먼저 와서 방들을 차지하고 있었기에 빈 방은 없었다. 호적하러 모여온 사람들 때문에 더더욱 방을 구하기는 매우 어려웠다. 해산해야 하는 산모에게는 따뜻한 빈 방이 절대로 필요했다. 그런데 그때의 형편에 빈 방은 전혀 없었다.

오늘도 수많은 그리스도인들이 대림절을 맞이하여 다시 오심을 약속한 그리스도를 기다리고 있지만, 예수님을 영접할 방은 보이지 않는다. 인간들 마음의 방에는 다른 것들, 세상의 온갖 욕심들이 가득 차 있다. 예수님은 모두 다른 사람들에게 여관방을 양보하시고 누추한 마구간에서 탄생하셨다. 만약 우리가 겸손하게 우리들의 마음의 방을 비울 수만 있다면 반드시 그곳에 예수님은 오실 것이다.

후톤(Hutton)은 그리스도가 위풍당당한 로마에서 태어나지 아니하심은 초라하고 보잘것없는 우리들 마음속에 깃들 수 있다는 것을 보여 준 사건이라 했다. (Surgeon)은 사관은 대화의 장소, 부귀의 장소, 권력의 장소이며, 반대로 마구간은 보물이 없고, 안식이 없고, 만족이 없고, 승리가 없는 곳이라 했다. 우리도 사관을 버리고 마구간을 선택할 수 있겠는가? 그렇다면 그리스도를 모셔 드릴 방을 제공할 수 있다. 주님은 낮은 곳에 임하신다.

깨끗한 방이어야

"마리아가 천사에게 말하되 나는 사내를 알지 못하니 어찌 이 일이 있으리이까"(눅 1:34).

하나님의 천사가 요셉과 정혼한 마리아가 살고 있는 나사렛이란 동네에 가서 수태고지를 한다. 그때 마리아는 천사 앞에서 당당하게 "남자와 성적관계를 가진 사실이 없으므로 이런 일은 불가능하다"고 자신의 순결을 고백한다. 본문에서 "사내를 알지 못한다"고 하는데, '알다' 는 히브리어로 '야다' 이다. 창세기 4장 1절에 성관계를 통해서 상대방을 인지한다는 뜻으로 해석한다. 그래서 마리아의 고백 속에서 "사내를 알지 못한다"는 말은 자신의 몸이 성결함을 뜻한다. 더 나아가서 마리아가 동정녀라는 것을 보여 준다.

예수님이 여관방이 아닌 마구간에서 태어나셨지만 깨끗하고 정리된 마구간이었다. 주님이 오심은 깨끗하고 성결한 심령에 임재하심을 상기시켜 주신다. 신학자 슐라리는 말하기를 '거짓으로 사는 종교, 더러워진 육체 속에 미움과 싸움이 있는 사회는 하나님의 진노의 계시' 라고 했다. 만약 우리의 마음이 죄악으로 물들어 있다면 하나님은 심판하러 그곳에 임재하시게 될 것이다. 그러므로 진정한 모든 성도들은 죄에서 떠나야 한다. "이와 같이 그리스도도 많은 사람의 죄를 담당하시려고 단번에 드리신바 되셨고" (히 9:28).

구원에 이르게 하기 위하여 죄와 상관없이 자기를 바라는 자들에게 두 번째 나타나신다. 즉 구원을 주시기 위하여 두 번째 오신다는 뜻이다. "또 내가 들으니 하늘로서 다른 음성이 나서 가로되 내 백성아 거기서 나아와 그의 죄에 참여하지 말고 그의 받을 재앙들을 받지 말라" (계 18:4).

여기서 다른 음성은 예수 그리스도의 음성이다. 선택 받은 백성은 언제나 성결해야 하나님의 보호 받을 수 있기에 성도의 심령은 언제나 깨끗해야 한다. "마음 청결한자는 복이 있나니 저희가 하나님을 볼 것임이요" (마 5:8). "아무 사람도 타보지 않은 나귀새끼의 매여 있는 것을 보리니 풀어 끌고 오너라" (눅 19:30).

이 구절은 순결을 뜻하면서 예수님께서 쓰시기 위하여 예비해 두었던 것을 암시한다. 이 땅에는 거룩하게 성별해 두신 것이 있다. "이스라엘 가운데 칠천 명을 남기리니 다 무릎을 바알에게 꿇지 아니하고 다 그 입을 바알에게 맞추지 아니한 자"라고 했다. 하나님이 쓰시고자 준비된 순결한 자를 남겨두셨다는 것이다.

순종의 방이어야

"마리아가 가로되 주의 계집종이오니 말씀대로 내게 이루어지이다"(눅 1:38).

　말씀을 따라 순종할 때에 놀라운 기적이 나타난다. 마리아는 천사의 전해 준 말에 전적으로 겸손히 순종하고 있다. 여기서 자신을 계집종이라고 지칭하는데 여기서 종은 결코 주인의 뜻을 거스를 수 없는 자란 뜻이다. 그러기 위해서 먼저 자신의 의사를 버리고 주인의 명령을 겸손히 기다리고 그 후 그 명령을 죽기까지 순종한다는 것이다. 주석가 매튜 헨리는 "마리아의 순종은 순교적 각오 속에서 이루어졌다"고 주석했다. 이유는 정혼한 상태에서 상대방이 알지 못한 임신을 했을 때 정혼자의 고발로 처형당할 수도 있기 때문에 정말 어려운 결단을 한 것이다. 뿐만 아니라 아버지 없는 아이를 낳으므로 평생을 부정한 여인으로 살아가야 하는 불행한 삶도 각오해야 했다.
　그러나 천사의 말에 절대 순종하였다. B. 월필드 박사는 빌립보서 2장 5-8절을 강론하면서 "그는 왕으로 오셨으나 출생에 교만이 없고 그 안에 진지함이 거하시나 지적 교만이 없으시며 그 손에는 하늘과 땅의 모든 권세 가졌으나 능력의 교만이 없으셨다. 그에게 뛰어난 거룩과 선하심이 있으며 신성의 충만이 있으되 신분의 교만이 없으셨다"고 주석하였다.
　당시의 문화나 사회 풍습을 볼 때 처녀가 잉태하여 출산하면 돌로 쳐 죽임을 당하게 되지만, 그녀는 하나님의 말씀에 절대 순종하는 믿음을 보여 주었다. 이런 모습은 인간의 모든 것을 초월한 아름다운 자세이며 모든 사람들에게 크게 교훈을 주고 있다. "사무엘이 가로되 여호와께서 번제와 다른 제사를 그 목소리 순종하는 것을 좋아하심같이 좋아하시겠나이까 순종이 제사보다 낫고 듣는 것이 수양의 기름보다 나으니"(삼상 15:22).

랑게는 "하와의 믿음 없는 행위가 모든 인간을 죄와 죽음으로 몰아넣었지만, 마리아의 믿음은 성령으로 채워졌다"고 했다. 그녀의 몸은 예수님의 거룩한 성전이 되기에 충만했다. "하나님의 말씀은 영원하다"(사 40:8). "거듭난 것은 말씀으로 되었다"(벧전 1:23). "우둔한 자에게 비취어 깨닫게 한다"(시 119:130). "이에 아브람이 여호와의 말씀을 좇아갔고 롯 그와 함께 갔으며 아브람이 화란을 떠날 때 그의 나이 칠십오 세였더라"(창 12:4). 이처럼 말씀을 따라 순종할 때 놀라운 기적이 나타난다.

죽마고우의 인생

내게 가르쳐서 나의 허물된 것을 깨닫게 하라 내가 잠잠하리라 옳은 말
은 어찌 그리 유력한지, 그렇지만 너희의 책망은 무엇을 책망함이뇨 너
희가 말을 책망하려느냐 소망이 끊어진 자의 말은 바람 같으니라 너희
는 고아를 제비 뽑으며 너희 벗을 매매할 자로구나 이제 너희가 나를 향
하여 보기를 원하노라 내가 너희를 대면하여 결코 거짓말하지 아니하리
라 너희는 돌이켜 불의한 것이 없게 하기를 원하노라 너희는 돌이키라
내 일이 의로우니라 내 혀에 어찌 불의한 것이 있으랴 내 미각이 어찌 궤
휼을 분변치 못하랴(욥기 6:24-30).

죽마고우란 어릴 적 대나무로 만든 장난감 말을 가지고 같이 놀면
서 자란 옛 친구를 뜻한다. 중국고사에 진나라 환온이 권세를 쥐
고 흔들 때 친구 은호를 건무장군 양주 칙사로 발탁하여 등용했지만 별
로 효용이 없어 결별한 데서 비롯되었다. 그러나 거칠고 험악한 이 세상

을 살아가노라면 마음을 같이 하고 뜻을 같이 할 친구가 반드시 필요하다. 하나님께서 욥이 사탄과의 전쟁을 계속하고 있을 때에 데마 사람 엘리바스, 수아 사람 빌닷, 나아마 사람 소발을 곁에 두어 위로하게 했다.

그런데 그 친구들의 생각이 욥의 생각과는 많은 차이가 있어서 욥이 때로는 친구들이 참으로 하나님의 깊으신 뜻을 깨닫고 진심에서 충고한 것이 아니라 자신들의 생각으로 했고 또 그 충고를 들은 욥도 신앙이 성숙하여 겸손히 충고를 받아들이는 것이 아니라 자신의 입장을 변명하면서 친구의 충고를 거부하였다.

그 이유는 욥과 친구 사이에 진정한 친교가 없었기 때문이다. 러시아의 문호 톨스토이는 소외당한 자의 친구가 되고자 귀족 자리, 부자의 자리를 포기했다. 길거리에서 두 거지가 톨스토이를 만나자 한 사람이 가서 인사하고 악수하고 돌아오니 다른 거지가 톨스토이가 무엇을 주더냐 하고 물으니 아무것도 주지 않고 나를 안고 등을 두드려 주었다. 톨스토이가 말하기를 이 세상에서는 물질의 궁핍보다 사랑과 사상의 궁핍 때문에 인간은 서로 가까워 질 수 없다고 했다. 친구는 마음이 통해야 한다.

옳은 말을 해야

"옳은 말은 어찌 그리 유력한 지 그렇지만 너희의 책망은 무엇을 책망함이뇨"(25절).

옳은 말은 정직한 말 또는 효과 있는 말이다. "주의 말씀의 맛이 내게 어찌 그리단지요 내 입에 꿀보다 더하니이다"(시 119:103). 하나님의 말씀은 억지로 부담을 주거나 노예 같은 복종을 요구하는 것이 아니라 하나님께서 주신 위로와 기쁨을 누리게 한다.

베이커는 유력하다는 뜻을 ① 이해를 분명하게 하는데 있다. "두 사도가 유대인의 회당에서 말하니 유대와 헬라의 허다한 무리가 믿더라"(행 14:1)고 했다. ② 양심을 일깨우는데 있다. "저희가 이 말을 듣고 마음에 찔려 베드로와 다른 사도들에게 물어 가로되 형제들아 우리가 어찌할고 하거늘 베드로가 회개하고 주 예수의 이름으로 세례를 받고 죄사함을 얻으라 그리하면 성령을 선물로 받으리라"(행 2:37). ③ 감정과 의지를 움직이게 하는데 있다. "에베소 사람들은 그들이 불경한 책들을 불태워 버렸다"(행 19:19). ④ 피곤한 자에게는 위로를 주고, 연약한 자를 붙들어 주고 시험당하는 자를 돕는다. "근심이 사람의 마음에 있으면 그것으로 번뇌케 하나 선한 말은 그것을 즐겁게 하느니라"(잠 12:25).

속담에 "말 한마디로 천냥 빚을 갚는다"고 했다. "경우에 합당한 말은 아로새긴 은 쟁반에 금 사과니라"(잠 25:11). "종용히 들리는 지혜자의 말이 우매자의 어른의 호령보다 나으니라"(전 9:17). 욥은 사랑하는 친구들에게 "근거 없이 몰아붙이지 말고 나에게 잘못이 있다면 확실한 근거에 의하여 나를 가르쳐 달라. 그리고 옳은 말은 유력하기 때문에 내가 공감하고 고쳐서 나도 새롭게 되고 싶다"고 호소한다. 참된 친구는 사심 없이 충고하여 그 사람을 그 곤경에서 벗어나게 할 수 있어야 한다는 말은 하나님께서 우리 인간들에게 주신 특별한 선물이다. 우리가 말을 어떻게 사용하느냐에 따라 새 역사가 일어난다. 지금시대는 말의 홍수시대다. 옳은 말을 잘 사용하여 세상 모든 사람을 옳은 데로 돌아오게 해야 한다.

옳은 생각을 해야

"너희는 고아를 제비 뽑으며 너의 벗을 매매할 자로구나"(27절).

이 말씀은 다른 사람을 함정에 빠뜨리고 부당한 이득을 취하려는 잘못된 자들을 의미하는 말이다. 욥은 세 친구가 자신을 불쌍히 여겨서 옛날의 우정을 생각하고 찾아와서 같이 옷을 찢고 재를 뒤집어 쓰고 통곡하던 자들이다. 그들이 욥의 입장에서 모든 것을 생각하지 아니하고 자신을 책망하며 회개를 촉구하니 이들이 우정을 가장하여 욥을 함정에 빠뜨리고 부당한 이득을 취하려는 것같이 생각되어 슬퍼하면서 공격한다.

"형제들아 우리가 너희에게 구하노니 너희 가운데서 수고하고 주 안에서 너희를 다스리며 권하는 자들을 너희가 알고 저희 역사로 말미암아 사랑 안에서 가장 귀히 여기며 너희끼리 화목하라"(살전 5:12, 13). 교회라는 새로운 공동체 가운데서 가장 중요한 것은 생각을 같이 하는 데 있다.

플루타르크 영웅전에 이런 내용이 나온다. 로마에 사케스라는 페르시아 인이 자기 나라와 왕을 배반하고 아테네 네로에게 왔다가 부패한 정치 깡패들에게 너무 시달려서 당시에 최고의 권력자 키몬을 찾아가서 금화와 은화가 가득 찬 상자를 주면서 좋은 친구로 사귀자고 간청했다. 그러자 키몬은 "이 모든 보물을 가지고 가시오. 당신이 참으로 나의 좋은 친구가 된다면 내가 필요할 때 언제든지 당신에게 이 보물을 요청할 수 있지 않겠소"라고 말했다. 친구란 물질을 주고받는 것보다 생각을 같이 하는 데 있다.

탈무드에 이런 이야기가 있다. 엄격하기로 소문난 왕이 사자를 보내어 한 사나이를 부르니 그 사나이는 겁이 나서 친구에게 같이 가자고 요청했다. ① 어떤 친구는 일언지하에 거절했다. ② 왕궁 문 앞에까지만 같이 가 주겠다고 대답했다. ③ 걱정 말게. 내가 같이 가서 임금님께 모든 것을 대신해서 말씀드려 자네가 억울하지 아니하게 해 주겠네.

이 세 가지는 다음과 같이 비유할 수 있다. ① 물질 ② 가족 - 화장터까지가 준다. ③믿음 - 신행일치의 믿음은 지상에서 영원까지 함께 한다.

친구는 환경을 초월한다. 우정이란 두 몸이 한 마음이 되는 데 있다.

옳은 행동을 해야

"너희는 돌이켜 불의한 것이 없게 하기를 원하노라"(29절).

현대인의 성경에 "너희는 태도를 바꾸고 부당한 비판을 하지 말아라"고 했다. 욥은 엘리바스의 책망과 권고를 듣고 자신을 변호하면서 친구들을 책망하는 태도는 삼가 조심해야 할 것이지만, 그리스도 안에서 가진 우정은 태도가 바뀌면 안 된다고 했다. 즉 언행이 다르면 우정은 유지될 수 없다.

이솝 우화 중에 '나그네와 곰' 이란 재미있는 이야기가 있다. 참으로 친한 두 친구가 깊은 산길을 가게 되었다. 두 사람은 서로 굳게 약속을 한다. 어떤 어려움이 있어도 생사고락을 같이 하기로 한다. 같이 더 깊은 산길을 가는데 숲에서 큰 곰이 나타나니 약삭빠른 친구는 쏜살 같이 옆에 있는 나무 위로 올라가서 위험을 피했지만, 몸이 둔하고 좀 뚱뚱한 친구는 곰에게 잡혀 죽게 되었다. 그때 곰은 죽은 고기는 먹지 아니한다는 이야기를 들은 것이 생각나서 곰 앞에 죽은 듯이 숨을 죽이고 엎드려 있으니 곰이 앞발로 흔들어 보고 코로 냄새를 맡아 보더니 그냥 지나갔다.

나무 위에 있던 친구가 내려와서 곰이 자네 귀에다가 무엇이라고 이야기하고 가던데 무엇이라고 하던가 묻자 그때 친구가 이렇게 말했다. "위기 때 자기만 살려고 나무 위로 도망치는 친구는 친구가 아니니 사귀지 말라고 하였네." 친구는 위기를 맞아 보아야 안다고 했다. "사람이 친구를 위하여 자기 목숨을 버리면 이에서 더 큰 사랑이 없나니"(요 15:13) 예수님께서 우리 인간들을 위하여 자신을 십자가의 대속물로 자신을 내어 주셨다. 기독교의 사랑이 행동화된 사랑이므로 인류 역사상 최대의 사랑이다.

"사랑엔 거짓이 없나니 악을 미워하고 선에 속하라 형제를 사랑하여 서로 우애하고 존경하기를 서로 먼저 하라"(롬 12:9). 행동으로 사랑을 보여 주려고 하면 고생이 수반된다. 그러나 그 고생을 은혜로 극복할 때에 참 우정은 계속된다. 말세에는 혼자 살 수가 없다. 참으로 귀한 신앙을 가진 친구와 같이 살아가야 한다. B존슨은 "진정한 행복은 친구가 많은 데 있는 것이 아니라 가치 있는 친구를 선택하는 데 있다"고 했다.

전쟁과 평화

말일에 여호와의 전의 산이 모든 산꼭대기에 굳게 설 것이요 모든 작은 산 위에 뛰어나리니 만방이 그리로 모여 들 것이라 많은 백성이 가며 이르기를 오라 우리가 여호와의 산에 오르며 야곱의 하나님의 전에 이르자 그가 그 도로 우리에게 가르치실 것이라 우리가 그 길로 행하리라 하리니 이는 율법이 시온에서부터 나올 것이요 여호와의 말씀이 예루살렘에서부터 나올 것임이니라 그가 열방 사이에 판단하시며 많은 백성을 판결하시리니 무리가 그 칼을 쳐서 보습을 만들고 그 창을 쳐서 낫을 만들 것이며 이 나라와 저 나라가 다시는 칼을 들고 서로 치지 아니하며 다시는 전쟁을 연습지 아니하리라(이사야 2:2-4)

오늘은 6.25전쟁 56주년을 기념하는 주일이다. 6.25 동란은 1950년 6월 25일 주일 새벽 4시에 북쪽의 공산주의자들이 민족해방의 기치를 들고 중공군과 연합하여 남침해 왔다. 9.15 인천상륙작전, 9.28 서울 탈환, 51년 6.23 휴전회담, 52년 5.27 휴전협정까지 3년 1개월 간의 전쟁이 이 땅에 전개되었다.

전쟁의 원인은 ① 소련의 스탈린 주도설 ② 중공군과 소련의 공모설 ③ 소련의 지원에 북한군 주도설 등이 있다. 6.25 전쟁은 골육상쟁의 가장 아팠던 전쟁임을 아무도 부인하지 못할 것이다. 그때의 부상으로 원호병원에서 치료를 받으시는 분들은 지금도 인고의 세월을 보내고 있다. 그리고 이산 가족들은 반세기 동안 자유롭게 만나보지 못하고 떠나온 고향을 그리워하며 이제는 노쇠한 몸을 이끌고 그저 한 가지 소원인 남북통일을 기원하고 있다.

인도의 성자 마하트마 간디는 '전쟁은 절대의 악이라' 고 했다. 왜냐하면 전쟁은 희생과 소모와 파괴만을 가져다 주기 때문이다. 이 땅에 태어난 사람은 그 누구도 하나님이 주신 고유한 생명을 보호받고 평화롭게 살 권리를 가지고 태어났다. 그래서 내 생명이 값비싸고 고귀한 것처럼 다른 사람의 생명도 동일하게 고귀하다. 전쟁은 천하보다 귀한 생명을 무참하게 살상한다. 전쟁은 인간의 욕구 충족을 위하여 수단 방법을 가리지 아니하기 때문이다.

6.25 전쟁 때 참전한 미국의 한 젊은이가 어머니에게 편지를 다 쓰고 마지막에 "지옥에서 사랑하는 아들" 이라고 편지를 끝맺었다는 일화가 있다. 전쟁은 바로 지옥이다.

오늘 본문을 통해서 6.25 전쟁을 상기하면서 전쟁과 평화 이야기를 나누고자 한다.

전쟁 이야기

"너희는 보습을 쳐서 칼을 만들지어다. 낫을 쳐서 창을 만들지어라"(요엘

3:10).

농기구를 녹여서 전쟁무기를 만들라고 하신다. 성경에 보면 전쟁이란 단어가 85회 나오는데 구약 78회, 신약 7회다. 구약에 전쟁이란 단어가 제일 많이 나오는 곳은 사무엘하 12번, 열왕기상 10번이다.

전쟁의 시작, 전쟁의 원인은 다음 구절에서 비롯되었다. "내가 너로 여자와 원수가 되게 하고 너의 후손도 여자의 후손과 원수가 되게 하리니 여자의 후손은 네 머리를 상하게 할 것이요 너는 그의 발꿈치를 상하게 할 것이라"(창 3:15). 사단이 아담을 유혹하여 선악을 알게 하는 나무 실과를 따먹게 함으로 우주의 질서가 파괴되었다.

본문에서는 파괴된 질서를 정당화하려는 세력을 '너희 후손'과 파괴된 질서를 바로 세우려는 '여자의 후손' 그리고 그리스도를 신뢰하는 성도들과의 싸움이 계속되게 되었다고 한다. 너희 후손은 사탄의 세력 또는 추종자들로 그의 발꿈치를 상하게 하는데 예수 그리스도의 십자가 고난을 상징한다. 또한 예수님을 믿고 따라가는 성도들도 진리, 정의, 양심, 평화를 위하여 수난을 받을 수밖에 없다.

"여자의 후손은 네 머리를 상하게 한다"고 했다. 사탄의 세력을 완전히 섬멸시킨다, 머리가 상한다. 완전 패배를 의미한다. 그러나 머리를 상하게 하기 위해서는 치열한 투쟁이 전개되어야 한다.

예수님께서 오신 목적은 다음과 같다. "내가 세상을 화평을 주러 온 줄로 생각하지 말라 화평이 아니라 검을 주러 왔노라"(마 10:34). 진리는 진리로 나타나고, 비 진리는 비 진리로 나타나게 하시기 위하여 오셨으며 그리스도를 영접하는 자와 배척하는 자들을 모아 화평케 하심이 절대 아니라는 것이다. "아들이 아비를 멸시하며 딸이 어미를 대적하며 며느리가 시어머니를 대적하리니 사람의 원수가 곧 자기의 집안 사람이리로다"(미 7:6). 미가는 참 신앙의 사람들은 세상과 타협할 수 없음을 강조한다.

구약에서는 성전(聖戰) 사상이 있다. "모세가 백성에게 이르되 너희는 두려워 말고 가만히 서서 여호와께서 오늘날 너희를 위하여 행하시는 구원을 보라 너희가 오늘 본 애굽 사람을 다시는 영원히 보지 못하리라 여호와께서 너희를 위하여 싸우시리니 너희는 가만히 있을 찌어다"(출 14:13-14). 그러므로 이스라엘 사람들은 전운이 감돌 때에 제일 먼저 한 것이 군비비축이나 무기 생산이나 군사훈련보다도 하나님의 뜻이 어디에 있는지 그것을 묻기 위하여 우선적으로 기도했다.

미국남북 전쟁 때 링컨에게 국무위원들 중에 한 사람이 우리도 힘을 모아 하나님께서 우리 편에서 싸워 주시도록 기도하자고 건의했다. 그러자 링컨은 "하나님께서 누구 편이 되느냐가 중요한 것이 아니라 누가 하나님의 뜻을 알고 하나님의 편이 되느냐 하는 것이 중요하다"고 했다.

전쟁에는 정당한 전쟁이 있다. 중세의 성자 어거스틴은 성전의 요건을 다음과 같이 언급했다.

① 정당한 전쟁은 그 의도도 정당한 것이어야 한다. 즉 평화를 목적으로 해야 하는데 지상에서 완전한 평화는 불가능해도 최소한 평화에 접근해야 한다.

② 정당한 전쟁은 정의를 수호하기 위한 것이어야 한다. 보복이나 이유 없이 침해를 해서는 안 된다.

③ 정당한 전쟁은 사랑에 기초해야 한다. 사람을 죽이는 것이 미움에서 출발하면 안 된다.

④ 정당한 전쟁은 공적인 권위자가 집행하고 후견인이 되어야 한다. 법적으로 권위가 인정된 공적인 기관, 즉 국가를 의미한다고 했다.

그러나 그 후 기독교국가에서도 전쟁을 정당화하는 것이 사람에 따라 생각이 다르기 때문에 많은 문제가 제기되기도 했다. 그럼에도 불구하고 이 땅에는 수많은 전쟁이 계속 꼬리를 물고 이어졌다. 특히 6.25 동란은 어거스틴의 성전 개념에서 완전히 벗어난 인간의 욕구충족을 위환

남침 도발 행위였기에 우리들은 잊어서는 안 된다. 또한 그와 같은 전쟁이 다시 재발되어서는 더더욱 안 된다.

평화는 어디서 오는가

① 평화의 개념
 "그 칼을 쳐서 보습을 만들고 그 창을 쳐서 낫을 만들 것이며"(사 4:2).
 본문은 요엘 3장 10절 말씀과 정 반대의 의미를 가지고 있다. 전쟁 무기를 녹여서 농기구를 만들라고 하신다. 즉 전쟁의 시대는 끝이 나고 평화의 시대가 도래했다는 뜻이다. 이사야는 이것은 인간의 노력으로는 불가능하며 메시아(예수 그리스도) 시대가 올 것이라고 예언했다.
 평화의 구축은 우선 자유(Freedom)와 해방(Liberty)에서 시작된다. 평화가 이루어지면 전쟁과 정치적 억압, 빈곤에서 해방될 수 있고, 질병과 무지, 탐욕, 이기심에서 자유를 얻을 수 있다. 이것은 평등한 삶, 고루고루 나누어 사는 공동체의 삶에서만 이루어진다. 그리고 평화는 옳고 그름의 판단이 양심의 명령에 따라 생김으로써 억압, 인권 유린, 천대 받는 상태에 대한 억제의 힘이 있어야 한다.
 더 나아가서 박애정신 속에 자유, 평등, 정의가 자리 잡아야 한다. 평화는 구약 샬롬에서 시작되는데 전쟁과 미움이 없는 것을 말한다. 신약에 나오는 '에이제네'는 그룹간의 다툼이나 미움을 제거하거나 중지된 상태를 표현하는 개념적인 단어다. 여기서 더 나아가서 그룹 간에 화해를 가져오게 된다. 그래서 평화보다 더 아름답고 귀환 단어는 없으며 또한 모든 인류가 간절히 염원하는 소망이다.

② 평화를 이루는 방법
 평화를 이루는 것은 인간의 힘으로 불가능하기에 하나님께서 역사 속

에 개입해 해결해 주신다. "말일에"(2절). 여기서 말일은 마지막 날을 뜻하는데 말세라는 뜻이다. 말세는 예수님 중심으로 계산한다. 초림(평화의 왕으로 오심)에서 재림(심판의 주인으로 오심)까지다. "여호와의 전의 산이 모든 산꼭대기에 굳게 설 것이요." 여기서 예루살렘 성전이 시온산 위에 굳게 선 것과 말세에 교회가 교회로서 권위를 회복하여 모든 종교 위에 군림하게 되어 복음이 땅 끝까지 전파되어진다는 것이다. '만방이 그리로 모여 들 것이라.' 구원 받을 백성들이 그곳으로 돌아오게 되며 예수를 바로 믿게 된다.

"이스라엘 나라를 회복하심이 이 때니이까 하니 가라사대 때와 기한은 아버지께서 자기 권한에 두셨으니 너희의 알바 아니요 오직 성령이 너희에게 임하시면 너희가 권능을 받고 예루살렘과 온 유대와 사마리아와 땅 끝까지 이르러 내 증인이 되리라 하시니라"(행 1:6-8).

세상의 끝날은 언제인가? 땅 끝까지 복음이 전해지는 그때다. 즉 메시아 왕국이 이 땅에 건설되어 메시아께서 통치할 때 이 땅에 참된 평화가 건설된다는 뜻이다. "그는 우리의 화평이신지라 둘로 하나를 만드사 중간에 막힌 담을 허시고 원수된 것 곧 의문에 속한 계명의 율법을 자기 육체로 폐하셨으니 이는 둘로 자기의 안에서 한 새 사람을 지어 화평하게 하시고 또 십자가로 이 둘을 한 몸으로 하나님과 화목하게 하려 하심이라 원수된 것을 십자가로 소멸하셨느니라"(엡 2:14-16). 예수님께서 십자가로 피차 새사람을 만들어 서로 분쟁하고 저해하는 마음 자체를 제거해 버리므로 자연히 평화할 수밖에 없다.

이사야는 이렇게 그때의 상황을 노래한다. "그때에 이리가 어린양과 함께 거하며 표범이 어린 염소와 함께 누우며 송아지와 어린 사자와 살진 짐승이 함께 있어 어린아이에게 끌리며 암소와 곰이 함께 먹으며 그것들의 새끼가 함께 엎드리며 사자가 소처럼 풀을 먹을 것이며 젖 먹은 아이가 독사의 구멍에서 장난하며 젖뗀 어린 아이가 독사의 굴에 손을 넣을 것이라"(사 11:6-8). 이리, 표범, 사자, 곰, 독사는 사납고 남을 해치는 기질을 가졌지만, 주님의 다스리는 나라가 임할 때는 함께 더불어 살아가는 세상, 평화의 나라가 될 것을 본 기자는 노래한다. 이것을 성서는 에덴의 회복이라고 한다.

그렇다면 우리의 사명은 무엇인가? 먼저 교회로 하여금 교회되게 해야 한다. 교회가 교회로서 권위를 회복하여 사명을 잘 감당할 때 교회의 힘이 생기고, 그 힘이 복음 선교에 최우선을 하게 되면 그 복음이 이 땅에 참된 평화를 이룩하게 될 것이다. 6.25전쟁 때에 한국교회가 분열했다. 교회의 분열이 사회에 악영향을 미친 것이다. "화평케 하는 자는 복이 있나니 저희가 하나님의 아들이라 일컬음을 받을 것임이요"(마 5:9). 하나님의 백성들은 평화를 사랑하고 평화를 이루어 내는 사람들이 되어야 한다.

가을의 문턱에서

구제를 좋아하는 자는 풍족하여질 것이요 남을 윤택하게 하는 자는 윤택하여지리라 곡식을 내지 아니하는 자는 백성에게 저주를 받을 것이나 파는 자는 그 머리에 복이 임하리라 선을 간절히 구하는 자는 은총을 얻으려니와 악을 더듬어 찾는 자에게는 악이 임하리라 자기의 재물을 의지하는 자는 패망하려니와 의인은 푸른 잎사귀 같아서 번성하리라(잠언 11:25-28).

나는 지난 주간 뉴욕 타임기자를 지낸 에드워드 크라인이 지은 〈케네디가의 저주〉란 책을 읽었다. 1960년대 미국의 명문가로 크게 이름을 날린 케네디가 미국 대통령이 되어 뉴 프론티어 정책을 세웠을 때 미국 젊은이들의 우상이었다. 그러나 케네디 형 조세프 2세는 2차 세계대전 때 전투기 폭발로 전사했고, 존 F 케네디 대통령과 동생 로버트 케네디는 암살범에 의한 흉탄에 쓰러졌다. 케네디 대통령의 아들 존 2세가 아버지 영구차 앞에 거수경례로 작별을 고하는 뉴스는 온 세계인의 눈물을 흘리게 했는데, 그도 사고로 세상을 떠났다.

책의 저자 에드워드 크라인은 그 저주의 원인을 이렇게 분석했다.

"아버지 조세프가 방조와 사기 등 부당한 방법으로 부를 축재한 탓이라고 지적하면서 그의 할아버지 패트릭은 돈을 사취해서 애인과 함께 아일랜드를 탈출하여 미국으로 이민 와서 거부가 되었으나, 1858년 11월22일 결핵으로 사망했다. 그 뒤 105년 후 바로 그날 손자 존 F 케네디가 암살되었으니 우연이라고 하기에는 너무 불길하다. 존 F 케네디의 어머니, 로즈여사는 아들을 대통령을 만들려고 광신적 가톨릭 신자가 되어 절대 권위를 가지고 자녀들에게 군림하여 자녀들은 마치 신으로 착각하게 한 것도 비정상적이었다."

저자는 다음 케네디가의 희생자는 누구인가 지켜보자 하고 말을 맺는. 가을의 문턱에서 우리도 무엇을 심었고 무엇을 거두려고 하는지 생각해 보아야겠다.

베풂과 도움

"남을 윤택하게 하는 자는 윤택하여지리라" (잠 11:25).

남에게 은혜를 베푸는 사람은 '자기도 도움을 받을 것이다' 라는 뜻으로 '윤택하게 한다' 는 말의 '라웨' 는 '갈증을 풀어 주다, 충족시키다, 넉넉하게 하다' 는 뜻이다. 따라서 이 말씀은 구제를 통해서 이웃의 부족을 보충해 줌으로 삶을 평안하게 도와주는 것을 말한다. 예수님께서도 "긍휼히 여기는 자는 복이 있나니 저희가 긍휼히 여김을 받을 것이니라" (마 5:7)고 말씀하셨다.

우리 모두는 예수님께 사랑의 빚을 진 사람들이다. 그분이 우리들을 먼저 사랑하셨기 때문에 우리들도 사랑의 빚을 갚아야 하는데, 이것이 바로 긍휼이다. "우리가 사랑함은 그가 먼저 우리를 사랑하셨음이라"(요일 4:19)고 했다. 우리가 세상을 살아가면서 남을 도우면 나도 언젠가 다른 사람의 도움을 받아야 할 때가 반드시 온다. 그러므로 지금은 다른 사람의 도움 없이 살아갈 수 있다고 너무 장담해서는 안 된다. 세상은 돌고 돌아 다른 사람의 역경이 나에게도 곧 찾아올 수 있음을 인식해야 한다. 그래서 내가 남을 윤택하게 할 수 있을 때 언제나 선행을 많이 해두어야 한다. 그래야 나도 다른 사람을 통해서 윤택함을 얻을 수 있다. "화평케 하는 자들은 화평으로 심어 의의 열매를 거두느니라"(약 3:18)고 했다.

다니엘 4장에 보면 느브갓네살 왕이 꿈을 꾸고 해석할 수 없어 고민 중에 다니엘에게 해석을 의뢰했을 때 이렇게 말했다. "공의를 행하므로 죄를 속하고 가난한 자를 긍휼히 여김으로 죄악을 속하소서 그리하시면 왕의 평안하심이 혹시 장구하리이다"(단 4:27). 이 말씀의 뜻은 공법은 엄격하게 다루되 경제적 부강에 힘써서 가난한 자들이 함께 잘 사는 나라를 만들면 왕이 평안함을 계속 누리고, 백성을 윤택케 하면 백성들도 왕을 윤택케 할 것이란 말이다.

갈릴리 바다는 헤르몬 산의 눈이 녹아내려 요단강을 따라 흘러가 물이 모이는 팔레스틴의 생명수를 받아서 지류에 흘러 보낸다. 생명이 살아 있는 상태로 말이다. 그러나 그 물이 사해로 흘러 들어가면 물이 모두 죽어 생물이 살지 못한다.

저주와 축복

"백성에게 저주를 받을 것이나 파는 자는 그 머리에 복이 임하리라"(26절).

농경사회에 가장 어려움은 지주와 소작인의 관계성이다. 악덕 지주는 추수 때에 자기 곡식 저장은 물론이고 값이 쌀 때 많은 곡식을 저렴하게 비축해 두었다가 농한기에 곡식의 값이 비쌀 때 고가로 팔아서 부당한 이득을 취하는 경우가 많이 있었다. 그래서 악덕지주가 언제나 백성들의 원성뿐만 아니라, 저주까지 받게 되었다. 하나님은 아모스 선지자를 통해서 이렇게 말했다.

"궁핍한 자를 삼키며 땅의 가난한 자를 망케하는 자들아 이 말을 들으라 너희가 이르기를 언제 초하루가 지나가고 우리가 곡식을 팔며 언제 안식일이 지나가고 우리가 장사할 수 있을까? 물건은 적게 주면서 값은 올려 받고 저울은 속여 팔며 은으로 가난한 자를 사고 신 한 켤레로 빈곤한 자를 사며 찌꺼기 밀을 팔자"(암 8:4-5).

백성들의 여론은 무시할 수 없다. 인심이 천심이란 말이 있다. 백성들의 원성과 저주는 곧 하늘에 사무쳐 하나님의 진노의 심판을 받아 멸망하게 된다는 것이다.

우리들은 다른 사람들에게 오해받을 일을 하지 말아야 한다. 그래서 '배 밭에서는 갓 끈을 다시 매지 말고, 참외밭에서는 신발 끈을 다시 매지 말라' 고 했다. 고린도전서 8장 13절을 보면 사도 바울은 어떤 사람이 오해한다면 자기는 평생을 고기를 먹지 않겠다고 했다.

낙엽과 청엽

"자기의 재물을 의지하는 자는 패망하려니와 의인은 푸른 잎사귀 같아서 번성하리라"(28절).

이 말씀은 의로운 사람과 악한 사람의 궁극적 삶을 대조해서 설명하고 있다. 재물은 참으로 귀한 것이지만 재물만 가지고 인간의 영혼을 구원할 수 없다. 오히려 하나님으로부터 멀리 떨어지게 한다는 것이다.

"네가 이 세대에 부한 자들을 명하여 마음을 높이지 말고 정함이 없는 재물에 소망을 두지 말고 오직 우리에게 모든 것을 후히 주사 누리게 하시는 하나님께 두라"(딤전 6:17). 의인은 하나님을 전폭적으로 의지하는 자들이다. 이들은 언제나 하나님의 변함없는 진리가 그들을 지켜 주신다. 시편 1편 3절에 보면 "저는 시냇가에 심은 나무가 시절을 좇아 과실을 맺으며 그 잎사귀가 마르지 아니함 같으니 그 행사가 다 형통하리로다"라고 한다.

시편 92편 12절에는 "의인은 종려나무같이 번성하여 레바논의 백향목 같이 발육하리로다"라고 쓰여 있다. 의인을 종려나무에 비유한 것은 항상 푸르며, 열매가 풍성하고, 불모지에서도 높이 자란다는 것이다.

가을이 지나면 무서리가 내리고 땅이 얼어붙어 생명이 성장할 수 없는 엄동설한이 찾아온다. 그때도 푸른 잎사귀같이 번성할 수 있기 위해서는 우리가 바로 의인이 되어야 한다. "세한(歲寒)이라야 연후(然後)지 송백(松柏)지 후조(後彫)야라"(논어) 즉, 엄동설한이 되어야 소나무 전나무의 절개를 알 수 있다는 말이다.

사육신 중의 한 사람인 성삼문은 "이 몸이 죽어가서 무엇이 될꼬 하니 봉래산 제일봉에 낙락장송 되어 있어 백설이 만건곤할제 독야청청하리라"고 그의 의지를 드러냈다. 이 시는 세조의 가혹한 고문으로 죽어가면서 내세에 가서도 변하지 아니하는 충성으로 단종을 섬기겠다는 충신의 거룩한 자세를 노래한 것이다. 몹시 추운 겨울에 모든 초목이 다 시들어 버려도 혼자라도 충신의 절개를 지키겠다는 선비의 기개를 온 천하에 알리는 내용이다.

우리 성도들도 어떤 정황 속에서도 신앙을 지킬 때 그 잎사귀가 푸르고 번성할 것이다. 중국 속담에 "마음속에 푸른 가지라야 노래하는 새가 찾아온다"는 말이 있다. 성도의 신앙은 항상 푸르고 맑아야 한다. 가을의 문턱에서 자신의 삶을 돌아보고, 현실에 충실하며 앞으로 희망찬 내일을 준비하면서 삶의 아름다운 열매를 맺어가기 바란다.

열매 없는 가을나무

저희는 기탄 없이 너희와 함께 먹으니 너의 애찬의 암초요 자기 몸만 기르는 목자요 바람에 불려가는 물 없는 구름이요 죽고 또 죽어 뿌리까지 뽑힌 열매 없는 가을 나무요(유다서 1:12).

폴란드의 격언에 "꽃 피고 새 우는 봄은 처녀, 녹음이 짙고 열매 맺는 여름은 어머니, 단풍이 곱게 물들고 열매가 풍성하게 익지만 낙엽이 떨어지는 가을은 미망인, 찬바람과 눈보라 치는 겨울은 계모"란 말이 있다. 계절마다 특색이 있지만 가을은 우리 인생에게 많은 의미를 준다.

본문에서는 죽고 또 죽어 뿌리까지 뽑힌 열매 없는 가을 나무를 말한다. 무엇을 말하고 있는가? 가을이면 이름 모를 들풀들도 자기 나름대로 종족보존의 법칙에 따라 작은 열매를 맺고 있다. 그런데 본문에서는 풀이 아니다. 풀은 일년초이지만 나무가 열매를 맺지 못했다. 그 이유는 죽고 또 죽었기 때문이라고 설명한다.

두 번 죽었다고 한다. 첫 번째 죽음은 잎이 죽었고, 두 번째 죽음은 뿌리의 죽음이다. "죄와 허물로 죽은 것을 뜻하는데 인간들의 영적 죽음과 육체의 죽음을 말한다"(엡 2:1). 이것은 완전히 죽었다는 것을 의미한다. 그런데 이 나무가 가을나무라는데 또 문제가 있다. 가을은 결실의 계절이면서도 성서적인 면에서 볼 때 심판의 계절이다.

밀과 가라지의 비유에서 예수님은 가라지를 뽑겠다는 제자들에게 추수 때까지 가만두라고 하신다(마 13:24-30). 왜냐하면 서두르다 가라지를 뽑으려다가 밀까지 뽑을 수 있기 때문이다. 열매가 확실히 달린 뒤에는 누구나 쉽게 분간할 수 있다. 그래서 추수 때까지 두라는 것이다. 가을은 축복을 거두는 계절이면서도 열매 없는 나무를 베어 불에 태워 버리는 심판의 계절이기도 하다.

애찬의 열매가 없다

"그들은 기탄없이 너희와 함께 먹으니 너희의 애찬에 암초요"(12절 上).

사랑의 잔치자리에 암초와 같은 자들이다. 여기서는 이단들을 지칭한 말이다. '기탄없이'는 뻔뻔스럽게 경건과 사랑의 애찬자리에 이기적인 목적을 가지고 참석해서 모든 분위기를 깨뜨려 버리는 행동을 뜻한다. 초대교회에 은혜 받은 자들이 물질을 유무상통하고, 예배 후에 모여서 음식을 같이 나누어 먹고 즐기는 순서를 가졌다. 부자들은 좋은 음식을 많이 만들어서 가져왔다. 그것은 가난한 형제 즉, 고아와 미망인 그리고 나그네를 생각했기 때문이다. 그래서 은혜 받고 음식을 즐겁게 나누어 먹었는데 세월이 흐르고 받은 은혜가 식어지니 부자들은 따로 모여서 자기끼리 먹으면서 가난한 형제들에게 상처만 주었다. 애찬이란 미명 아래 형제에게 상처 주는 암초 같은 생활은 그들 마음속 깊은 곳에 하나님의 은혜를 받지 못했기 때문이다.

예수님께서 외식자들을 책망하실 때에 "너희는 구제를 하면서 나팔을 불고 사거리에 사람을 모아 놓았다"고 했다. 그리고 "너희들은 이미 상을 받았다"고 책망했다. "구제 할 때에 오른손이 하는 것을 왼손이 모르게 하라"고 가르쳐 주셨다. 우리들은 구제는 못할지언정 쪽박은 깨면 안 된다.

유대 랍비가 늘 사랑을 강의하면서 여행을 하는데 도시락을 혼자 깨끗이 먹어 버렸다. 옆에 있던 가난한 형제 한 사람이 "네 이웃을 네 몸처럼 사랑하라"(눅 10:27)에 하신 말씀을 선생님은 기억하십니까?" 그러자 랍비가 이렇게 말했다 "예 참 좋은 말씀입니다. 나는요, 네 이웃의 것을 탐내지 말라(출20:17)는 말씀도 잘 알고 있습니다."

성구를 아는 정도를 가지고 안 된다. 믿고 실천해야 한다. 오늘도 교회 안에 애찬의 암초와 같은 사람이 있다. 참으로 서로 사랑하면서 암초를 제거하는 교회가 참 좋은 교회다. 새로운 공동체다.

헌신의 열매가 없다

"자기 몸만 기르는 목자요"(12절 중). 목자란 단어가 성서에서 나올 때마다 우리들은 언제나 예수님을 생각한다. "나는 선한 목자라 선한 목자는 양을 위하여 목숨을 버리거니와"(요 10:11)라고 예수님은 말씀하시고 그렇게 사셨다. 현대교회는 이것을 잘못 생각하는데 문제가 있다. 목자는 양을 위해서 존재하는데 마치 양이 목자를 위해서 존재하는 것 같이 생각하기 때문에 교회가 복잡하게 된다.

그런데 말세가 되면 성경의 원리가 바뀌어져서 목자를 위해서 양이 존재하는 것으로 이해된다. "주 여호와의 말씀에 내가 나의 삶을 두고 맹세하노라 내 양의 무리가 노략거리가 되고 모든 들짐승의 밥이 된 것은 목자가 없음이라 내 목자들이 내 양을 찾지 아니하고 자기만 먹이고 내 양의 무리를 먹이지 아니하였도다"(겔 34:8). 예수께서는 "나는 양을 위하여 죽노라" 했다.

다윗이 소년시절 자기 아버지의 양들을 지킬 때에 곰이나 사자 같은 맹수가 오면 맨손으로 싸워 그 맹수를 찢어 죽였다. 양을 사랑하는 힘이 큰 기적을 창출했다. 영국에 조지 아담 스미스경이 팔레스타인 지방을 여행하고 쓴 수기에 보면 양 떼를 치고 있는 목자와 대화한 내용이 나온다. 목자가 양 우리를 구경 시켜 주었는데 사방은 흙과 돌로 쌓은 높은 벽으로 되어 있고, 그 안으로 들어가는 데는 양 한 마리만 들어 갈 말한 작은 통로만 있었다.   이를보고 스미스경이 물었다. "양들이 이곳에 들어가면 안전 할까요?" 그때 목자는 "제가 양의 문입니다. 우리엔 문이 특별이 없어요. 제가 이곳에 누워 잡니다. 양이 나오려고 하면 저를 밟아야 하고, 이리나 곰이 들어가려고 해도 저를 밟아야 합니다."

목자의 희생에 양들은 안심한다. 여기서 양은 교회를 상징한다. 교회의 안전을 위해서 밤에 잠을 못자 보신 분이 있는가? 추수감사절과 임직식을 앞두고 교회대청소를 한다. 우리 모두 봉사의 열매를 맺어야 한다.

희망의 열매가 없다

"바람에 불려가는 물 없는 구름이요"(12절 하).

원문에는 비 없는 구름으로 되어 있다. 본문은 비유적인 표현으로 되어 있다. 농경사회에서는 적당한 때에 비가 와야 풍성한 수확을 거둘 수 있다. 그래서 농사 짓는 농부들에게는 구름은 언제나 반가운 손님이다.

그러나 구름은 왔는데 정작 비를 주지 않고 그냥 지나가버린다면 실망은 여간 크지 않을 것이다. 이와 같이 거짓 선지자들, 이단자들, 말이 많은 성도들을 모두 여기 비유에 포함시키고 있다.

우리도 세상을 살아오면서 지키지 못할 약속을 얼마나 많이 했는가? 그리고 바람이 불면 그냥 행방을 감추고 맙니다. 이 뜻은 상황에 따라 떠돌아다니는 떠돌이를 말한다. 우리 교회는 비교적 떠돌이가 적은 교회이지만 금년에도 바람에 불려간 성도가 적지 않다. 이런 자들은 자신에게도 물론이지만 다른 사람에게도 유익을 주지 못한다. "선물한다고 거짓 자랑하는 자는 비 없는 구름과 바람 같으니라"(잠 25:14)고 했다. 이 뜻은 진실은 오래가지만 거짓은 오래가지 못한다는 것이다.

금년 우리 교회 표어가 '희년을 준비하는 교회' 다. 믿음과 생활이 일치되면 바람이 불어도 바람 따라 흘러가지 않는다. 우리가 신앙생활 할 때에 참으로 조심해야 할 것은 바람에 불려가는 물 없는 구름이 되면 안 된다. 물 없는 구름은 가볍기 때문에 쉽게 떠돌아가고, 물 있는 구름은 자신이 무게 있어서 잘 움직이지 않고 때를 따라 타인이 필요에 따라서 가장 귀한 것을 나누어 준다.

우리들은 어떤가? 룻기 1장 14절에 나오미의 자부 중에 룻(말론)과 오르바(기론)가 나온다. 룻은 우정과 친절 그리고 진실이란 뜻이요. 오르바는 목덜미, 돌아온 자, 구름의 뜻을 가지고 있다. 이들이 다같이 남편이 죽고 어려운 환경 속에서도 룻은 결단하고 시어머니와 함께 동거했다. 오르바는 시어머니를 떠났다. 룻은 신앙을 진실이란 그릇에 담았다. 오르바는 구름과 같은 그릇에 담았다. 그랬더니 룻은 변하지 아니했고, 오르바는 변했다. 룻은 예수님의 족보에 그 이름이 기록되었고, 오르바는 흔적 없는 사람이 되었다.

깊어가는 가을에 믿음으로, 온전한 헌신을 통해서, 희망과 소망의 아름다운 열매를 맺는 가을 나무가 되시기 바란다.

가을에 드릴 우리의 기도

내가 두 가지 일을 주께 구하였사오니 나의 죽기 전에 주시옵소서 곧 허탄
과 거짓말을 내게서 멀리 하옵시며 나로 가난하게도 마옵시고 부하게도 마
옵시고 오직 필요한 양식으로 내게 먹이시옵소서 혹 내가 배불러서 하나님
을 모른다 여호와가 누구냐 할까 하오며 혹 내가 가난하여 도적질하고 내
하나님의 이름을 욕되게 할까 두려워함이니이다 (잠언 30:7-9).

숭실대 교수였던 시인 김현승님의 〈가을의 기도〉란 시가 있다.
"가을에는 기도하게 하소서 / 낙엽들이 지는 때를 기다려 / 내게 주신
겸허한 모국어로 나를 채우소서 / 가을에는 사랑하게 하소서 / 오직 한
사람을 택하게 하소서 / 가장 아름다운 열매를 위하여 / 이 비옥한 시간
을 가꾸게 하소서 / 가을에는 홀로 있게 하소서 / 나의 영혼 굽이치는 바
다에 / 백합의 골짜기 지나 / 마른나무 가지 위에 다다른 까마귀같이"
　가을은 오곡백과가 풍요로운 결실의 계절이면서도 우리 인간의 삶을
깊이 있게 생각해 보는 계절이기 때문에 성도들은 마음과 뜻을 모아 기
도하기에 알맞은 계절이다. 지난 주일에는 말씀을 깊이 읽고 묵상하면
서 풍요로운 지혜를 얻자고 말씀드렸다. 오늘은 깊은 기도를 통해서 영
성을 회복하시기 바라면서 본문을 읽으려고 한다. 본 시편은 야게의 아
들 아굴의 잠언이라고 한다. 아굴은 '수집하는 사람' '소집하는 사람' 이
란 뜻을 가진 것인데 이 사람을 유대학자들은 솔로몬이라 주장하나 다
른 학자들은 솔로몬 통치시대 잠언을 수집하여 가르쳐준 학자였다고
주장한다.
　본문을 잘 읽어 보시면 2,3,8,9절에 아굴이 자신에 대하여 평가하고 있
는 말들이 나온다. 이것은 솔로몬의 상황과 부합되지 아니하므로 솔로
몬 자신이라고 할 수 없다. 본서 기자는 철저하게 자신을 반성하고 올바
른 신앙생활 하기 위하여 고민하고 있음을 알 수 있다. 자신의 경험 지

식으로 신앙생활을 할 수 없기에 더욱 노력하고 있다. 같이 본문 읽고 우리도 가을에 기도드리면서 올바른 삶을 살아 갈 수 있기 바란다.

진실함을 위하여

"허탄과 거짓말을 내게서 멀리 하옵시며"(8절 상).

지혜자는 삶에 있어서 참으로 귀한 가치는 물질적인 면보다 정신적인 면이 우선되는 것을 주장하고 있다. '허탄' 은 영원한 가치를 지니지 못한 대상들을 얻기 위해서 애쓴 결과로 진정한 삶의 가치를 상실한 자에게 찾아오는 허탈감을 뜻하는 것이다. 겉은 멀쩡한데 속이 빈 것이다. "땅이 혼돈하고 공허하며"(창 1:2). 혼돈은 무질서, 공허는 외적으로 볼 때 텅 비어 있는 상태다. 말은 아름다운 열매로서 그 가치가 있는데 아무런 열매가 없다면 그 말은 허공을 치는 결과가 된다. 이 땅에 이런 경우가 얼마나 많은지 모른다.

예수님은 "기도할 때 말을 많이 하지 말라"(마 6:70)고 하셨다. 말이 많은 사람치고 실천력이 강한 사람은 거의 없다. 사람이 잘못을 저지르는 것에는 세 가지가 있다. ① 실수 : 손을 잘못 놀리는 경우 ② 실족: 발을 잘못 디디는 경우 ③ 실언 : 말을 잘 못하는 경우.

모든 것이 순간적으로 저지르는 일이다. 그 중에 실언은 다시 주위 담을 수 없기 때문에 후회스러운 결과를 초래한다.

'거짓말' 은 자기 유익을 위해서 상대방을 속이는 것을 뜻하는데 이것은 참으로 잘못된 것이다. 예부터 입은 '재앙의 문' 이라고 했다. 말을 삼가야 함을 강조해 왔다. "말이 많으면 허물을 면키 어려우나 그 입술을 제어하는 자는 지혜가 있느니라"(잠 10:19)고 했다. 우리도 입술을 제어할 수 있는 능력을 받기 위하여 이 가을에 기도해야 한다. 그리고 고운 말 아름다운 말, 듣기 좋은 말 그리고 상대에게 복을 비는 말을 많이 해야 한다. 피날(Pinart)은 "침묵하면 한 가지 죄를 지을 수 있는 것을 말을 많이 함으로서 백가지 죄를 짓게 한다"고 했다. 지금 시대는 언어 공해시대다. 우리 성도들은 말에 아름다운 열매를 맺기 위하여 깊은 기도를 드리자. 그리고 말했으면 반드시 지키는 성실한 삶을 살아가도록 최선을 다해야 한다.

"경우에 합당한 말은 아로 새긴 은쟁반에 금 사과니라"(잠언 25:11). '합당하다' 는 말은 '어울리다' '아름답다' 는 뜻으로 어진 여인이 아름다운 옷을 입었을 때 참 잘 어울리는 것같이 성도는 언제나 그 인격에 알맞은 언어를 써서 자신과 타인에게 유익을 줄 수 있어야 한다. 그리고 약속은 어떤 경우라도 잘 지켜져서 성도로서 자기 품위와 인격을 잘 지켜야 한다. 이것을 위해서 기도하자.

자족함을 위하여

"나로 가난하게도 마옵시고 부하게도 마옵시고"(8절 하).

오직 필요한 양식으로 먹여 달라는 자혜자의 두 번째 기도다. 가 천고마비의 계절 가을은 풍부한 먹거리를 주시는 계절인데 무르익은 오곡백과는 인간의 육체를 살찌게 한다. 지혜자는 너무 배불러서 교만해지므로 하나님이 없다고 할 수 있고, 너무 가난하여 먹거리가 없어 남의 것을 도적질하면서 하나님의 마음을 아프게 할 수 있으므로 날마다 필요한 양식으로 만족하게 해달라고 기도한다.

자족은 참으로 어렵다. 인간은 말 타면 종 부리고 싶다고 했다. 가진 것에 만족할 수 없다. 또 너무 가난하면 자학하여 비굴해지는데 하나님을 원망하고 조국, 가족 친구 주변의 모든 것을 저주하고 끝에는 자기 생명까지 자학하는 경우가 있다. 그래서 바울은 "내가 비천에 저할 줄도 알고 풍부에 처할 줄도 알아 모든 일에 배부르며 배고픔과 풍부와 궁핍에도 일체의 비결에 배웠다"(빌 4:12)고 고백했다. 경제의 자족 비결도 참으로 아름답다. 하지만 좋은 음식에 과식하지 아니하고 볼품없는 음식에 불평하지 않고 감사하면서 먹을 수 있고 기쁨과 만족함이 있다면 언제나 하나님께서 건강하게 지켜 주실 것이다.

5병 2어로 5천 명이 먹고 열두 광주리 남았지만 모든 사람들이 다 배불렀다고 했다. 볼품없는 먹거리, 가난한 아이가 가지고 온 보리떡과 소금에 절인 생선이 뭐 그리 맛있고 배부르겠는가. 그 음식에 어린이의 사랑과 주님의 은총이 함께 하시니 모든 사람들이 맛있게 먹고 만족할 수 있었을 것이다.

이 가을에 경제의 자족을 위해서 기도해야 한다. 미리암 프레슬러가 지은 〈우리 그림자 바꿀래〉라는 책이 있다. 그림자 나라에 그림자가 모여 자기 주인을 평가하면서 지루해서 서로 주인을 바꾸기도 한다. 거북이 그림자가 캥거루 주인과 바꾸고 따라 다니느라고 죽을 맛이다. 돼지 그림자가 사자로 주인을 바꾸니 돼지 볼 때마다 먹고 싶어 입맛을 다신다. 토끼 그림자가 황새가 되어 풀 대신 개구리 잡아먹는 것 보고 구역질이 난다. 이들은 깨닫는다. 항상 곁에 있고 크게 드러나지 아니하는 것들이 얼마나 소중한 것인지…. 그래서 언제나 주어진 여건에 만족해야 한다.

경건함을 위하여

"내 하나님의 이름을 욕되게 할까 두려워함이니이다"(9절 하).

요리문답 1번 사람의 제일 되는 목적은 무엇인가? 하나님을 영화롭게 하고 영원토록 그를 즐거워하는 것이다. "그런즉 너희가 먹든지 마시든지 무엇을 하든지 다 하나님의 영광을 위하여 하라"(고전 10:31). 하나님을 사랑하고 정성을 다하여 섬기는 것이 인생 최고의 목표이기에 이를 방해하는 모든 것은 과감히 버리고 참으로 신앙으로 바로 설 때가 왔다. 가을에는 산천에 단풍이 곱게 들고 하늘은 맑고 깨끗하여 자연은 우리 인간들을 강하게 유혹하고 있다.

5일 근무제가 실시되어 벌써 금요일부터 쉬는 직장이 생겨남으로 주일 범하기가 아주 쉽게 되었다. 그럼에도 불구하고 주일을 성수하면서 하나님의 이름을 욕되게 하지 아니하려면 깨어 기도하면서 하나님의 뜻이 어디 있는지 찾아보는 명철함이 있어야 한다.

영국 켄터베리의 대주교 윌리엄 템플(willian Temple)은 지금 세계는 두 가지 확신 있는 사람들에 의해 움직인다. 즉, 확신 있는 기독교 신자와 확신 있는 공산주의자라고 했다. 이 두 가지 사람이 있을 뿐 나머지 사람들은 죽을 때까지 사람들의 발길에 치이며 사는 불쌍한 사람들이다. 지나가는 사람들의 발길에 밟히며 사는 길가의 잡초처럼 희미하게 믿을 것이 아니라 가시밭 속에서 향기를 짙게 풍기는 백합화같이 주 예수 그리스도를 확실히 믿고 사랑의 열매, 전도의 열매, 봉사의 열매 같은 고귀한 신앙의 열매가 가득하게 하기 위하여 이 가을에는 진정한 기도를 드릴 수 있어야 한다.

기도는 인생을 정결케 하며 자신에게 친절히 들려주는 설교라고 한다. 가을은 기도하기에 참으로 알맞은 계절이다. 깨어 기도하면서 하나님의 이름을 욕되게 하지 말아야겠다. "너는 너의 하나님 여호와의 이름을 망령되어 일컫지 말라 나 여호와는 나의 이름을 망령되이 일컫는 자를 죄 없다 하지 아니하리라"(출 20:7).

성공의 비결

히스기야가 이스라엘 하나님 여호와를 의지하였는데 그의 전후 유다 여러 왕 중에 그러한 자가 없었으니 곧 저가 여호와께 연합하여 떠나지 아니하고 여호와께서 모세에게 명하신 계명을 지켰더라 여호와께서 저와 함께 하시매 저가 어디로 가든지 형통하였더라 저가 앗수르 왕을 배척하고 섬기지 아니하였고(열왕기하 18:5-7).

오늘 본문은 BC 732년경 호세아가 북이스라엘의 왕이 되었고 3년 뒤 남 유다에는 히스기야가 왕이 되었다. 그런데 당시에 이스라엘과 유다의 상황은 대조적이었다. 호세아는 앗수르에게 조공을 바쳤지만, 히스기야는 앗수르를 왕을 배척하고 섬기지 아니했다. 그런데 이상한 일이 벌어졌다. 북쪽 이스라엘은 앗수르에게 무너져 포로 신세가 되었다. 그 반면 유다는 오히려 앗수르를 공격하여 땅을 넓혔다. 이와 같이 동일한 시기에 같은 환경 속에 있었지만 호세아는 비참하게 되었고, 히스기야는 만사형통의 복을 누리게 되었다.

이것은 히스기야에게 강한 군대가 있음도 아니요. 그가 정치적으로 뛰어난 사람이기 때문도 아니었다. 성경을 찾아서 읽어보아도 어디에도 그런 것에 기록되어 있지 않다. 오히려 히스기야는 나약한 인간같이 느껴진다. 그런데도 그가 만사형통하게 된 이유가 어디에 있는가?

"여러 산당을 제하며 주상을 깨뜨리며 아세라 목상을 찍으며 모세가 만들었던 놋뱀을 이스라엘 자손이 이때까지 향하여 분향하므로 그것을 부수고 느후스단이란 일컬었더라"(4절). 느후스단은 놋으로 만든 물건, 놋 조각이란 뜻이다. 우상을 철저하게 배격하고 이스라엘 민족의 종교까지 완전히 개혁한다. 바른 신앙을 소유하려고 하면 먼저 자신의 종교부터 개혁하고 그 다음 성서의 가르침을 따라 잘 믿어야 한다.

하나님을 의지해야

"하나님 여호와를 의지하였는데"(5절).

의지하다는 말에는 세 가지의 뜻이 있다. ① 신뢰한다(시 41:9). ② 맡기다(욥 40:23). ③ 염려 없다(사 32:10).

이를 종합하면 모든 것을 맡기니 자연히 마음이 평안하다는 것이다. 히스기야 왕이 심각한 국제 관계 속에서도 요동하지 아니한 것은 하나님을 굳게 믿고 그분만 의지할 수 있었기 때문이다. 우리 성도들도 이렇게 모든 것을 하나님께 맡길 수 있어야 한다. 이것이 믿음이다.

예수님께서 십자가를 지시고 구속의 사업을 완성하시기 위하여 이제 제자들을 떠나시면서 "너희는 마음에 근심하지 말라 하나님을 믿으니 또 나를 믿으라 내 아버지 집에 거할 곳이 많도다"(요 14:1)라고 하셨다. 걱정하지 말아야 할 이유를 세 가지로 설명하셨다. ① 너희가 거할 아버지 집이 있다(요 14:2). ② 내 이름으로 무엇이든지 구하면 주신다(요 14:14). ③ 다른 보혜사 성령이 오셔서 영원토록 너희와 함께 계신다(요

14:10).

이 사실이 믿어지면 자연히 하나님을 의지하게 될 것이다. "사람이 마음으로 자기 길을 계획할지라도 그 걸음을 인도하시는 자는 여호와시니라"(잠 16:9). 사람들이 무슨 일을 계획할지라도 그 일을 성취하시는 분은 하나님이시기 때문에 더욱 의지해야 한다.

인간은 참으로 간사하다. 보통 때는 하나님을 잘 믿는 것 같은데 막상 어떤 어려움을 만나면 조용히 참고 기도하면서 기다리지 못하고 자기 힘으로 그 문제를 해결하려고 하다가 오히려 문제만 더 크게 만들고 해결하지 못하는 경우가 많다. 그때 하나님께서는 그것을 나에게 맡기라고 말씀하신다. 믿고 맡길 수 있어야 한다.

세계 2차대전 말기에 일본 공군의 비행기가 중국 본토를 강타할 때 한 선교사가 자유 중국 총통인 장개석 부인 송미정 여사를 찾아가서 불안해서 고국으로 돌아가게 해달라고 요청한다. 송 여사는 이렇게 대답했다. "참으로 하나님을 의지해야 하는 시기입니다. 양떼를 버리고 당신이 가면 그 양떼는 누가 돌보겠습니까?" "환난을 당하나 담대하라 내가 세상을 이기었노라"(요 16:35). 성경을 읽고 같이 기도한 후 현재로 돌아왔을 때에 일본이 패망했다.

연합해야 한다

"저가 여호와와 연합하여 떠나지 아니하고"(6절).

연합하다는 '들어붙다'(욥 38:38) 즉 전혀 틈새가 없이 밀착한 상태를 의미한다. 또한 친근하다(수 23:8), 혼인하다(창 2:24)의 뜻이 있다. "서로 분방하지 말라 다만 기도할 틈을 얻기 위하여 합의상 얼마 동안은 하되 다시 합하라 이는 너희의 절제 못함을 인하여 사단으로 너희를 시험

못하게 하려 함이라"(고전 7:5).

사도 바울은 고린도 교회가 여러 가지 문제로 인하여 크게 시험에 들었지만 부부간의 혼인문제로 인하여 교회가 시험에 들지 않기 위하여 부부의 분방을 금지했다. 사탄은 언제나 틈을 주면 안 된다. 반드시 그 틈새로 비집고 들어와서 일을 크게 망치게 한다. "너는 잣나무로 너를 위하여 방주를 짓되 그 안에 간들을 막고 역청으로 그 안 밖에 칠하라"(창 6:14).

역청은 송진과 같은 수지 나무 기름으로 만든 아스팔트의 재료와 같이 방수 전문 재료다. 잣나무로 이가 꼭 맞게 잘 짜서 틈새가 없이 만들었지만, 혹시라도 물이 스며들면 배가 가라앉을 수 있기에 그 나무 틈새마다 역청을 발라서 절대 물이 스며들어 올 수 없게 했다.

여기서 역청은 예수 그리스도의 보혈을 상징한다. "상자를 가져다가 역청과 나무진을 칠하고 아이를 담아 하수가 갈대 사이에 두고"(출 2:3). 모세가 생후 삼 개월 후에 더 이상 숨길 수 없었기에 강가에 버릴 수밖에 없었다. 그때에 어머니 요게벳은 갈대상자에 역청을 칠해서 물이 못 들어가게 틈을 막았다. 예수님을 믿는 것도 방수하는 것과 같다. 신앙생활에 중요한 것은 마귀에게 틈새를 주면 안 된다.

"분을 내어도 죄를 짓지 말며 해가 지도록 분을 품지 말고 마귀로 틈타지 못하게 하라"(엡 4:26-27). 분을 내는 정도는 범죄까지로 볼 수 없지만 분을 내면 반드시 마음이나 정신에 균열이 생기면 반드시 그 틈새를 타고 마귀가 비집고 들어온다. 마귀가 역사하면 그 다음 이성을 잃고 함부로 말하고 행동한다. 그래서 틈새를 주면 안 된다. 언제나 연합해서 하나님께 꼭 붙어 있어야 한다. 마귀는 이것을 못하게 한다. 하나님께 붙어 있지 아니하고 틈새가 생기면 마귀의 밥이 된다.

"너희 중에 두 사람이 땅에서 합심하여 무엇이든지 구하면 하늘에 계신 내 아버지께서 저희를 위하여 이루게 하시리라(마 18:19). 하나님과 연합에 앞서 사람과 사람이 연합할 것을 하나님은 원하신다. 일흔 번씩 일곱 번이라도 용서하고 화목해야 하나님과 연합할 수 있다(마 18:22).

하나님께 순종해야

"여호와께서 모세에게 명하신 계명을 지켰더라"(6절 하).

지킨다는 것은 어떤 사명을 잘 감당한다는 의미가 있다. "성소에 사람을 두어 너희 직분을 대신 지키게 하였느니라"(겔 44:8). 하나님의 계명을 사명을 알고 최선을 다해서 지켜야 한다. 중요한 것은 하나님의 권위를 인정해야 명령자에게 절대 복종할 수 있고 또한 하나님을 사랑해야 모든 것 위에 우선순위를 둘 수가 있다. "네 하나님 여호와를 사랑하여 그 직임과 법도와 규례와 명령을 항상 지키라"(신 11:1). 이때 진정한 순종이 나올 수 있다.

하나님께서 제일 기뻐하시는 것은 순종이다. "사무엘이 가로되 여호와께서 번제와 다른 제사를 그 목소리 순종하는 것을 좋아하심같이 좋아하시겠나이까 순종이 제사보다 낫고 듣는 것이 수양의 기름보다 나으니 이는 거역하는 것은 사술의 죄와 같고 완고한 것은 사신 우상에게 절하는 죄와 같음이라 왕이 여호와의 말씀을 버렸으므로 여호와께서도 왕을 버려 왕이 되지 못하게 하셨나이다"(삼상 15:22-23). 순종은 참으로 아름다운 것이다. 그런데 때때로 인간이 경험이나 상식으로 하나님의 뜻을 거역하게 할 때가 있다.

그러므로 어떤 상황 속에서도 먼저 순종해 놓고 보는 것이 좋은 이유는 다음과 같다. "하나님의 미련한 것이 사람보다 지혜 있고 하나님의 약한 것이 사람보다 강하니라"(고전 1:25). 옛 속담에 어른의 말씀을 들어서 의롭지 않는 것이 없다고 했다. 어른은 세상에서 수많은 경험을 하신 분을 의미한다. 여호와께서 모세를 통해서 주신 계명을 철저하게 지키면 언제나 형통하게 된다고 약속했다. 우리도 언제든지 순종하는 자세를 제일 우선으로 해서 신앙생활을 해야 한다.

이집트 수도원에 한 남자가 찾아와서 수도사가 되겠다고 요청했다. 원장이 수도원의 규칙에 절대 복종이라고 하니 그 남자가 그렇게 하겠다고 약속을 했다. 원장이 말라 버린 버드나무 막대기를 주면서 땅에 꽂고 물을 주어 잎이 피게 하라고 했다. 그 남자가 땅에 그 막대기를 꽂고 그 곳에서 2마일 떨어진 곳에 있는 나일강에 가서 매일 물을 길어 주었다. 1년이 지나고 2년이 지났으나 잎은 나지 아니했다. 포기할까 했지만 복종을 약속했기 때문에 3년을 계속해서 물을 주었다. 드디어 잎이 나기 시작했다. 복종은 이처럼 기적을 만들어 낸다.

오늘, 내일, 모레

곧 그때에 어떤 바리새인들이 나아와서 이르되 나가서 여기를 떠나소서 헤롯이 당신을 죽이고자 하나이다 가라사대 가서 저 여우에게 이르되 오늘과 내일 내가 귀신을 쫓아내며 병을 낫게 하다가 제삼일에는 완전하여지리라 하라 그러나 오늘과 내일과 모레는 내가 갈 길을 가야 하리니 선지자가 예루살렘 밖에서는 죽는 법이 없느니라(누가복음 13:31-33).

찰스 오스틴 브레드(Charles Austin Beard 1874-1948)는 미국 컬럼비아 대학교 정치학 교수이며, 미국의 유명한 세계적인 역사학 교수다. 어떤 친구가 당신이 그 동안 연구한 인류역사를 한 권의 책으로 압축해서 기록할 수 있느냐고 질문하니 그는 "한 권보다 더 간략하게 요약할 수 있는데 네 가지 문장이면 족하다" 고 했다.

① 하나님이 멸망시키려는 자는 먼저 권력을 주어 미치게 한다. 망할 사람은 권력을 가지면 이성을 잃고 권력을 순리로 풀지 아니하고 역리로 푼다. ② 꿀벌이 꿀을 가져가는 동안 하나님은 꽃가루를 매개시켜 아름다운 꽃을 피우고 필요한 열매를 맺게 한다. 역사는 도둑들의 뜻대로 흘러가지 않는다. ③ 하나님의 연자 맷돌은 돌아가는 속도가 너무 느려서 사람들의 마음을 조급하게 만들지만 언제나 모든 것을 가루로 부숴뜨린다. ④ 하늘이 어두워질수록 언제나 별들은 더욱 아름답게 빛난다.

참으로 우리들은 근대사에서 찰스 버어드의 교훈이 현실로 이루어진 것을 실감한다. "그러나 오늘과 내일과 모레는 내가 갈 길을 가야 하리니 선지자는 예루살렘 밖에서는 죽는 법이 없느니라"(33절). 본문에서 예수님께서 오늘 내일 모레라고 하신 말씀은 곧 역사를 말씀하시는 것이다.

역사란 인간의 사회에서 변천된 발전 과정을 기록한 것이고 더 나아가서 그것을 연구 검토하여 의미를 부여하는 학문이다. 또한 그것을 삶에 적용시켜 새로운 삶을 전개하여 미래에 꽃을 피우는 데 기여하는 기초가 되는 것이다. 예수님은 헤롯이 당신을 죽이려 하니 이곳을 떠나라고 바리새인들이 말했을 때 그들의 공갈에 위축당하는 것이 아니라 오늘 내일 모레 내 길을 가겠다고 하셨다. 오늘 내일 모레의 뜻이 무엇인가. 상고하면서 은혜 받고자 한다.

오늘을 산다는 것

"저 여우에게 이르되 오늘과 내일 내가 귀신을 쫓아내며"(32절)

예수님의 지상생애는 사생활(준비기간) 30년, 공생활(활동기간) 3년이었다. 그 3년의 공생애는 고난주간 일주일로 집약되며 그것을 압축하면 사흘에 이루어진다. 즉 금요일 오후에 죽으시고 토요일 무덤 가운데 계셨고 주일새벽에 부활하셨다. 그러므로 기독교 역사는 일직선상이므로 알파와 오메가로 나아간다. 오늘은 현재를 말하지만 어제부터 이어온 오늘이다. 어제의 과거가 오늘을 만들었기 때문에 어제를 망각해서는 안 된다. 그러나 어제에 얽매여서 오늘 해야 할 일을 못해서도 안 된다.

물론 어제의 공과를 재점검하면서 잘한 것을 칭찬하고 잘못된 것은 바로잡는데 교훈을 삼을 수는 있을지라도 어제의 역사에 붙잡히면 오늘의 삶을 살 수 없다. 그래서 예수님은 어제가 중요하지만 어제라는 단어는 본문에서 아예 삭제했다. 그것은 어제보다 오늘의 삶이 훨씬 소중하기 때문이다. "그러므로 내일 일을 위하여 염려하지 말라 내일 일은 내일 염려 할 것이요 한 날의 괴로움은 그날에 족하니라"(마 6:34). 우리들은 지금 이 시간 존재하고 있으니 이 시간에 가장 보람된 삶을 살아가야 한다.

"나로 먼저 가서 내 부친을 장사하게 허락하옵소서 가라사대 죽은 자들로 자기의 죽은 자들을 장사하게 하고 너는 가서 하나님의 나라를 전파하라 하시고 예수께서 이르시되 손에 쟁기를 잡고 뒤를 돌아보는 자는 하나님의 나라에 합당치 아니하니라"(눅 9:59- 60, 62). 성서는 과거보다 미래에 관심을 가지게 한다. "지금 정치사는 과거 진상규명에 너무 많은 정력을 쏟고 있다. 또한 규명하는 자는 현 정부와 사회단체인데 그 사회단체가 정부로부터 보조받고 있다"고 '조선일보' 사설은 지적하고 있다.

"내 사랑하는 자들아 너희가 친히 원수 갚지 말고 진노하심에 맡기라 기록되었으되 원수 갚는 것이 내게 있으니 내가 갚으리라고 주께서 말씀하시니라 네 원수가 주리거든 먹이고 목마르거든 마시우라 그리함으로 네가 숯불을 그 머리에 쌓아 놓으리라 악에게 지지 말고 선으로 악을 이기라"(롬 12:19-21).

역사의 심판은 인간들의 몫이 아니라는 것이다. 그것은 역사(하나님)의 심판에 맡기고 우리가 가야 할 길을 가야 한다. "너희 중에 죄 없는 자가 먼저 돌로 치라"(요 8:7). "나도 너를 정죄하지 아니하노니 가서 다시는 죄를 범치 말라"(11절)고 했다.

내일, 믿음의 눈으로

"오늘과 내일"(32절).

내일은 오늘과 모레의 중간 기간이다. 중간 기간은 최선을 다해야 한다. 여우같이 간사한 헤롯이 음모를 꾸며 예수님을 죽이려 한다는 정보를 듣고 "저 여우에게 이르되 오늘과 내일 내가 귀신을 쫓아내며 병을 낫게 하다가 제삼일에는 완전하여지리라"(32절) 고 하셨다. 역사의 평가나 심판이 두려워서 또 사명을 띠고 힘차게 전진해가는 길에 돌담을 쌓고 어떤 함정을 만들어 죽인다고 해도 앞으로 전진해 가는 길을 멈추면 안 된다는 것이다.

미국의 32대 루즈벨트 대통령이 전 미국 국민이 경제공황으로 좌절과 두려움으로 실의에 빠져 있을 때 취임사를 통해서 위기를 극복했다. 그것은 위대한 정책 발표나 능수능란한 웅변이 아니었다. "다만 우리가 지금 두려워하는 것은 국가적 경제 위기가 아니라 두려워하는 마음 자체다. 이 두려워하는 마음에서 벗어나는 용기를 가지고 주어진 우리들의 삶에 최선을 다하면 하나님은 반드시 우리를 통해서 당신이 하실 일을 해주실 것이다." 결국 미국은 다시 일어섰고 오늘날 세계 최강의 번영을 누리게 되었다.

우리들도 두려워하는 마음, 안 된다는 마음에서 벗어나서 능력 주시는 자 안에서 할 수 있다는 용기를 가지고 다시 일어나야 한다. 또 중간 기간은 기다리는 시간이다. 기다릴 때 필요한 것이 인내다. 인내는 믿음이 있어야 가능하다. 하나님이 살아 계심을 믿을 때 반드시 심은 대로 거둔다는 진리가 믿어질 때 참고 기다릴 수 있다.

"이 묵시는 정한 때가 있나니 그 종말이 속히 이르겠고 결코 거짓되지 아니하리라 비록 더딜지라도 기다리라 지체되지 않고 정녕 응하리라" (합 2:3).

"내 하는 일 하도 적어 큰 열매 눈앞에 안 보여도 주님께 죽도록 충성하면 생명의 면류관을 얻으리라" (찬송가 378장 4절)

벤자민 플랭크린은 필라델피아에서 신문사를 경영할 때 한 농부가 찾아와서 "나는 신문의 독자입니다. 무엇이나 좌우명이 될 글을 하나 써 주세요"라고 해서 플랭클린은 "오늘 할 일을 내일로 미루지 말라"고 써 주었다. 한 달 후에 농부가 장작 몇 차를 싣고 와서 감사인사를 했다. 플랭클린이 그 이유를 물으니 내가 선생님 글귀를 가지고 집에 가니 한참 보리를 수확하고 있었다. 그날 선생님의 말을 듣고 밤에 전기 불을 켜고 보리 추수를 다 마쳤다. 그 뒤 5일 간 폭우가 내려서 다른 사람의 보리는 다 썩고 말았다는 것이다. 가족과 하인들이 너무 기뻐하면서 선생님께 인사하라고 해서 이렇게 왔다고 했다.

"손을 게으르게 놀리는 자는 가난하게 되고 손이 부지런한 자는 부하게 되느니라" (잠10:4).

모레, 하나님의 손에 달려 있어

"오늘과 내일과 모레는 내가 갈 길을 가야 하리" (33절).

"제삼일에는 완전하여지니라" (32절 하). 여기서 '완전하다' 는 말은 완성한다는 뜻이다. ① 브리크(Bleek)는 헤롯 관할 지역인 갈릴리 지방

에서 사역을 완료하신다. ② 만손(Manson)은 귀신을 쫓아내고 병을 고
치시는 일을 완료하신다. ③ 크리스소스톰(Chrysostom)은 예수님의 죽
음과 부활을 통해서 구속사역을 완성하신다고 보았다.

역사는 언제나 계속해서 전진하고 있으며 그때 그때마다 하나님께서
하시는 구속의 과업이 성취된다. 그때마다 역사는 한 과정을 매듭짓기
위하여 심판을 가진다. 세례요한은 이렇게 외쳤다. "이미 도끼가 나무
뿌리에 놓였으니 좋은 열매 맺지 아니하는 나무마다 찍어 불에 던지우
리라"(마 3:10). "손에 키를 들고 자기 타작마당을 정하게 하사 알곡은 모
아 곡간에 들이고 쭉정이는 모아 꺼지지 않는 불에 태우시리라"(12절)
고 하셨는데 여기서 우리들이 깊이 깨달아야 할 것은 역사의 주인은 하
나님이시기에 하나님의 섭리에 따라서 움직여짐으로 역사의 심판도 하
나님의 손에 있음을 알아야 한다.

구약은 율법시대였기에 탈리오의 법에 의하여 이는 이로, 눈은 눈으
로 외쳤다. 하지만 예수님께서는 "나는 너희에게 이르노니 악한 자는
대적하지 말라 누구든지 네 오른뺨을 치거든 왼편도 돌려대며 또 너를
송사하여 속옷을 가지고자 하는 자에게 겉옷까지도 가지게 하며 또 누
구든지 너로 억지로 오리까지 가게 하거든 그 사람과 십리를 동행하라
(마 5:39-41)"고 하였다.

말세가 되어지면 원치 않게 피해를 볼 때가 많이 있다. 그럼에도 불구
하고 네가 보복하지 말고 선하게 살라는 뜻이다. 영국의 최대 역사가 아
놀드 토인비는 인류역사를 3기로 나눈다. ① 바벨탑 문화: 구음의 하나
인 인류문화였는데 인간의 교만으로 언어의 혼잡을 만들었다. ② 물질
적 문화: 정신적 윤리의 추락으로 인간이 동물화되고 독수리가 날개가
부러져 강아지 같이 살게 되었다. ③ 혼란기 문화: 정신병자가 되어 자
기를 역사의 기준으로 생각하여 걷잡을 수 없는 혼란이 온다.

이스라엘의 최후의 독립을 위해 끝까지 싸운 열심당파는 마사다 요새
에서 장렬한 최후를 맞이했다. AD 72년 로마의 플라비우스 실바장군의

10군단이 3년간 포위를 했고, 960명 동지를 모으고 끝까지 저항한 벤 야이르는 동지와 함께 자유로운 죽음을 선택했다. 1960년 야딘이 대대적으로 발굴 작업을 벌여 두 개의 항아리를 발견했다. 두 개의 항아리의 의미는 각각 이렇다. ① 절대로 굶어 죽지 않았다. ② 또 하나는 십일조 항아리로서 어떤 상황가운데서도 십일조 신앙을 소유했다.

　지금 이곳은 이스라엘 군사훈련의 최종 코스다. 그들은 그곳에서 목소리를 모아 이렇게 외치고 있다. 'Masada Never Again' (비극은 다시 없다)

은혜로 사는 인생

펴낸일 • 2007년 10월 2일 초판 발행
지은이 • 김홍주
펴낸이 • 김 수 곤
펴낸곳 • 도서출판 선교횃불
등록일 • 1999년 9월 21일 / 제54호
등록주소 • 서울시 송파구 삼전동 103번지

총 판 • 선 교 횃 불
　　　　전　화 : 02)2203-2739
　　　　팩　스 : 02)2203-2738
　　　　홈페이지 : www.ccm2u.com